KB205303

이제 자유입니다

(주)죠이북스는 그리스도를 대신한 사신으로
문서를 통한 지상 명령 성취와 하나님 나라 확장을 위해 노력합니다.

Used by permission ⓒ 1994, 2012, 2024 by JOY BOOKS Co., Ltd.
33, Wangsan-ro 19ba-gil, Dongdaemun-gu, Seoul, Republic of Korea.
Copyright ⓒ 1990, 1993, 2000 by Harvest House Publishers
Originally published in English under the title:
*The Bondage Breaker* by Neil T. Anderson
Published by Harvest House Publishers
1075 Arrowsmith, Eugene, Oregon 97402, U.S.A.
All rights reserved.

# 이제
# 자유
# 입니다

닐 앤더슨 지음

유화자 옮김

죠이북스

# 차 례

한국어판 저자 서문   6

옮긴이 서문   8

서문 진리가 너희를 자유롭게 하리라   10

## 1부

# 용기를 내라

1장 / 그늘에서 살 필요 없다   22

2장 / 세상에서 자신의 길을 발견하다   38

3장 / 우리는 자유할 수 있는 권리가 있다   57

4장 / 마음의 싸움에서 승리할 수 있다   79

5장 / 반역자 군주와의 대결   100

6장 / 예수가 보호하신다   120

## 2부
# 굳건히 서라

7장 / 영을 조종하다   144

8장 / 지식과 힘의 유혹   161

9장 / 내 방식대로 하고 싶은 시험   176

10장 / 비난의 음성을 믿지 말라   198

11장 / 속이는 영의 위험성   216

12장 / 통제력을 잃는 위험성   239

## 3부
# 자유를 누려라

13장 / 그리스도 안에서 자유에 이르는 단계   260

14장 / 그리스도 안에서 자유에 이르도록 돕는 길   325

15장 / 마지막 권면   348

부록 개인 신상 자료   351

주   360

# 한국어판 저자 서문

한국어로 번역, 출간된 이 책에 서문을 쓰게 되어 진심으로 기쁘다. 지금까지 수많은 사람이 부정적인 생각과 충동적인 감정, 습관적인 죄에서 자유케 된 것처럼, 한국의 형제자매들도 그리스도 안에서 참 자유를 누릴 수 있기를 기도한다.

나는 사람들을 가르치고 상담하는 사역을 좋아한다. 항공 우주 엔지니어, 목사, 그리고 학위가 다섯 개인 신학교 교수로 지내오는 동안 나는 결코 직위 자체를 중시하지 않았다. 내 관심은 늘 사역이었다. 내가 마음 깊이 바라는 것은 사람들을 하나님에게 인도하는 것이다. 나는 세상 끝까지 그리스도를 전하고 싶을 뿐이다.

나는 늘 내가 원해서가 아니라 하나님의 간섭하심으로 책을 쓰게 된다. 아내와 나는 35년 동안 사역을 해왔다. 우리 인생과 사역을 바꾸어 놓은 하나의 큰 사건에서 시작된 "그리스도 안의 자유"

(Freedom In Christ) 사역이 지금은 전 세계에 이르고 있다. 10권이 넘는 책이 18개국어로 번역되었으며, 지금 준비 중인 책도 있다.

우리는 우리 삶을 향한 하나님의 은혜와 긍휼에서 이끌어 낸 많은 성경적 원리를 개발하여 사람들을 돕고 있다. 모든 원리는 하나님의 말씀을 토대로 하기 때문에 상당히 효과적이다. 하나님의 말씀은 진리다! 진리가 우리를 자유롭게 할 것이다(요 8:32).

한국 교회는 급속하게 성장했다. 따라서 사탄은 두려움, 걱정, 좌절, 속임, 문화적 차이, 반항, 자만, 용서하지 못함, 부도덕, 조상의 굴레, 그리고 여러 가지 죄의 문제로 한국 그리스도인을 노릴 것이다. 이 책이 영적 성숙과 자유에 거침돌이 되는 개인적이고 영적인 요새를 파괴하도록 한국 그리스도인과 지도자들을 도우리라 믿는다.

이 책이 한국어로 출판되도록 수고한 번역자 유화자 교수와 죠이북스에 감사드린다.

닐 앤더슨

# 옮긴이 서문

이 책의 저자 닐 앤더슨 박사가 탈봇 신학교에서 실천 신학 교수로 재직하던 1989년, 나는 그의 유명한 "영적 싸움과 성경적인 상담"(Spiritual Conflicts and Biblical Counseling)이라는 과목을 수강할 기회가 있었다. "유명한"이라는 수식어를 붙인 특별한 이유가 있다. 당시 탈봇 신학교에서 그리스도인과 마귀의 영적 싸움을 주제로 하는 과목이 처음으로 개설되어 학교 내에서 폭발적인 인기를 얻었을 뿐 아니라, 미국 전역에서 여러 신학교 학생과 목회자, 관심 있는 평신도가 한꺼번에 수강을 신청하였기 때문이다. 끝내는 그들을 정규 학기에 다 수용할 수 없어서 방학 기간에 대강당에서 단기 특강을 해야 했다.

저자 닐 앤더슨 박사는 독자들이 이 책의 전편이라 할 수 있는 「내가 누구인지 이제 알았습니다」(죠이북스 역간)와 함께 이 책을 읽기를 권하고 있다. 그는 그리스도인이 영적 싸움에서 절대적으로 승리하도록 돕기 위해 그리스도 안에서의 우리 신분에 대한 분명한 교리적 기초와 영적 싸움에 필요한 용어들을 자신의 상담 사례들과 함께 전편에 제시하고 있기 때문이다. 이 책에서는 특별히 이 시대에 사탄이 얼마나 간교하고 무서운 기세로 그리스도인을 공격하는지 사탄의 정체와 전략을 저자의 다양한 상담 사례들을 통하여 파헤치고 있다.

나는 사탄과의 치열한 싸움에서 고통당하는 내담자들을 자유케 하기 위하여 혼신의 힘을 기울이는 저자의 모습을 보며 계속 손에 땀을 쥐는 긴박감 속에서 이 책을 번역해야 했다. 저자를 방해하던 사탄의 역사가 이 책을 번역하는 과정에 여러 형태로 역자인 나에게도 나타나는 것을 깨달으면서 기도 속에서 번역을 마치게 되었다.

저자가 말한 대로 급속한 한국 교회 성장을 어떤 방법으로든 방해하려는 사탄의 정체와 간계가 이 책을 통하여 백일하에 폭로되어 독자들이 영적으로 승리하는 것은 물론 21세기 한국 교회를 향하신 하나님의 뜻이 사탄의 방해 없이 성취되는 큰 복이 있기를 바란다.

미국 전역은 물론 전 세계적으로 "영적 싸움과 성경적인 상담"을 강의해 달라는 요청이 많아지면서 탈봇 신학교를 사임한 앤더슨 박사는 현재 자신의 사역과 집필 활동에만 전념하고 있다.

이 책이 번역되도록 격려해 주신 합동신학교 박형용 박사님과 죠이북스에 뜨거운 감사를 드린다.

유화자

옮긴이 서문

# 서문

# 진리가 너희를 자유롭게 하리라

아주 오래전, 서던 캘리포니아 교회에서 뉴에이지 운동(New Age Movement)을 주제로 강의했을 때 일이다. 성경 본문은 디모데전서 4장 1절이었다. "그러나 성령이 밝히 말씀하시기를 후일에 어떤 사람들이 믿음에서 떠나 미혹하는 영과 귀신의 가르침을 따르리라 하셨으니." 강의가 끝나자, 치유가 필요한 사람들이 강단 앞으로 몰려나와 나를 에워쌌다.

그런데 예배가 끝났는데도 예배당 중간쯤에 앉아서 감정을 억제하지 못한 채 계속 울고 있는 스물두 살 된 여성이 있었다. 몇몇 사람이 위로하려고 했지만, 그 여성은 아무도 자기 곁에 다가오지 못하게 했다. 마침내 교회 직원이 나를 에워싸고 있는 교인들을 헤치고 다가와 이렇게 말했다. "여러분 미안합니다만, 지금 앤더슨 목사님을 저리로 모셔야겠습니다."

내가 다가갔을 때, 여인은 흐느끼면서 "저분은 나를 이해하시네요! 나를 이해해 주세요!"라는 말만 반복했다. 우리는 여인을 데리고 교회 밖 사무실로 자리를 옮겼다. 여성이 안정을 찾은 후 나는 그와 그다음 주에 만나기로 약속했다.

그 여성의 이름은 낸시였다. 낸시를 다시 만났을 때, 그의 얼굴은 온통 손톱자국으로 엉망이었다. "바로 제가 이렇게 제 얼굴을 할퀴었어요. 저도 저 자신을 억제할 수가 없어요." 그는 순순히 자기가 한 일을 인정했다.

낸시가 들려준 과거 어린 시절 이야기는 참으로 끔찍했다. 그는 학대하는 아버지와 스스로 마녀라고 여기는 할머니 밑에서 자랐다. "세 살 때, 수호신(spirit guides, 영적 인도자)들을 받아들였습니다." 낸시는 계속 설명했다. "그 수호신은 늘 저를 따라다니며, 제가 어떻게 살아야 하며 무슨 말을 해야 하는지 가르쳐 주었습니다. 저는 그러한 영적 인도자를 갖는 것이 비정상적이라고 생각해 본 적이 없었습니다. 그런데 어머니를 따라 교회 학교에 다니면서 수호신이 제게 좋지 않을지도 모른다는 의심을 품게 되었습니다. 그래서 그것에 대해 부모님에게 여쭤보았는데 아버지는 저를 때리더군요. 그리고 나서 다시는 그것에 대해 여쭤보지 않았습니다!"

악령 때문에 고통이 커지자 낸시는 그것을 이기기 위하여 스스로 엄격한 훈련에 매달렸다. 고등학생 시절에 예수 그리스도를 구주로 영접하였으나, "악령"은 계속 그를 괴롭혔다.

고등학교를 졸업한 후에는 자신을 더 혹독하게 훈련하기 위해 해병대에 입대했다. 그곳에서 가장 훌륭한 여성 해병대원으로 선발되어 상을 받기도 했다. 그러나 여전히 영적 고통 때문에 그의 마음과 감정은 벼랑으로 내몰리고 있었다. 사람들이 자기를 정신 이상자로 생각할까 봐 마음속에서 벌어지고 있는 싸움을 아무에게도 말할 수가 없었다. 결국 낸시는 압박에 눌려 고통의 포로가 되고 말았다. 그리고 묵묵히 치료를 받으면서 내적 혼란과 고통을 혼자서 감내해 왔다. 그 무렵, 교회에서 속이는 영에 대한 내 강의를 들은 것이다.

"드디어 누군가가 저를 이해해 주네요!" 그는 울면서 말했다.

"당신 안에 있는 수호신을 내쫓으시겠습니까?" 내가 물었다.

오랫동안 침묵이 흘렀다. "그것이 정말 떠나갈까요? 혹시 제가 집에 돌아가면 다시 저를 괴롭히지 않을까요?"

"당신은 자유로워질 겁니다." 나는 낸시에게 장담했다.

두 시간 후, 낸시는 자유로워졌다. 그리고 낸시는 이전에 알지 못한 기쁨, 마음을 열었을 때 오는 기쁨에 겨워 우리를 꼭 껴안았다. "이제는 사람들을 집으로 초대할 수 있을 것 같아요!" 낸시는 기쁨에 차서 외쳤다.

## 어둠의 실재

예전에는 낸시와 같은 경우가 정상적인 범위에서 벗어난 특이한 예외라고 생각했다. 낸시가 겪은 문제의 정도가 어느 정도 예외적이긴 하지만, 나는 바울이 다음과 같이 말할 때 모든 사람을 염두에 둔 것이라는 사실을 깨달았다. "우리의 씨름은 혈과 육을 상대하는 것이 아니요 통치자들과 권세들과 이 어둠의 세상 주관자들과 하늘에 있는 악의 영들을 상대함이라"(엡 6:12). 30년 넘게 목회자와 신학교 교수, 초청 강사로 활동하는 동안 나는 전 세계 곳곳에서 기만당하거나 패배한 삶을 살아가는 수많은 그리스도인을 만나고 그들을 위해 사역해 왔다. 이것은 진짜 비극이다. 하늘 아버지께서는 그들이 그리스도 안에서 자유롭고 열매 맺는 삶을 살길 갈망하시기 때문이다.

이 사역은 내가 선택한 것이 아니었다. 하나님이 나를 목회자로 부르시기 전에 나는 좌뇌가 발달한 항공 우주 엔지니어였다. 평신도일 때에도 마귀의 활동이나 마술적인 것에 전혀 관심이 없었다. 신비적인 것에 대한 지식이나 마술적인 능력 같은 것 역시 결코 내게 호기심을 불러일으키지 않았다. 당연히 나는 그러한 것을 경험하는 것에도 아무런 흥미를 느끼지 못했다.

그러나 나는 항상 영적 세계에 대해서 성경이 말하는 바를 믿는 경향이 있었다. 그것이 서구 합리주의와 자연주의와 상충될지라도 말이다. 그 결과, 1975년 즈음 하나님은 낸시와 같은 그리스도인들을 위해 사역하도록 나를 인도하셨다. 그들은 그리스도 안에서 자유롭고 열매 맺는 삶을 살지 못하게 하는 사고방식, 습관, 행동에 지배받고 있었다. 내 소원은 이런 사람들이 창조적인 삶을 살도록 그들을 자유롭게 하는 것이었다. 그러나 나는 이 영역에서 적절한 훈련을 받지 못했다. 목회 초기에 그들을 도우려는 내 시도는 실패를 거듭하였으나 그때마다 새로운 통찰을 얻을 수 있었다. 나는 거듭 성경으로 돌아가 그들을 자유롭게 해줄 진리를 찾기 시작했다.

수년 동안 배움과 사역을 병행하면서 나는 진리가 우리를 어떻게 자유롭게 하며 하나님에게 순종하는 것만큼 마귀를 대적하는 것(약 4:7)이 얼마나 필요한지를 더 잘 이해할 수 있었다. 영적 세계의 실재를 무시하는 심리 요법은 적절한 해결책이 될 수 없다. 물론 그 문제를 오직 영적인 영역으로만 바라보는 구원 사역(deliverance ministry) 역시 마찬가지다. 하나님은 실재하셔서 전인격적으로 우리와 관계하신다. 그분의 말씀이야말로 타락한 이 세상을 살아가는 모든 사람에게 종합적인 해결책을 보여 준다.

## 하나님은 당신이 영적으로 성숙하고 자유하기를 원하신다

이 책을 출간하고 난 뒤, 나는 로버트 소시 박사와 공동으로 책을 한 권 집필했다. 성화(sanctification)를 주제로 한 「거룩해지는 일상」 (*The Common Made Holy*)이라는 책이다. 성화의 과정을 이해하는 것은 중요하다. 우리 삶을 향한 하나님의 뜻이 바로 우리가 성화, 즉 거룩해지는 것이기 때문이다(살전 4:3). "범사에 그에게까지 자랄지라. 그는 머리니 곧 그리스도라. …… 우리가 다 하나님의 아들을 믿는 것과 아는 일에 하나가 되어 온전한 사람을 이루어 그리스도의 장성한 분량이 충만한 데까지 이르리니"(엡 4:15, 13). 하나님은 우리가 그리스도 안에서 자라는 데 필요한 모든 것을 주셨다(벧후 1:3). 그런데 어째서 많은 그리스도인이 그리스도 안에서 자라지 못하는 걸까? 가끔은 20년 전보다 지금이 더 그리스도인답지 못한 경우도 볼 수 있다. 바울은 "이 교훈의 목적은 청결한 마음과 선한 양심과 거짓이 없는 믿음에서 나오는 사랑이거늘"이라고 말한다(딤전 1:5). 우리는 그리스도인의 삶을 늘 이렇게 말할 수 있어야 한다. "나는 믿음 안에서 자라고 있어요. 그리고 지금 나는 해가 갈수록 하나님과 이웃을 더 깊이 사랑한답니다." 이렇게 말할 수 없다면, 우리는 자라고 있는 것이 아니다.

이러한 육욕에 대한 이유를 고린도전서 3장 2, 3절에서 일부 설명해 주고 있다. "내가 너희를 젖으로 먹이고 밥으로 아니하였노니 이는 너희가 감당하지 못하였음이거니와 지금도 못하리라. 너희는 아직도 육신에 속한 자로다. 너희 가운데 시기와 분쟁이 있으니 어찌 육신에 속하여 사람을 따라 행함이 아니리요." 바울에 따르면 어떤 그리스도인은 선한 성경적 가르침을 받아들일 수조차 없다. 그들이 삶에서 해결하지 못한 갈등을 겪고 있기 때문이다. 이들에게 필요한 것은 진정으로 회개하고 하나님을 믿어 이러한 개인적이고 영적인 갈등을 해결하는 것이다. 바로 이것이 이 책의 목적이다. 그러나 이 책은 그 문제에서도 영적인 측면에 더 초점을 맞추었다.

내 첫 책 「내가 누구인지 이제 알았습니다」는 성도가 믿음으로 사는 것과 그리스도 안에서 성숙해지는 것에 초점을 맞추었다. 그리스도 안에서의 신분에 관한 기본적인 문제들을 다루는 그 책에는 믿음의 삶을 살기 위한 실제적 단계, 즉 성령을 따라 행하고, 마음을 새롭게 하며, 감정을 잘 관리하고, 과거에 입은 감정적 상처를 믿음과 용서로 해결하는 방법이 제시되어 있다. 완벽한 그림을 보기 위해서는 이 책과 함께 「내가 누구인지 이제 알았습니다」를 읽어 보길 권한다.

그리스도를 영접하기 전에, 우리는 죄의 종이었다. 그러나 그리스도의 구속 사역으로 말미암아 우리를 지배하던 죄의 세력은 깨졌다. 사탄은 우리에게 어떠한 소유권도, 권위도 갖고 있지 않다. 사탄은 패배한 적이다. 그러나 그는 우리가 그 사실을 깨닫지 못하도록 끊임없이 방해한다. 사탄은 우리가 스스로를 과거의 산물, 즉 죄에게 굴복하고 실패하며 습관에 지배받는 존재일 뿐이라고 믿게 할 수 있다면, 그리스도인으로서 우리 삶이 무력해질 수 있다는 것을 알고 있다.

사도 바울은 "그리스도께서 우리로 자유롭게 하려고 자유를 주셨으니 그러므로 굳건하게 서서 다시는 종의 멍에를 메지 말라"(갈 5:1)고 말했다. 우리는 그리스도 안에서 자유하다. 그러나 우리가 죄에 물든 과거의 산물일 뿐이라고 믿게 하는 사탄의 속임수에 넘어간다면, 우리는 패배하고 말 것이다. 사탄은 그리스도 안에 있는 우리의 정체성에 아무 짓도 할 수 없다. 그러나 성경이 진리가 아니라고 믿도록 사탄이 우리를 속일 수 있다면, 우리는 성경이 진리가 아닌 것처럼 살아갈 것이다. 그렇기 때문에 예수님이 "진리를 알지니 진리가 너희를 자유롭게 하리라"(요 8:32)라고 말씀하신 것이다.

나는 즉각적으로 성숙해진다고 믿지 않는다. 우리 마음이 새로워지고 하나님의 형상을 따르려면 시간이 걸릴 것이다. 그러나 개인적이고 영적인 갈등을 해결하고 그리스도 안에서 자유를 찾도록 도와주는 일은 그리 오래 걸리지 않는다. 그리스도 안에서 살면서 자유롭다는 것은 진보적인 성화를 기반으로 하는 위치적 성화를 말한다. 다시 말하자면, 우리는 하나님의 **자녀가 되려고** 노력하는 것이 아니다. 우리는 그리스도를 닮아 가는 하나님의 **자녀다.** 한번 사람들이 회개하고 하나님을 믿어 그리스도 안에서 생명을 얻고 자유로워지면 그들이 얼마나 성장하는지 지켜 보라! 그들은 하나님 말씀에 목

말라하고 자신이 그리스도 안에서 누구인지 알게 된다. "성령이 친히 우리의 영과 더불어 우리가 하나님의 자녀인 것을 증언"하시기 때문이다(롬 8:16).

이 책에서 나는 영적 갈등의 본질을 해명하고, 그 갈등을 그리스도 안에서 어떻게 해결할 수 있는지에 대해 윤곽을 그려 보려고 한다. 1부에서는 그리스도 안에서의 자유, 보호, 권위에 대하여 설명할 것이다. 2부에서는 우리가 유혹과 비난, 속임수에 얼마나 취약한지를 경고할 것이다. 마지막 3부에서는 그리스도 안에서 자유로워지는 단계를 설명하여 하나님에게 복종하고 마귀를 대적할 수 있는 길(약 4:7)을 제시할 것이다.

노예로 사는 신자와 자유인으로 사는 신자의 대조적인 모습이 한 교수가 내게 보내온 편지에 잘 나타나 있다. 서두에 소개한 낸시와 달리 이 사람은 겉보기에 아주 정상적이고, 가정과 직장 모두를 잘 영위해 가는 그리스도인이었다. 그러나 그는 그리스도 안에서 자유함을 경험하지 못했다.

앤더슨 목사님에게

저는 치유할 길이 없어 보이는 "심리적인 문제"를 안고 있었기 때문에 목사님을 만나게 되었습니다. 제가 갖고 있던 정서적인 문제는 어린 시절 공포 영화나 점괘판, 그리고 그와 비슷한 것들과 관계가 있는 것 같습니다. 〈드라큘라의 피〉(*The Blood of Dracula*)라는 영화를 본 뒤, 무서운 악령들이 저를 엄습한 기억이 있습니다.

제 아버지는 불같은 성격이라 급하고 자기감정을 잘 폭발하는 분입니다. 이런 아버지 앞에서 늘 저는 제 감정을 표현하지 않고 아버지를 화나게 한 데 대해 자신을 책망했습니다. 그렇게 늘 제 감정을 감추는 것이 제 삶의 방식이었습니다. 어른이 되어서도, 저는 어떤 문제나 제 약점, 불운에 대하여 항상 저 자신을 책망했습니다.

그러던 어느 날, 저는 예수 그리스도를 구주로 영접하였습니다. 그후 몇 년 동안 영적으로 성장하였습니다. 그러나 완전한 평화를 누리지는 못하였습니다. 하나님과의 관계에서 항상 의문이 떠나지 않았으며, 하나님이 먼 곳에 계신 분, 엄격한 분으로 생각되었습니다. 기도하고 성경 읽는 것, 목사님의 설교에 집중하는 것이 제게는 어려운 일이었습니다. 인생의 목적에 대해서도 심각한 의문을 가졌습니다. 무서운 악몽에 시달리다가 한밤중에 소리를 지르며 깨어나기도 했습니다.

그런데 목사님과 함께 기도하면서 마침내 그리스도 안에 있는 자유를 발견하게 되었습니다. 하나님이 가혹한 분이 아니며, 무서운 훈련 교관도 아니고, 제가 하는 일을 기뻐하는 사랑의 하나님이라는 것을 발견했습니다. 또한 조상들로부터 내려온 마귀와 관련된 일들을 끊기 위하여 기도했을 때 큰 해방감도 맛보았습니다.

이제는 하나님의 말씀을 읽을 때, 전에 깨닫지 못하던 깊은 진리를 깨닫습니다. 제 태도는 적극적으로 변했으며, 하나님과의 관계도 완전히 달라졌습니다. 목사님을 만난 이후로는 한 번도 악몽을 꾸지 않았습니다.

존경하는 목사님, 사탄에게 공격받아 저처럼 "드러나지 않는 절망" 속에 빠져 사는 그리스도인이 많을 것 같아 염려스럽습니다. 제가 이런 흑암의 세력의 먹이가 될 수 있으면서도 겉으로는 정상으로 보인다면, 다른 사람들도 그럴 테니까요.

공립학교 교장

당신은 어떤가? 혹시 두려움과 분노, 절망, 고칠 수 없는 나쁜 습관, 피할 수 없는 생각이나 내적 음성, 죄악 된 행위에서 헤어 나오지 못한 채 절망 속에서 살고 있지 않은가? 하나님은 당신이 그리스도 안에서 생명을 얻고 자유로워지도록 모든 것을 예비해 두셨다. 이 책을 통해 나는 이미 어둠의 권세를 이기고 우리에게 자유를 보장하신 분을 소개하려고 한다. 바로 멍에를 깨뜨리신 분, 예수 그리스도다!

1부

—

# 용기를 내라

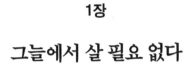

# 1장

# 그늘에서 살 필요 없다

1980년 초, 나는 한 그리스도인 상담자에게 여성 피상담자 한 명을 영적으로 평가해 줄 수 있는지 부탁받았다. 그는 피상담자에게 몇 가지 정신적 실험을 해 보았지만, 문제의 근본 원인을 알아내지 못했다. 아무런 결실 없이 4년간 상담만 하다가 결국 피상담자가 영적으로 속박되어 있을 수도 있다는 가능성을 고려하게 된 것이다. 상담을 막 시작했을 무렵, 그 여성은 다음과 같은 기도문을 써 놓고는 몇 차례나 약을 먹고 자살을 기도했다. 다행히 그 자살은 미수에 그쳤다.

하나님, 어디에 계십니까? 저를 보시면서 왜 도와주시지 않습니까? 제가 깊은 상처를 받았는데도 당신은 관심도 없으시네요. 정말 저를 돌보신다면 이 상황을 끝내 주시든지 아니면 저를 죽게 내버려 두세요. 저는 하나님을 사랑합니다. 그러나 하나님은 제게서 굉장히 멀리 계시는 것 같아요. 저는 도저히 하나님 당신을 들을 수도, 느낄 수도, 볼 수도 없지만 당신이 여기에 계시다고 믿습니다. 하나님, 저는 악령들을 느끼고 그 음성을 듣습니다. 그들은 여기에 있습니다. 저는 하나님의 존재를 믿지만, 지금은 악령들이 더 실재로 느껴집니다. 하나님, 누구든 제 말을 믿게 해주세요. 왜 귀신들의 활동을 막지 않으시나요? 주님, 제발 도와주세요! 저를 사랑하신다면 차라리 저를 죽게 해주세요.

길 잃은 양

이 여성에게는 하나님의 임재보다 어둠의 왕국이 훨씬 실재적이었다. 나는 지난 20년 동안 이 여성처럼 가슴이 찢어지는 듯한 편지를 쓴 그리스도인을 수없이 만났다. 대부분 이 여성처럼 자살을 기도하지는 않았지만, 그들 중 많은 사람이 자살하고픈 어둠의 유혹을 받았다고 고백했다. 그리고 그들 중 거의 대부분이 그들을 못살게 굴고, 유혹하며, 조롱하고, 비난하며, 위협하는 마귀의 음성을 들었다고 시인했다.

나는 나와 상담하기로 약속한 사람들에게 악령이 이렇게 속삭일 것이라고 경고한다. "가지 마. 그는 너를 도울 수 없어." 또는 "나는 가고 싶지 않아", "전에도 그렇게 해 봤지만 아무 소용없었어"처럼 마치 자신이 하는 생각인 양 음성이 들릴 것이라고 말해 준다. 어떤 사람은 이런 편지를 썼다. "내가 당신과 대화하려고 할 때마다, 심지어 당신과 대화하려는 생각이 드는 것마저도 막는 무언가가 있습니다. 그때마다 내 속에서 '안 돼!'라고 부르짖는 소리가 들려옵니다. 나는 내 속에서 일어나는 이 무서운 전쟁을 끝내기 위해서 자살까지도 생각했습니다. 제발 도와주세요!"

내가 만난 그리스도인들이 모두 그런 음성을 들었다고 호소한 것은 아니지만, 그들의 머릿속은 날마다 그리스도와 동행하는 삶만으로는 충분하지 않으며 무익하다는 생각으로 가득해서 매우 혼란스러워했다. 그들은 기도하려고 할 때마다 머릿속에 해야 할 일들이 떠오르고, 앉아서 성경이나 기독 서적을 읽으려고 하면 도무지 집중할 수가 없었다. 간신히 몇 분이라도 책을 읽으면 어느새 생각이 딴 곳에 가 있는 것을 깨달았다. 하나님을 섬길 기회가 생겨도 그들은 곧 다음과 같은 자기 의심이 들면서 용기를 잃었다. '나는 신실한 그리스도인이 아니야', '나는 성경을 잘 모르잖아', '나는 아직도 죄악된 생각에 빠져 있어', '내게는 은사가 없어' 등. 승리하고 열매 맺으며 기쁨에 찬 삶보다는, 예수께서 다시 오실 때까지 그저 의심을 품은 채 터벅터벅 걸어가며 겨우 존재하는 삶을 살고 있을 뿐이다. 이렇게 되는 원인은 정신적 훈련이 부족하기 때문이기도 하지만, 원수의 속임수에 넘어갔기 때문이기도 하다. 나는 수많은 사람이 이런 정신적 고통에서 자유로워지는 것을 지켜보았다.


## 멍에에 대한 일반적인 오해

그러한 "음성"은 어디에서 오는 것일까? 그토록 많은 사람을 괴롭히는 정신적 혼란은 무엇 때문에 일어나는가? 목회 초기, 멍에에 매여 있는 사람들을 서툴게 다루거나 제대로 돕지 못한 원인 가운데 하나는 이 질문들에 대한 참된 해답을 몰랐기 때문이다. 내가 지닌 서구적 세계관에서 성경적 세계관으로 옮겨 가기 위해서는 몇 가지 패러다임의 전환이 필요했다. 나는 없애 버렸어야 할, 영적 세계에 대한 무수한 오해 때문에 고민했다. 아마 당신도 그리스도인들을 어둠 속에 머물게 하는 다음과 같은 오해 때문에 고민하고 있을지 모른다.

**1. 예수께서 지상에 계실 때는 악령들이 활동했으나, 오늘날에는 활동하지 않는다.** 하나님이 하신 말씀은 물론, 단순히 오늘날 이 세상에서 일어나는 일만 봐도 이런 극단적인 주장을 하는 사람들은 현실을 제대로 직시하지 못하고 있음을 알 수 있다. 신약 성경은 분명히 그리스도인들이 "통치자들과 권세들과 이 어둠의 세상 주관자들과 하늘에 있는 악의 영들을 상대"(엡 6:12)할 것이라고 하였다. 사도 바울은 이어서 "악한 자의 모든 불화살을 소멸"(13-17절)하기 위해 우리가 갖추어야 할 영적 무기 목록을 자세히 기록했다. 고린도후서 10장 3-5절에서도 바울은 신자들이 하나님을 아는 것을 대적하는 세력들과 싸우고 있다고 말한다. 어둠의 세력이 더는 믿는 사람들을 공격하지 않는다면, 사도 바울이 그들의 존재를 경고하며, 그들을 대적하기 위하여 무장해야 한다고 주장할 이유가 있을까? 하나님의 군대는 분명 믿는 사람이지, 믿지 않는 사람이 아니다.

사도 바울이 1세기에 말한 세력과 권세는 21세기인 오늘날에도 활동하고 있다. 우리는 흔한 종교 의식이나 주술적인 관행과 함께 뉴에이지 운동이 일어나는 것을 볼 수 있다. 물론 뉴에이지는 전혀 새로운 것이 아니다. 사람들은 구약에서 언급한 오래된 강신술을 여전히 행하고 있다. 그들이 행하는 것은 무당(medium)에서 매개자(channeler)로, 악마(demon)에서 영적 수호신(spirit guide)으로 이름만 바뀌었을 뿐이다.

성경에서 하나님 나라는 매우 중요한 주제다. 그러나 이 나라는 어둠의 왕국과 비교하여 이해되어야 한다. 창세기에서 요한계시록에 이르는 전쟁은 모두 이 두 왕국 사이에서 벌어지는 싸움이다. 그리스도와 적그리스도, 진리의 영과 거짓의 아비, 하나님의 선지자와 거짓 선지자, 좋은 씨(천국의 아들들)와 가라지(악한 자의 아들들. 마태복음 13장 38절을 보라)의 싸움인 것이다. 어둠의 영적 세력과 하나님의 백성 사이의 싸움은 1세기에만 일어난 일이 아니며, 오늘날 그리스도인이 선택할 수 있는 일도 아니다. 어둠의 왕국은 지금도 존재하며, "너희 대적 마귀가 우는 사자같이 두루 다니며 삼킬 자를 찾고"(벧전 5:8) 있다. 이 말씀에 비추어 베드로는 우리에게 "근신하라. 깨어라. …… 너희는 믿음을 굳건하게 하여 그를 대적하라. 이는 세상에 있는 너희 형제들도 동일한 고난을 당하는 줄을 앎이라"(벧전 5:8, 9)고 가르친다. 성경적 세계관에 흑암의 왕국이라는 개념이 포함되어 있지 않다면, 사탄이 우리와 이 세상에 억지로 떠맡기는 모든 타락에 대해 하나님이나 우리가 그 책임을 감당해야 할 것이다.

**2. 초대 교회에서 마귀의 활동으로 여기던 것을 지금 우리는 정신 질환으로 이해한다.** 이러한 주장은 성경의 신뢰성을 떨어뜨린다. 거

룩한 계시는 오류가 있을 수 없다. 내가 처음으로 마귀에게 고통받는 것을 상담해 준 그리스도인은 의사에게 망상성 정신 분열증이라는 진단을 받았다. 수차례 약을 복용하고 입원해 보았지만, 끝내 의학 시설에서는 그를 치료할 수 없었다. 이 진단은 그의 증상에 기반한 것이다. 그는 두려움에 거의 아무것도 하지 못할 지경이었고, 비난하는 생각에 고통당하고 있었다. 영적 공격을 당하는 사람에게 흔히 나타나는 증상이었다.

환자가 보여 주거나 관찰된 증상에 기반하여 내리게 되는 진단은 그 자체로는 질환에 대해 어떠한 것도 설명해 줄 수가 없다. 정신 분열증, 편집증, 정신병 등과 같은 용어들은 다만 증상을 나타내는 이름일 뿐이다. 그렇다면 그 증상들을 일으키는 것은 무엇인가? 신경 조직이나 호르몬 문제, 화학적인 불균형이 그 요인이라 할 것인가? 분명히 이러한 요인 때문인지도 살펴봐야 한다. 그러나 만일 이런 데서 원인을 찾을 수 없다면 어떻게 할 것인가? (그렇다면 그것은 심리적인 문제다. 그러나 어떤 심리학을 택하겠는가? 성경인가 아니면 세상 심리학인가? 그리고 그것이 영적인 문제일 것이라는 가능성을 왜 생각해 보지 않는가?)

자연적 세계관을 가진 세속적 심리학자들이 인간의 정신적 문제에 대해 자연적인 설명을 제시하는 것은 놀랄 일이 아니다. 그들의 세계관에는 하나님이나 이 세상의 신에 대한 개념이 없기 때문이다. 심지어 생물의 종(種)의 기원에 대한 과학계의 이론에 강하게 반발하는 그리스도인들까지도 정신 질환에 대해서는 세속적 심리학자들의 설명을 그대로 받아들인다. 인간의 영적 문제를 과학적인 연구 방법으로 조사하는 것은 잘못된 것이 아니지만 불완전하다. 과학적 연구는 영적 세계의 영향을 무시하고 있는데, 그 이유는 하나님도 마귀도 그 조사에 포함되어 있지 않기 때문이다. 효과적인 기독교 상담자가 되려면, 우리는 화학적, 심리적 정신 질환과 마음에서 일어나는 영적 전쟁을 구별하는 법을 배워야 한다. 최근 우울증을 다룬 내 책 「다시 희망을 찾다」(*Finding Hope Again*)에서 이 주제를 설명하였다. 우울증은 육체적, 정신적, 영적 문제로, 영, 육, 혼 모든 영역에서 균형 잡힌 해결책이 필요한 질환이다.

**3. 어떤 문제는 심리적인 것이고 어떤 문제는 영적인 것이다.** 인간의 혼과 영을 구분할 수 있다는 잘못된 이분법 때문에 이런 오해가 생기는데, 사실 우리 안의 문제는 그렇게 명확히 나눌 수가 없다. 심리적이지 않은 내적 갈등은 없다. 내적 갈등에 마음이나 감정, 의지가 포함되지 않는 경우가 없기 때문이다. 마찬가지로 우리 안의 문제는 영적 문제가 아닌 것이 없다. 하나님이 존재하시지 않는 때가 없기 때문이다. "그의 능력의 말씀으로 만물을 붙드시며"(히 1:3). 성경은 보이지 않는 영적 세계도 우리 눈에 보이는 만물만큼이나 실제적이라고 말한다. "보이는 것은 잠깐이요 보이지 않는 것은 영원함이라"(고후 4:18). 하나님의 전신갑주를 벗어도 좋을 때란 없다. 우리가 이 지구 위에서 살아가는 한, 유혹받고 비난당하고 기만당할 일은 끊이지 않을 것이다. 이러한 추론을 받아들일 수 있다면, 우리는 단순히 의학적 해결책만 내놓거나, 심리적 해결책만 제시하거나, 영적 해결책만 주는 양극화를 그만둘 수 있을 것이다.

트리니티 복음주의 신학교에서 강의한 폴 히버트(Paul Hiebert) 박사는 신자들이 하나님은 초자연적인 세계에만 관여하시고 자연 세계는 자율적인 과학 법칙에 따라 실제적인 목적을 향해 움직인다는 이중적인 세계관을 받아들이는 한, 기독교는 계속해서 세속화에 기여할 것이라고 주장했다.[1]

**4. 마귀는 그리스도인을 공격하지 않는다.** 복음주의자 가운데에는 마귀가 그리스도인에게 영향을 끼칠 수 없다고 믿는 사람들이 있다. 문제의 일부는 마귀의 영향일 수 있다고만 해도, "불가능한 일이에요! 나는 그리스도인인 걸요!"라며 성급한 반응을 보인다. 그러한 생각 때문에 교회는 적절한 해답을 찾아 공격당하는 사람들을 돕는 역할을 잘 감당하지 못하게 된다. 우리만이 그들을 도울 수 있는 유일한 사람들인데 아무 희망도 주지 못한 채 그들을 내버려 두게 되는 것이다.

영적인 문제를 진단하는 데 이러한 비진리보다 해가 되는 것은 없다. 사탄이 교회를 손댈 수 없다면, 성경은 왜 하나님의 전신갑주를 입으라고, 마귀를 대적하며 굳건히 서서 경계하라고 교훈하겠는가? 만일 우리가 상처받거나 사탄의 덫에 걸릴 염려가 없다면, 어째서 사도 바울은 우리와 어둠의 세력의 관계를 씨름하는 선수에 빗대어 설명하겠는가? 원수의 파괴 가능성을 부인하는 사람은 원수의 희생물이 되기 쉽다(마귀의 침략과 그 영향에 대한 우리의 취약점은 2부에서 다룰 것이다).

**5. 마귀의 영향은 아주 극단적이고 불법적인 행위나 비열한 죄 속에 서만 나타난다.** 목회할 때 나는 수년 동안 이러한 생각으로 괴로워 했다. 그래서 수많은 그리스도인이 열매 맺지 못하게 만드는 미묘한 속임수를 알아채지 못할 때가 많았다. 누가복음 8장에서 "군대"라 불리는 난폭한 마귀의 활동과 같은 경우들이 오늘날에도 일어나고 있다. 그러나 마귀의 활동으로 고통당하는 대부분의 그리스도인은 어떤 원인이나 해결책을 찾을 수 없는 개인적인 문제나 다른 사람과 의 관계에서 일어나는 심각한 문제를 경험하면서도 비교적 정상적 인 생활을 하고 있다. 사람들은 대량 학살이나 포악한 성범죄만 사 탄의 활동으로 생각하기 때문에, 이런 일상적인 문제들로 괴로움을 겪는 개인들은 자신에게 무엇이 잘못되었으며 왜 "더 좋아질 수" 없 는지에 대해 의문을 가진다.

사탄이 가장 처음 사용한 최대 전략은 바로 속임수다. 사도 바울 은 "사탄도 자기를 광명의 천사로 가장하나니, 그러므로 사탄의 일 꾼들도 자기를 의의 일꾼으로 가장하는 것이 또한 대단한 일이 아 니니라"(고후 11:14, 15)고 경고했다. 교회를 무력하게 만드는 것 역 시 날뛰는 마귀의 활동이지만, "정상적인" 신자들의 삶 속에서도 사 탄은 교묘한 속임수와 술책을 부리고 있다. 어떤 그리스도인 정신과 의사가 "그리스도 안에서 자유롭게 살다"라는 세미나에 참석하고 난 뒤 이렇게 말했다. "나는 15년 동안 상담을 해왔지만 마귀의 활동 을 한 번도 보지 못하였습니다. 박사님의 세미나에 참석하기 전까지 는 말이죠. 그러나 세미나 참석 후 돌아가 상담 치료를 하면서 내담 자 중 3분의 2가 사탄의 속임수 때문에 문제가 생겼다는 것을 발견했습니다. 그리고 나 역시 그중 한 사람이었습니다."

**6. 영적 멍에에서 자유로워지는 것은 마귀 세력과의 능력 대결(power encounter)에 달려 있다.** 영적 갈등과 멍에에서 자유로워지는 것은 능력 대결이 아니다. 그것은 진리 대결(truth encounter)이다. 사탄은 사기꾼이며, 어떻게든 비밀리에 움직인다. 그러나 하나님의 말씀의 진리는 사탄의 실체와 거짓말을 폭로한다. 그의 졸개들은 바퀴벌레 같아서 빛이 비치면 어둠 속으로 기어들어가 숨는다. 사탄의 세력은 거짓말 속에 있어서, 그의 거짓말이 진리에 의해 탄로 날 때 그의 계획은 좌절되고 만다.

나는 농장에서 자랐는데, 아버지와 형과 나는 농작물을 이웃에 나누어 주고 품앗이로 일하기 위해 이웃 농장을 자주 방문했다. 이웃 농장에는 요란하게 짖어대는 작은 개가 한 마리 있었는데 그 개 때문에 깜짝 놀랄 때가 종종 있었다. 개가 구석에서 우리를 향해 짖어댈 때, 아버지와 형은 그 자리에 그대로 서 있었다. 그러나 나는 달아났다. 그 개가 누구를 쫓아오겠는가! 나는 개가 요란하게 짖어대는 동안 짐 싣는 트럭 위 꼭대기로 도망가 몸을 피했다.

나를 제외한 모든 사람은 그 개가 나를 해칠 만한 힘이 없다는 것을 알고 있었다. 게다가 그 개는 짐차 위에 있는 나를 향하여 무엇을 던질 수도 없었다. 그런데도 내가 짐차 위로 올라간 것은 내 신념 때문이었다. 그 개가 내 마음, 감정, 의지, 그리고 근육까지, 곧 내 모든 것을 공포심으로 몰아넣을 수 있다는 거짓을 믿기로 선택했기 때문이다. 마침내 나는 용기를 내어 짐차에서 뛰어내렸고, 개를 향하여 조

그만 돌을 찼다. 그랬더니 놀랍게도 그 개가 도망치는 것이 아닌가!

사탄은 요란하게 짖어대는 그 개와 같아서 하나님보다 그를 더 두려워하도록 사람들을 속인다. 사탄의 능력은 그의 거짓말에 있다. 사탄은 온 천하를 꾀는(계 12:9) 거짓의 아비(요 8:44)이며, 따라서 온 세상은 그 악한 자의 영향 아래 있다(요일 5:19). 그는 그리스도 안에 있는 우리의 신분에 대해 아무것도 할 수 없지만, 만일 그가 우리와 하나님에 대한 거짓말을 믿도록 우리를 속일 수 있다면, 우리는 많은 시간을 짐 싣는 트럭 위에서 보내게 될 것이다! 그의 영향력에서 벗어나기 위해 소리 지르거나 힘 쓰지 않아도 된다. 다만 그를 **진리로 내쫓으면** 된다. **하나님 말씀의 진리를 믿고, 선포하고, 그에 따라 행동하라.** 그러면 사탄의 계략은 좌절될 것이다.

이 원리가 내 상담에 아주 극적인 효과를 가져왔다. 상담을 하다가 내가 마귀의 실체를 드러냈을 때, 그것이 능력 대결이 된 적이 있었다. 그 과정에서 혼란에 빠진 내담자는 방을 뛰쳐나가거나 갑자기 정신을 잃었다. 그때 나는 마귀에 대한 내 권위를 담대하게 세우려 했다. 첫 접근 방법은 마귀가 정체를 밝히게 하는 것이다. 그러고 나서 마귀에게 떠나라고 명령했다. 이 과정에서 때때로 내담자는 큰 충격을 받는다. 그리고 내담자에게 진전이 있을지라도, 보통 고통이 되풀이되어 나타난다.

그러나 내가 성경에서 배운 것은 **진리**가 자유를 가져다준다는 사실이다. 이것은 성공적인 상담에서 늘 증명된 사실이다. 예수가 진리이시며, 사로잡힌 자를 자유롭게 하실 수 있는 유일한 분이다. 신자의 능력은 진리를 알고 그 진리를 선택하는 데 있다. 우리는 **진리**

를 추구하는 사람이다. 우리는 이미 그리스도 안에서 모든 능력을 지녔기 때문이다(에베소서 1장 18, 19절을 보라). 게다가 멍에에 매여 있는 사람은 내가 목회자와 상담자로서 한 일에 따라 자유로워지는 것이 아니라, 내 도움으로 그들이 한 일에 따라 해방되는 것이다. 그 속박을 깨뜨린 것은 내가 믿기 때문이 아니라, 그들이 믿고 고백하고 포기하고 용서하였기 때문이다. 다음에서 설명하는 성경의 점진적 논리를 살펴보라.

> 진리를 알지니 진리가 너희를 자유롭게 하리라(요 8:32).
>
> 내가 곧 길이요 진리요 생명이니(요 14:6).
>
> 진리의 성령이 오시면 그가 너희를 모든 진리 가운데로 인도하시리니(요 16:13).
>
> 내가 비옵는 것은 그들을 세상에서 데려가시기를 위함이 아니요 다만 악에 빠지지 않게 보전하시기를 위함이니이다. …… 그들을 진리로 거룩하게 하옵소서. 아버지의 말씀은 진리니이다(요 17:15, 17).
>
> 그런즉 서서 진리로 너희 허리띠를 띠고(엡 6:14).
>
> 끝으로 형제들아 무엇에든지 참되며 …… 이것들을 생각하라(빌 4:8).

사도행전 5장에서 하나님은 처음으로 초대 교회를 징계하실 때, 극적인 방법을 쓰셨다. 교회 안에 어떤 문제가 발생했는가? 마약? 성(性) 문제? 아니다. 바로 **진리**의 문제였다. 사도 베드로는 "어찌하여 사탄이 네 마음에 가득하여 네가 성령을 속이고"(3절)라며 아나니아와 삽비라를 책망하였다. 하나님은 사탄이 우리에게 거짓말을 믿게 하고 그 거짓말을 따라 살게 할 수 있다면, 사탄이 우리를 멸망시킬 수 있다는 것을 교회가 알기 원하셨다. 그것이 바로 우리가 "모든 생각을 사로잡아 그리스도에게 복종하게"(고후 10:5) 해야 할 중요한 이유다. 만일 내가 교회에, 위원회에, 또는 한 개인에게 몰래 침투해 들어가서 그들이 거짓말을 믿도록 속일 수 있다면, 나는 그들의 인생을 조종할 수 있을 것이다! 이것이 바로 사탄이 사용하는 방법의 핵심이다.

선한 그리스도인도 속임수에 넘어갈까? 하와가 거짓말에 속아 그 말을 믿었을 때, 그는 이전에 한 번도 죄 지은 적이 없는 사람이었다. 성경 마지막 책은 마지막 날에 있을 전쟁을 묘사하고 있다. 그 책은 역기능 가정이나 성 중독, 약물 남용, 범죄와 같은 타락상을 이야기하지 않는다. 사실 요한계시록에는 "죄"라는 단어조차 등장하지 않는다. 또다시 그리스도와 적그리스도(사탄)의 전쟁이 일어나며, 그때 악한 자의 핵심 전략이 바로 **속임**이라고 말한다. 역사의 이 두 기간 사이에서 교회는 "살아 계신 하나님의 교회요 진리의 기둥과 터"(딤전 3:15)이며, 우리 교회는 복음을 전파하고 사랑 안에서 참된 것을 하도록 부름받았다(엡 4:15).


## 사로잡힌 자를 자유롭게 하다

예수와 사도들이 행한, 포로를 해방시킨 사역을 오늘날 사람들이 반대하는 가장 일반적인 이유는 서신서에서 그 주제를 분명하게 가르치지 않기 때문이다. 내가 알기로 서신서에는 다른 누군가에게서 귀신을 쫓아내는 것에 대한 명확한 가르침이 없다. 나는 그 주제를 분명하게 하는 데 도움이 될 시각을 제시하고, 우리 자신의 삶 속에서 마귀의 영향을 어떻게 직면해야 하는지, 또 마귀의 속박에 매인 사람들을 어떻게 도와야 하는지를 제안하려고 한다.

십자가 사건 이전에, 성령을 받은 예수와 특별히 선택된 사도들은 이 세상에서 마귀의 세력을 제어하는 데 필요한 권위를 부여받았다. 예수께서 열두 제자를 불러 하나님 나라를 전파하라고 보내실 때 가장 처음 하신 일에 주목하라. "예수께서 열두 제자를 불러 모으사 모든 귀신을 제어하며 병을 고치는 능력과 권위를 주시고"(눅 9:1). 그때 사탄은 패배한 적이 아니었다. 그리고 신자들도 아직 하늘에서 그리스도와 함께 앉은 자들이 아니었다.

그러나 영적 싸움의 본질을 영원히 변화시킨 십자가 사건과 부활에서 뭔가 근본적인 일이 일어났다. 첫째, 예수의 죽음과 부활은 어둠의 통치자와 권세를 벗어 버리고 승리하였다(골 2:15). 예수께서 선포하셨다. "하늘과 땅의 모든 권세를 내게 주셨으니"(마 28:18). 십자가 때문에 사탄은 패배한 적이 되고, 더 이상 우리에게 아무런 권위도 가지지 못한다. 우리는 그리스도와 함께 살고, 하늘 보좌에 그와 함께 앉아 있기 때문이다(엡 2:5, 6). 그리스도의 승리와 사탄의 패배라는 진실을 아는 것은 우리를 위협하고 괴롭히려는 원수와의 싸움에서 승리하는 첫걸음이다.

둘째, 모든 신자가 그와 함께 살고, 천국에서 그와 함께 앉게 되었기 때문에 우리는 더 이상 우리를 위해 권위를 행사해 줄 대행자가 필요하지 않다. 우리는 이제 모든 권위를 가지신 "예수 그리스도 안에" 있기 때문이다. 마귀를 대적하기 위하여, 우리는 그리스도 안에 있는 우리의 정체성과 신분, 권위를 이해하고 그것을 자신에게 적용하면 된다. 그리스도 안의 자유는 그리스도인이 누릴 기업이다. 그렇기 때문에 사도 바울은 다음과 같이 기록했다.

> 너희 마음의 눈을 밝히사 그의 부르심의 소망이 무엇이며 성도 안에서 그 기업의 영광의 풍성함이 무엇이며 그의 힘의 위력으로 역사하심을 따라 믿는 우리에게 베푸신 능력의 지극히 크심이 어떠한 것을 너희로 알게 하시기를 구하노라. 그의 능력이 그리스도 안에서 역사하사 죽은 자들 가운데서 다시 살리시고 하늘에서 자기의 오른편에 앉히사 모든 통치와 권세와 능력과 주권과 이 세상뿐 아니라 오는 세상에 일컫는 모든 이름 위에 뛰어나게 하시고(엡 1:18-21).

그리스도인이 마귀를 패배시킬 필요는 없다. 그리스도께서 이미 마귀를 이기셨기 때문이다. 우리는 그저 그 사실을 믿어야 한다. 서신서를 읽어 보면 예수께서 이미 우리를 사탄과 죄에서 구원하셨다는 사실을 분명히 알 수 있다. 그것이 바로 사도 바울이 그의 기도 가운데서 전달하려고 한 복음이다. 우리가 그리스도 안에서 승리하는 삶을 사는 데 필요한 모든 일을 하나님이 행하셨다. 대신 이제 우리는 맡아야 할 책임이 있다.

신자로서 우리가 져야 할 개인적인 책임은 회개하고 우리가 자유로워질 것이라는 사실을 믿는 것이다. 어느 누구도 우리를 위해 그 일을 대신할 수 없다. 나는 당신 대신 하나님의 전신갑주를 입을 수 없다. 당신 대신 믿고, 당신 대신 회개하고, 당신 대신 다른 사람을 용서하고, 당신 대신 모든 생각을 사로잡아 그리스도께 복종할 수는 없다. 그러나 당신을 도울 수는 있다. 그리스도 안에서 당신이 자유로워지고 다른 사람들도 같은 경험을 하도록 도와주는 것이 3부의 주제다.

앞에서 자기 자신을 "길 잃은 양"이라고 부른 여인은 마침내 자유에 이르는 방법을 얻을 수 있었다. 그 후 4년간 그 여인은 주일마다 교회에 앉아서 필사적으로 기도했다. 그리고 하나님은 그가 하나님이 반응하신 바를 쓰도록 인도하셨다. 아래 글이 바로 그 여인이 쓴 글이다.


사랑하는 길 잃은 양에게

내가 어디에 있느냐고 물었지? 얘야, 나는 지금 네 곁에 있고, 앞으로도 항상 그럴 거란다. 너는 약하나 내 안에서는 강하지. 나는 너를 아주 사랑하기 때문에 너를 죽게 내버려 둘 수가 없구나. 너와 아주 가까이에 있기 때문에 네가 느끼는 것을 나도 느낀단다.

너와 함께하기에 나는 네가 겪고 있는 것을 알지. 그렇지만 내가 너를 자유롭게 했으니 견고히 서야 한다. 원수 때문에 죽을 필요는 없다. 그러나 나와 함께 십자가에 못 박혔으니 나는 네 안에 살고, 너는 나와 함께 살 것이다. 내가 너를 의의 길로 인도하겠다. 얘야, 너는 정말 내 것이란다. 나는 너를 사랑하고, 너를 결코 버리지 않을 것이다.

너를 사랑하는 하나님

# 2장

# 세상에서 자신의 길을 발견하다

지난 몇 년 동안 나는 미국과 캐나다에 있는 몇몇 대학에서 특강을 해왔다. 한번은 오늘날 세계에 영향 끼치는 악령들을 주제로 열리는 집회에 초청하는 전단을 대학생들에게 배포했다. 그러나 그 집회의 진정한 목적은 예수 그리스도의 주장을 나누는 일이었다. 놀랍게도 강의 때마다 수백 명의 대학생이 강당을 가득 메웠다. 이 학생들은 유행을 추구하는 십 대도, 논쟁을 좋아하는 방해꾼도 아니었다(밖에서 한 무리의 사탄 숭배자가 노래 부른 적도 있다). 물론 그들은 닐 앤더슨의 이야기를 듣기 위해 모인 학생들도 아니었다. 그들은 내가 누구인지 전혀 몰랐기 때문이다. 이 사람들은 순전히 마귀의 영향에 호기심을 가진 학생들이었다.

뉴에이지 운동의 확산, 과학으로서 초(超)심리학의 수용, 초자연 현상에 대한 치솟는 인기, 그리고 눈에 띄게 증가하고 있는 사탄 숭배 등, 이 시대 서구 문화는 거대한 세계관의 전환(paradigm shift)을 경험하고 있다. 1960년대에 동양 종교가 흘러 들어오면서 커다란 세력을 모은 뉴에이지 신비주의는 한 유명 인사 덕에 대중화될 수 있었다. 늦은 밤 텔레비전을 켜 보라. 초자연적인 것을 소재로 시청자가 참여하는 수많은 프로그램을 볼 수 있을 것이다. 그 프로그램은 죄 용서와 그리스도 안에서 누리는 새 생명을 제외하고 기독교가 약속하는 모든 것을 똑같이 약속한다.

뉴에이지 운동은 단순히 유명 인사의 문제가 아니다. 뉴에이지 사상이 전국에 걸쳐 사업, 교육, 심지어 종교계까지 심각하게 침투해 가고 있다. 최근에 나는 연구를 위해 두 학생에게 바이올라 대학에서 조금 떨어진 곳에서 열린 뉴에이지 세미나에 참석할 것을 부탁했다. 그곳에 도착한 학생들은 수강료가 65달러라는 것을 알고 되돌아오려고 했다. 그런데 그때 낯선 사람 둘이 다가와 "누가 당신들에게 표를 드리라고 했습니다"라고 말했다. 눈이 동그래진 학생들은 표를 들고 안으로 들어갔다.

그들이 이야기한 바에 따르면, 강사 중 한 사람이 참석자들에게 명상하는 연습을 시켰다. 그 강사는 사람들에게 영(靈)이 자신을 인도하는 상상을 하도록 권고했다. 그리고 "자, 이제 여러분을 인도하는 영이 여러분 안에 들어오도록 초청하십시오"라는 말로 명상 연습을 끝냈다. 나는 믿을 수가 없었다. 기독교 대학에서 조금 떨어진 곳에 마귀가 자기 제단을 쌓고 있었던 것이다!

# 이중 구조 세계관

오늘날의 서구 세계는 현실을 이중 구조로 본다(아래 그림을 보라). 위층은 초월 세계로, 하나님, 귀신, 마귀가 사는 곳이며 종교나 신비주의를 통해서 이해할 수 있다. 아래층은 경험 세계로, 과학이나 신체 감각을 통해 이해할 수 있다. 이러한 이중 구조에서 영적 세계는 자연 세계와 실제적인 관련이 거의, 또는 전혀 없다. 우리는 사실상 현실을 이해하는 데 우리 인식에서 영적 세계를 제외시켰다. 인본주의는 위층을 완전히 거부한다. 신학과 심리학을 통합하려는 시도도 대부분 오직 하나님과 타락하고 구속받은 인간만 포함시킬 뿐, 사탄이나 마귀의 활동은 제외한다.

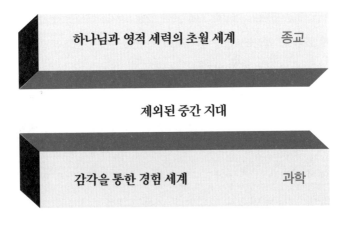

서구의 합리주의와 자연주의와는 아주 대조적으로 세계 인구 가운데 3분의 2는 동양적 세계관을 가지고 있다. 그들의 문화와 세계

관에서는 영적 세계가 실재한다. 물활론(物活論)과 심령 현상을 믿는 문화에서는 평화를 구하는 제사로 그들의 신들을 달래며, 악령들을 피하려고 종교 의식을 행한다. 비서구 세계 일반인들의 일상에서는 종교 행사나 미신이 과학보다 실재적이다.

서양에서 교육받은 사람들은 서구 세계의 기술 발달과 경제적 성공에 비추어 동양적인 세계관을 열등하게 여기기 쉽다. 그렇다면 서구 세계가 다른 산업 국가보다 범죄율이 높고, 쓰레기 같은 외설물이 범람하는 이유는 어떻게 설명하겠는가? 서양적 세계관과 동양적 세계관은 모두 성경적으로 볼 때 옳지 않다.

폴 히버트 박사는 이중 구조의 중간을 "제외된 중간 지대", 즉 지구 위에서 영적인 세력이 실제로 활동하는 세계라고 부른다. 우리는 우리의 세계관에 어둠의 왕국을 포함시켜야 한다. 실제로 제외된 중간 지대란 없기 때문이다! 바울은 하늘에서 벌어지는 영적 전쟁을 이야기할 때 화성이나 명왕성과 같은 머나먼 행성을 언급한 것이 아니다. 그가 언급한 영적 영역은 우리를 둘러싸고 이 세상의 통치자가 지배하는 어둠의 왕국이다.

이 세속적인 이중 구조의 사고가 일부 서구 그리스도인의 정신에 어떤 영향을 끼쳤는지 실례를 들기 위해 목회자의 딸이자 아주 총명한 디나를 잠깐 소개하려고 한다. 디나는 다발성 경화증을 진단받았다. 디나의 상태를 들었을 때, 그리고 심신이 점점 쇠약해지는 이 병을 가지고 살아야 할 앞날을 생각할 때, 나는 디나의 부모가 안고 있을 아픔을 똑같이 느꼈다. 나는 디나를 위해 기도했으나 그가 마음속에서 떠나지 않았다. 다시 만나게 되었을 때, 나는 "언제 그 증상을 처음 알게 되었나요?"라고 물어보았다.

"하나님에게 특별한 간구를 한 직후 처음으로 따끔거리기 시작했어요." 그가 대답했다.

"그날 어떤 기도를 했는데요?"

"저는 영적으로 부모님이 기대하는 수준에 이르지 못했기 때문에 늘 죄책감을 갖고 있었어요. 그날은 사도 바울이 그의 몸 안에 가시가 있다고 말한 고린도후서 12장을 읽고 있었습니다. 바울은 그의 연약함 속에서 하나님의 능력이 완전해졌다고 하더군요. 저도 하나님의 능력이 제 생애 속에 나타나기를 원했습니다. 그래서 내 육체에 가시를 달라고 기도했지요."

"당신의 육체에 가시를 달라고 기도했다고요?"

"예."

"바울의 육신 안에 있는 가시가 무엇인지 알고 있습니까?"

"어떤 육체적인 문제 아닌가요?"

"글쎄요, 그게 무엇인지는 성경에 정확하게 나타나 있지 않아요. 그러나 고린도후서 12장 7절을 보면 분명히 그것은 '사탄의 사자', 곧 마귀입니다! 사도 바울은 결코 그것을 원하지 않았습니다. 사실상 그는 가시가 없어지도록 세 번이나 기도했는걸요. 디나, 당신은 육체에 가시를 달라고 한 것을 포기하고, 당신에게서 사탄의 영향력이 떠나도록 기도하십시오!"

그는 내 권고를 받아들였고 우리는 함께 기도했다. 그러자 그 즉시 증상이 사라지고 정상적인 생활을 할 수 있었다. 그러고 나서 몇 개월 뒤, 그 증상이 다시 나타났다. 그때 나는 3부 13장에서 설명한

대로 "그리스도 안에서 자유에 이르는 단계"로 디나를 이끌었다. 이제 디나는 자유하다.

의사와 심리학자는 대부분 디나의 상태를 영적인 문제로 여기지 않았다. 이처럼 생각하는 사람들은 디나가 "회복"된 것이 마귀의 세력에서 자유로워진 것이 아니라 육체적인 질병이 치유된 것이라고 주장한다. 그러나 현대 의학조차도 많은 사람이 심리적인 원인으로 질병을 앓는다고 주장한다. 이러한 심리적인 원인에 영적인 기초가 없다고 말하는 것은 성경적으로 볼 때 부적절하다. 심리적인 문제는 생각에서 비롯된다. 나중에 우리는 주요 영적 전쟁이 생각에서 비롯된다는 것을 살펴볼 것이다.

많은 그리스도인이 그들의 세계관에서 초자연을 제외하거나, 그것을 그들의 인생에 아무런 영향도 끼치지 않는 초월적인 것으로 간주한다. 그렇게 해서 그들은 그들의 신학이나 실제 생활에서 하나님의 능력을 제외할 뿐 아니라 인간이 겪는 모든 실패, 심지어는 앞에서 소개한 디나처럼 마귀의 영향을 끌어들여서 생긴 문제까지도 그 원인을 심리적이거나 자연적인 것으로 설명한다.


## 제외된 중간 지대에서 살다

기독교 세계관은 문화나 경험이 아닌 성경의 관점에서 인생을 이해한다. 그리고 성경은 분명히 초자연적이고 영적인 세력이 이 세계에 작용한다고 가르친다. 예를 들면, 마가복음에 기록되어 있는 치유의 역사 가운데 4분의 1은 실제로 마귀의 활동에서 사람들을 해방시킨 이야기다. 누가복음 13장 11, 12절에서 예수께서 치유하신 여인은 18년 동안 "귀신들려 앓은" 희생자였다.

신체적 증상을 상담하는 동안 사람들은 종종 그들의 개인적, 영적 갈등을 해결하고 난 뒤에 그 증상이 사라졌다고 말하며, 그리스도 안에서 자유로워진다. 내가 봤을 때 가장 흔한 증상은 두통과 현기증, 그리고 몸 구석구석에서 느끼는 일반적인 통증이다. 토해 내야 한다고 느끼는 사람도 있다. 예전에 다발성 경화증이라고 진단받은 세 사람을 상담한 적이 있다. 그들은 "그리스도 안에서 자유에 이르는 단계"를 거치고 난 뒤, 해방되었다. 다발성 경화증에는 두 가지 형태가 있다. 하나는 꾸준히 진행되는 퇴행성 질환 형태로, 이 경우는 신체적인 문제로 보인다. 그리고 다른 하나는 잠깐 나타났다가 사라지는 다발성 경화증 증상으로 앞서 언급한 세 경우가 이에 해당한다.

어떤 것들은 다리가 부러진 것처럼 분명히 신체적인 문제에 해당한다. 이런 경우에는 의사를 찾아가라. 그가 부러진 다리를 고쳐 줄 것이다. 그리고 나서 빠르게 회복하게 해달라고 교회에 기도를 요청하라. 또 어떤 것들은 비통함, 죄책감, 수치와 같이 영적인 문제다. 그렇다면 목사를 찾아가서 하나님과 다시금 올바른 관계를 세우라. 의사가 당신의 질병을 신체적 증상이라고 말하지만 어떠한 신체적 원인도 찾지 못할 때, 이러한 문제들 사이에 어려움이 생기게 된다. 예를 들어 많은 사람이 저혈당과 싸우던 20년 전을 떠올려 보라. 나역시 목회자인데도 그러한 흐름에 휘말리고 말았다. 나는 내가 상담한 넷째 사람에게 포도당 부하 검사를 권했다. 이들은 모두 돌아와서는 자신들이 아슬아슬한 포도당 과민증이라고 말했다! 그렇다면 저혈당은 어떻게 된 것인가? 그 뒤로는 만성 피로 증후군이 유행했고, 지금은 어린이 두 명 가운데 한 명꼴로, 그리고 일부 성인이 주의력 결핍 장애(ADD, ADHD)라는 말이 들리고 있다.

많은 그리스도인이 문제의 본질과 해결책이 영적이고 심리적인 영역에 관련되어 있는데도, 자연적인 치유 방법으로 신체적인 증세를 치유하려 하기 때문에 계속 영적 싸움에 시달린다고 나는 확신한다. 서구 세계에 속한 우리는 일단 먼저 가능할 만한 자연적 또는 신체적 설명을 찾아보는 데 익숙하다. 그리고 그러한 설명으로 충분하지 않으면, 이렇게 말한다. "기도 말고는 할 수 있는 일이 아무것도 없네요." 예수님은 우리가 "먼저 그의 나라와 그의 의를 구해야"(마 6:33) 한다고 말씀하셨다. 어째서 우리는 먼저 하나님에게 복종하고 마귀를 대적하지 않는 것인가?(약 4:7) 그리스도인이 **가장 먼저** 해야 할 일은 기도다. 왜 바울이 권하는 대로 우리 몸을 하나님이 기뻐하시는 거룩한 산 제물로 드리지 못하는가?(롬 12:1) "예수를 죽은 자 가운데서 살리신 이의 영이 너희 안에 거하시면 그리스도 예수를 죽은 자 가운데서 살리신 이가 너희 안에 거하시는 그의 영으로 말미암아 너희 죽을 몸도 살리시리라"(롬 8:11).

예수께서 "하늘에 있는 악의 영들을 상대하도록"(엡 6:12) 우리를 "세상에"(요 17:11) 남겨 두셨다는 것이 오늘 우리의 현실이다. 초자연적인 능력이 이 세상에서 작용하고 있다. 우리는 자연 세계에 살면서도, 영적 전쟁을 하고 있다. "제외된 중간 지대"는 우리의 세속화된 마음속에서만 제외된 것이지, 현실 속에서는 그렇지 않다.

## 하나님 없이 영적으로 된다는 것

지난 40년 동안 서구인은 과학으로 입증되거나 인간의 오감을 통해 경험할 수 있는 것 이상의 많은 것이 인간 삶에 존재한다고 생각하기 시작했다. 언뜻 보기에, 이 새로운 갈망은 기독교 세계관을 가진 우리에게 고무적으로 들릴지 모른다. 그러나 사실, 물질적인 세계에 환멸을 느끼는 현대인은 기존 종교에도 똑같이 환멸을 느낀다. 따라서 그들은 그리스도와 교회로 돌아오는 대신, 초심리학이라는 현대적 의복을 걸친 구식 신비주의나 전인 건강(holistic health), 동양의 신비주의, 뉴에이지 운동의 깃발 아래 행진하는 무수한 이교 등으로 영적 공허감을 채우고 있다.

하나님을 떠나서 영적인 필요를 채우려는 시도는 새로운 일이 아니다. 예수께서도 지상에서 사역하시는 동안, 아브라함과 이삭과 야곱의 하나님 대신 전통으로 둘러싸인 세속화된 유대교와 마주치셨다. 당시 종교 지도자들은 메시아를 영적 구원자로 인정하지 못했다. 그들을 억압하는 대상을 사탄, 곧 이 세상의 신이 아니라 로마로 봤기 때문이다. 그러나 "말씀이 육신이 되었을"(요 1:14) 때 예수께서 그 이중적인 구조를 하나로 묶으셨다. 예수께서는 가이사의 일이 아닌, **사탄**의 일을 멸하러 오신 것이다(요일 3:8).

그때처럼 지금도, 세속적인 세계관은 자아를 중심에 둔다. "이것에서 **내가** 무엇을 취할까?" "누가 **내** 필요를 채워 줄 것인가?" "나는 **나 자신의** 일을 하고 있다." 심지어 이러한 영역에서 사역하는 그리스도인까지도 이기적인 야망이나 자만에 따라 움직이고 있다.

베드로는 자기 중심의 삶과 그리스도 중심의 삶 사이에서 싸우는 인간의 모습을 가장 잘 보여 주는 인물이다. 예수 그리스도가 메시아이며 살아 계신 하나님의 아들(마 16:13-16)이라는 근본적인 진리를 고백한 직후, 베드로는 자신이 어둠의 세력과 결탁하고 있다는 것을 알아차렸다. 베드로의 고귀한 고백을 듣고 복되다고 하신 뒤 예수께서는 베드로와 다른 제자들에게 예루살렘에서 겪을 자신의 고난과 죽음을 말씀하셨다. "베드로가 예수를 붙들고 항변하여 이르되 주여 그리 마옵소서. 이 일이 결코 주께 미치지 아니하리이다"(22절).

그때 예수께서는 "사탄아 내 뒤로 물러가라. 너는 나를 넘어지게 하는 자로다. 네가 하나님의 일을 생각하지 아니하고 도리어 사람의 일을 생각하는도다"(23절) 하고 베드로를 책망하셨다.

예수의 책망은 무자비할 정도로 혹독해 보인다. 그러나 베드로의 말 배후에 사탄이 역사하고 있다는 것을 확인하신 예수께서는 베드로를 통해 유혹해 오는 사탄의 음성을 정확하게 파악하고 계셨다. 베드로의 권고는 근본적으로 사탄의 유혹이었다. 사탄의 중요한 목표는 인간이 자신의 이익을 추구하게 하는 것이기 때문이다. 세상은 자신의 이익을 추구하는 방향으로 나아가기 때문에 사탄은 이 세상의 주관자라 불린다. 또한 사탄은 우리가 하나님의 자녀일지라도 자기 중심에서 벗어난 고귀한 동기를 가지고 있다고 믿지 않기 때문에, 형제들을 비난하는 자라고 불린다. 당신은 아마 사탄이 이렇게 속삭이는 소리를 들을 수 있을 것이다. "어떻게든 너 자신을 아껴.

네 이익을 위해서라면 의무도 저버리고, 개인적인 안락함을 위해 그리스도의 명분 따위는 버려도 괜찮아. 모든 사람은 이기적이고 대가를 바라고 있어. 어떤 사람은 다른 사람보다 오래 견딜 수 있을지 모르지. 그러나 결국에는 누구나 하나님의 일보다 자신의 일에 더 관심을 기울인단 말이야."

그것이 사탄의 신조다. 불행하게도 매우 많은 그리스도인의 삶에서 이 신조가 증명되고 있다. 사탄은 그리스도인이 세상과 육신, 그리고 마귀를 섬기는 삶을 살 때에 그것이 마치 자기 자신을 섬기는 것처럼 생각하도록 속여 왔다.

그러나 기독교 세계관은 그 중심이 다르다. 예수께서는 자족하는 마음에 맞서 다른 관점을 제시하신다. 바로 십자가의 관점이다. 오직 이 중심에서 비로소 우리는 "도둑질하고 죽이고 멸망시키려는"(요 10:10) 목적을 가진 사탄의 명에에서 벗어날 수 있다.


## 십자가의 관점에서

아담은 "하나님과 같이 되려는"(창 3:5) 생각을 품은 최초의 인간이다. 그런데 이 생각은 사탄이 심어 준 자기 중심적인 세계관의 본질이다. 아담 이후 수많은 사람이 사탄의 유혹에 넘어가 그들이 자기 자신의 하나님이라고 믿었다. 또한 오늘날 뉴에이지 운동은 대대적이고 전 세계적으로 이 거짓말을 확산시키고 있다.

그러나 창조에 관한 성경 말씀은 오직 창조주 하나님만이 참 하나님이라고 분명하게 밝히고 있다. 아담과 그의 후손은 신이 아니다. 우리는 하나님을 떠나서는 존재할 수 없는 피조물이다. 아담은 하나님이 생기를 불어넣었을 때 생령(生靈)이 되었다. 아담은 육적으로나 영적으로나 살았으나, 그는 신이 아니었다. 하나님은 아담에게 만일 그가 선악을 알게 하는 나무의 열매를 따 먹으면, 반드시 죽을 것이라고 말씀하셨다. 그러나 사탄은 아담에게 하나님이 무슨 말을 하고 있는지 하나님 자신도 모른다고 말하고, 그 금단의 과일을 먹으면 아담도 하나님처럼 신(神)이 될 수 있다고 속였다. 그렇게 해서 아담은 끝내 그 금단의 과일을 먹고 죽었다. 그 즉시 육체적으로 죽은 것은 아니지만, 영적으로 죽게 되었다. 죄 때문에 아담은 하나님에게서 분리되었고, 에덴동산에서 쫓겨났다.

아담 이후, 이 세상에 오는 모든 사람은 육적으로 살았으나 영적으로는 죽은 상태로 세상에 태어난다(엡 2:1). 하나님과 분리된 인간은 스스로 이름을 떨치려 하고 만물의 자연 체계를 통해 인생의 목적을 결정하려고 애쓴다. 그때에 인간은 스스로 작은 신이 되려 하며, 교만과 자기 예찬에 빠져 그를 지으신 하나님을 떠나 독립적으로 살아가려고 한다. 인간은 교만에 찬 목소리로 "내가 내 영혼의 대장이고 내 운명의 주인이지"라고 주장한다. 자기 자신이 신(神)이라는 이런 악마적인 생각은 타락한 세상의 핵심적인 특징이자, 어둠의 왕국에 우리를 옭아매려는 영적인 멍에의 주요 고리다.

인간이 스스로 신이 되려는 시도가 지닌 문제는 바로 우리가 그 역할을 감당할 수 있도록 지음받지 않았다는 것이다. 인간은 자신의 운명을 결정할 수 있는 능력이 없다. 아직 죄를 모르는 상태에서 영적으로 살아 있던 에덴동산의 아담조차 신이 되는 것이 불가능했는데, 아담 이후 영적으로 죽은 상태로 이 세상에 태어나는 우리는 더말할 것도 없다. 뉴에이지 운동가들이 말하는 것과 달리 인간 안에는 하나님은 물론 신이 될 수 있는 잠재력조차 존재한 적이 없다. 그런 가능성은 지금도 없고, 앞으로도 그럴 것이다. 무한하신 창조자는 오직 한 분이며, 나머지 다른 모든 것은 유한한 피조물일 뿐이다.

세상과 육신, 마귀의 속박에서 벗어나 자유로운 삶을 살고 싶다면, 우리는 이 기본적인 쇠사슬의 고리를 끊어야 한다. 호시탐탐 우리 주변에서 세속적이고 자기 중심적인 세계관을 집어넣으려는 사탄과 그 졸개들의 궤계에 빠지지 않기 위해 우리는 베드로의 청을 책망하셔서 제자들을 일깨우신 예수의 관점으로 무장되어야 한다.

> 누구든지 나를 따라오려거든 자기를 부인하고 자기 십자가를 지고 나를 따를 것이니라. 누구든지 제 목숨을 구원하고자 하면 잃을 것이요 누구든지 나를 위하여 제 목숨을 잃으면 찾으리라. 사람이 만일 온 천하를 얻고도 제 목숨을 잃으면 무엇이 유익하리요. 사람이 무엇을 주고 제 목숨을 바꾸겠느냐. 인자가 아버지의 영광으로 그 천사들과 함께 오리니 그때에 각 사람이 행한 대로 갚으리라(마 16:24-27).

바로 이 글이 사복음서에 담긴 핵심 말씀이다. 나는 이 말씀을 이해하지 못하는 것을 "엄청난 생략"이라고 부른다. 엘머 타운즈 (Elmer Lo Towns) 박사와 함께 쓴 「부흥의 혁명」(서로사랑 역간)에서 나는 자족은 부흥의 물줄기를 막는 최고의 댐이라는 결론을 내렸다.

우리는 우리 방식대로 우리에게 있는 자원을 사용하여 하나님의 일을 하려고 애쓴다. 그러나 그럴 수 없다. 예수의 말씀에서 배울 수 있는 다음 여섯 가지 지침은 십자가의 관점에서 구성된 것이다. 이 기본 지침은 세상 체계의 멍에와 마귀의 멍에에서 자유로워지기 원하는 사람들을 위한 것이다. 십자가의 빛 안에 거하라. 그러면 어두운 세상 속에서 빛으로 나오는 길을 발견할 것이다.

## 자신을 부인하라

자신을 부인하는 것은 극기(克己)와 다르다. 학생, 운동선수, 이교(異敎) 숭배자는 그들의 목표를 향해 나아가는 데 방해되는 어떤 대상이나 활동을 멀리하는 식으로 극기를 추구한다. 그러나 이러한 극기의 궁극적인 목적은 자기 성취다. 다시 말하자면 좋은 성적을 얻거나, 신기록을 세우거나, 높은 지위에 오르거나, 인정받으려는 것이다.

자기 부인이란 스스로 다스리지 않는다는 뜻이다. 자기를 버리는 것은 삶에서 중요한 싸움이다. 육체는 왕좌를 놓고 앞다투어 싸우고, 하나님이 되려고 고군분투한다. 예수께서는 그런 싸움을 하시지 않는다. 그분은 이미 그 싸움에서 승리하셨기 때문이다. 그분은 보좌를 차지하시고 그것을 우리에게 은혜로 나누어 주신다. 그러나 몇 가지 기만적인 이유 때문에 우리는 왕이 되고 싶어 하고 우리 삶을 직접 다스리길 원한다. 우리가 결코 스스로 하나님이 될 수 없다고 자신을 부인할 때까지 절대로 우리 자신이나 하나님과 평화를 누릴 수 없을 것이며, 또 결코 자유로워지지 못할 것이다.

우리는 하나님을 떠나서는 살 수 없도록 지음받았으며, 스스로 영혼의 주인이 될 수도 없다. "한 사람이 두 주인을 섬기지 못할 것이니"(마 6:24). 우리가 자신을 부인하는 것은 인생의 보좌를 하나님에게 내어 드린다는 의미이며, 그때에 우리는 마땅히 그분의 것을 소유할 수 있다. 그래야 우리가 그리스도 안에서 영적으로 살아 있는 사람이 될 것이다. 자기 부인은 영적으로 자유로워지는 기본 과정이다.

## 날마다 십자가를 지라

우리가 날마다 일상생활에서 지는 십자가는 **우리 것**이 아니라 **그리스도의 십자가**다. 바울은 "내가 그리스도와 함께 십자가에 못 박혔나니 그런즉 이제는 내가 사는 것이 아니요 오직 내 안에 그리스도께서 사시는 것이라. 이제 내가 육체 가운데 사는 것은 나를 사랑하사 나를 위하여 자기 자신을 버리신 하나님의 아들을 믿는 믿음 안에서 사는 것이라"(갈 2:20)라고 말했다. 그리스도의 십자가는 우리가 한 일을 다 용서하고, 과거의 죄에서 우리를 구원했다. 그리스도께서 우리 대신 죽으셨기 때문에 우리가 용서받았으며, 우리가 그와 함께 죽었기 때문에 우리는 구원받았다. 십자가의 결과, 우리는 의롭다 인정받고 위치상 성화되었다.

날마다 십자가를 진다는 것은 날마다 우리가 하나님에게 속하였다는 사실을 인지한다는 뜻이다. 우리는 주 예수 그리스도의 피로 값 주고 산 자들이다(벧전 1:18, 19). 그 십자가를 질 때, 우리 신분은 육신에 있는 것이 아니라 하나님과의 관계 안에 있다고 단언할 수 있다. 우리는 하나님의 자녀이며(요일 3:1-3), 우리의 생명은 우리의 생명 되시는 그리스도 안에 있다(골 3:3, 4).

## 그리스도를 따르라

스스로의 노력으로 자아를 이기려고 애쓰는 것은 무의미한 투쟁이다. 우리는 결코 스스로 자아를 몰아낼 수 없다. 육체가 동기가 되어 움직이는 독립적인 자아는 여전히 신이 되기를 원하기 때문이다. 우리는 성령의 인도하심을 받아 그리스도를 따라야 한다. 우리가 아담 안에서 지닌 옛 본성이 죽고 이제 그리스도 안에서 새로운 본성을 얻는 길을 따라가야 한다. "우리 살아 있는 자가 항상 예수를 위하여 죽음에 넘겨짐은 예수의 생명이 또한 우리 죽을 육체에 나타나게 하려 함이라"(고후 4:11).

이 말씀대로라면 우리가 나아가야 할 길은 매우 험난하고 음침하게만 생각될지 모른다. 그러나 나는 그렇지 않다고 확실히 말할 수 있다. 우리를 세밀히 알고 계시는 목자를 의지하고 그분의 양이 되어 그분을 따르는 것(요 10:27)은 매우 놀라운 경험이다. 우리가 성령의 인도하심을 받는다는 사실은, 그것이 자신을 죽이는 고통스러운 경험을 수반할지라도 하나님의 아들 됨을 확증하는 것이다(롬 8:14). 우리는 하나님을 떠나 살도록 되어 있지 않다. 우리는 오직 하나님을 의지하고 그리스도를 따르려고 할 때에만 완전해지고 자유로우며, 우리를 향하신 하나님의 선하시고, 기뻐하시고, 온전하신 뜻을 분별할 수 있다(롬 12:2).

## 저 세상의 삶을 얻기 위하여 이 세상의 삶을 희생하라

만일 육적인 생명(이를테면, 자신의 정체성이나 가치를 사회적 지위, 명예, 업적, 재물에서 찾고 오직 세상적인 번영을 추구하는 것)만 얻고자 한다면, 우리는 그것을 잃고 말 것이다. 몇 년 동안은 일시적인 가치를 지닌 그런 것들을 소유할 수 있을지 모르지만 대신 모든 것을 영원히 잃을 것이다. 더 나아가 이 땅 위에 있는 보화들을 소유하려고 노력할 때, 그리스도 안에서 우리 것이 될 수 있는 모든 것은 얻지 못할 것이다. 이 세상을 위하여 사력을 다하는 사람은 이 세상 것을 갖겠지만, 결국은 그것마저 잃고 말 것이다. 그러나 다음 세상을 얻으려고 애쓰는 사람에게는 하나님이 그분을 알아 가는 유익을 덤으로 주실 것이다. 사도 바울도 이와 비슷한 권면을 하고 있다. "육체의 연단은 약간의 유익이 있으나 경건은 범사에 유익하니 금생과 내생에 약속이 있느니라"(딤전 4:8).

## 생명의 기쁨을 얻기 위하여 물질의 기쁨을 희생하라

당신은 삶에서 성령의 열매 대신 무엇을 얻고 싶어 하는가? 사랑과 희락과 화평과 오래 참음과 자비와 양선과 충성과 온유와 절제 대신 물질적인 소유나 거액의 돈, 높은 지위나 명예는 어떤가? 세상의 지위와 재물이 우리에게 사랑과 희락과 화평 등을 줄 수 있다고 생각하는 것은 이 세상이 주는 거짓말을 믿고 있는 것이다. 몇 가지 이유로 우리는 하나님의 자녀로 복을 누리기보다는 동물적인 본성을 따라 행복해지길 바란다. 성령의 열매는 우리가 그리스도 안에 머물 때에만 맺을 수 있다.

예수께서는 그분과 절친한 사이였던 마리아와 마르다를 통해 이러한 갈등을 잘 설명하셨다(눅 10:38-42). "많은 일로 염려하고 근심한"(41절) 마르다는 식사를 준비하고 봉사하는 일에 열중한 반면, 마리아는 예수와 그분의 말씀에 주의를 기울였다. 마르다는 일을 사랑하고 사람들을 이용하는 경향이 있었다. 그러나 예수께서는 마리아가 사람들을 사랑하고 일을 이용하는 "좋은 편"을 택하였다고 말씀하셨다(42절). 하나님과 이웃을 사랑하는 법을 배울 때 우리는 자아를 이기는 승리를 얻을 수 있다.

## 영원한 것을 얻기 위하여 일시적인 것을 희생하라

영적 성숙의 가장 큰 증거는 어쩌면 보상을 연기하는 능력에 있는지도 모른다. 히브리서 11장 24-26절은 이렇게 말한다. "믿음으로 모세는 장성하여 바로의 공주의 아들이라 칭함받기를 거절하고 도리어 하나님의 백성과 함께 고난받기를 잠시 죄악의 낙을 누리는 것보다 더 좋아하고 그리스도를 위하여 받는 수모를 애굽의 모든 보화보다 더 큰 재물로 여겼으니 이는 상 주심을 바라봄이라." 언젠가는 잃어버릴 세상의 가치를 얻는 것보다 우리가 하나님의 자녀임을 아는 것이 훨씬 좋은 일이다. 이 세상에서 그리스도를 따르는 길이 힘들지라도 그것이 영원히 옳다는 것을 그분이 증거하실 것이다.

사탄은 결국 우리 자신이 인생의 주인이 될 수 있다고 속이며, 그 거짓말이 진실인 양 믿고 살게끔 멍에를 씌우려 한다. 사탄은 우리 삶에서 하나님의 위치를 강탈하려 한다. 사탄이 꾸미는 모든 유혹은 하나님과 상관없는 삶을 살게끔 하려는 것이다. 우리가 예수의 십자가 대신 우리 자신에게 초점을 두고 영적이고 영원한 것보다 물질적이고 일시적인 것들을 더 좋아하게 된다면, 사탄은 목적을 달성한 것이다. 타락한 이 세상이 주는 메시지는 주님인 하나님이 우리 삶 속에서 마땅히 차지해야 할 자리를 우리가 거부하고 자아를 더 키우라고 말한다. 그렇게 되면 사탄은 승리의 기쁨을 만끽할 것이다. 이것이 바로 태초부터 그가 세운 계획이었다.

# 3장

# 우리는 자유할 수 있는 권리가 있다

리디아는 어려서부터 손버릇이 나쁘던 중년 여인이다. 어렸을 때 의식을 위해 성적(性的)으로 학대당한 기억이 그리스도인이 된 후에도 줄곧 리디아를 괴롭혔다. 나를 만나러 왔을 때 그의 자아상에 입은 상처는 회복할 길이 없어 보였다. 내게 자기 이야기를 할 때 리디아는 자신의 감정을 거의 나타내지 않았다. 그러나 그의 말은 굉장히 절망적이었다.

"리디아, 당신은 자신이 누구라고 생각합니까? 그러니까 자신을 어떻게 생각하고 있나요?" 리디아의 이야기를 다 듣고 나서 내가 물어보았다.

"나는 악합니다. 나는 누구에게도 좋은 사람이 아니에요. 사람들도 나더러 악하다고 합니다. 그리고 하는 일마다 문제를 일으키고요." 그는 아주 냉소적으로 대답했다.

"당신은 악하지 않습니다. 당신은 하나님의 자녀니까요. 물론 악한 일을 할지도 모릅니다. 그렇지만 당신이라는 존재의 핵심에는 옳은 것을 하고픈 열망이 있습니다. 그렇지 않다면 아마 당신은 지금 이곳에 있지 않았을 테니까요." 나는 반박했다. 그리고 성경 말씀에 기초해서 그리스도 안에서 우리가 누구인지를 설명한 자료를 리디아에게 주었다.[2]

### 그리스도 안에서……

#### 나는 용납되었다.

| | |
|---|---|
| 요 1:12 | 나는 하나님의 자녀다. |
| 요 15:15 | 나는 그리스도의 친구다. |
| 롬 5:1 | 나는 의롭게 되었다. |
| 고전 6:17 | 나는 주님과 연합하여 한 영이 되었다. |
| 고전 6:20 | 나는 값을 치르고 사신 바 되었다. 나는 하나님에게 속하였다. |
| 고전 12:27 | 나는 그리스도의 몸의 한 지체다. |
| 엡 1:1 | 나는 성도다. |
| 엡 1:5 | 나는 하나님의 자녀로 입양되었다. |
| 엡 2:18 | 나는 성령을 통하여 하나님에게 직접 나아갈 수 있다. |
| 골 1:14 | 나는 속량(구속)되었고 내 모든 죄를 용서받았다. |
| 골 2:10 | 나는 그리스도 안에서 충만함을 받았다. |

**나는 안전하다.**

| | |
|---|---|
| 롬 8:1, 2 | 나는 모든 정죄를 벗어났다. |
| 롬 8:28 | 나는 모든 일이 합력하여 선을 이룰 것을 확신한다. |
| 롬 8:31-34 | 나는 내게 대한 모든 송사에서 자유하다. |
| 롬 8:35-39 | 나는 하나님의 사랑에서 분리될 수 없다. |
| 고후 1:21, 22 | 나는 하나님에 의해 세워졌고, 기름 부음 받고, 인 치심을 받았다. |
| 골 3:3 | 나는 그리스도와 함께 하나님 안에 감추어져 있다. |
| 빌 1:6 | 나는 하나님이 내 속에 시작하신 착한 일이 완성될 것을 확신한다. |
| 빌 3:20 | 나는 천국 시민이다. |
| 딤후 1:7 | 나는 두려워하는 영이 아니라 능력과 사랑과 건강한 마음을 받았다. |
| 히 4:16 | 나는 필요할 때 은혜와 자비를 얻을 수 있다. |
| 요일 5:18 | 나는 하나님에게로 나서 악한 자가 나를 건드리지도 못한다. |

**나는 중요한 인물이다.**

| | |
|---|---|
| 마 5:13 | 나는 세상의 빛과 소금이다. |
| 요 15:1, 5 | 나는 참 포도나무의 가지요, 하나님의 생명의 통로다. |
| 요 15:16 | 나는 택함받아 열매 맺도록 지정되었다. |
| 행 1:8 | 나는 그리스도를 인격적으로 증거하는 사람이다. |

| | |
|---|---|
| 고전 3:16 | 나는 하나님의 성전이다. |
| 고후 5:17-20 | 나는 사람들을 하나님과 화목하게 하는 직책을 맡았다. |
| 고후 6:1 | 나는 하나님의 동역자다. |
| 엡 2:6 | 나는 그리스도와 함께 하늘에 앉아 있다. |
| 엡 2:10 | 나는 하나님의 작품이다. |
| 엡 3:12 | 나는 자유와 확신으로 하나님에게 나아갈 수 있다. |
| 빌 4:13 | 나는 내게 힘 주시는 그리스도 안에서 모든 것을 할 수 있다. |

"지금 이 문장들을 소리 내어 읽어 보시겠어요?" 내가 요청했다. 리디아는 종이를 들고 망설이면서도 큰 소리로 첫 구절을 읽기 시작했다. "나는 하, 하, 하나님의 자, 자, 자녀······." 그런데 갑자기 태도가 돌변하더니 조롱하는 투로 비웃었다. "아니야, 넌 더러운 년이야!"

리디아와 같은 희생자처럼 사탄의 더러운 성품을 드러내는 사람들을 보는 것은 결코 유쾌하지 않다. 그러나 나는 그리스도의 권위로 기도하면서 "그리스도 안에서 자유에 이르는 단계"로 리디아를 이끌었다. 그는 그리스도 안에서 새로운 관점으로 진정한 자신을 볼 수 있었다. 자신이 단지 과거의 산물이 아니라 그리스도 안에서 새로운 피조물이라는 사실을 깨달으면서, 리디아는 영적 멍에의 사슬을 내던져 버리고 하나님의 자녀로서 진짜 자기 신분에 맞는 삶을 시작할 수 있었다.

나중에 들려준 이야기지만, 리디아는 내가 준 종이를 읽으려고 보니 아무 글자도 보이지 않았다고 말했다. 종이나 그 위 인쇄된 글에 어떤 마술적인 능력이 있었던 걸까? 아니다. 그것은 그냥 종이 위에 인쇄된 잉크였다. 그러나 그 안에는 그리스도 안에서 자신이 누구인지를 깨우쳐 줄 굉장히 중요한 의미가 담겨 있었다. 사탄은 리디아가 아무 가치도 없고 악하다고 믿게 하는 식으로 그를 속여 왔다. 그러나 그것은 거짓말이다. 사탄은 리디아가 진실을 알기를 원하지 않았다. 그리스도 안에서 누구인지, 예수님이 어떻게 그의 삶과 정체성, 용납, 안전, 중요성의 필요를 채워 주실지 리디아가 알게 되는 것을 바라지 않았다. 사탄은 하나님의 진리에 그의 거짓말이 탄로 날 것을 알았다. 마치 빛이 어둠을 쫓아내는 것처럼 말이다. 사탄은 끝까지 싸우지도 않고 포기하는 법이 없다.


## 당신은 하나님의 자녀다

하나님이 그리스도 안에서 우리를 위하여 무엇을 하셨으며, 그 결과 하나님의 자녀로서 우리가 누구인가를 정확히 이해하고 확신하는 것이 사탄의 멍에에서 자유로워지는 가장 근본적인 길이다. 자기 자신을 어떻게 인식하느냐에 따라 특정 상황에서 보이는 태도와 행동, 반응이 다르다. 만일 자신을 사탄과 그의 음모에 속수무책으로 당하는 희생자라고 본다면 진짜 희생자처럼 그의 거짓말에 속박당하며 살 것이다. 그러나 하나님이 사랑하시고 기뻐하시는 그분의 자녀로 자신을 보고 있다면, 하나님의 자녀로 살아갈 것이다. 요한일서 3장

1-3절에서 요한이 하는 말이 이 의미를 가장 잘 보여 준다. "보라. 아버지께서 어떠한 사랑을 우리에게 베푸사 하나님의 자녀라 일컬음을 받게 하셨는가. 우리가 그러하도다. …… 사랑하는 자들아, 우리가 지금은 하나님의 자녀라. …… 주를 향하여 이 소망을 가진 자마다 그의 깨끗하심과 같이 자기를 깨끗하게 하느니라."

내가 만난 패배한 그리스도인마다 한 가지 공통점을 가지고 있었다. 바로 그들 가운데 누구도 그들이 그리스도 안에서 누구인지를 알지도, 하나님의 자녀라는 것이 무엇을 의미하는지를 이해하지도 못했다는 것이다. 성경은 분명하게 말한다. "영접하는 자 곧 그 이름을 믿는 자들에게는 하나님의 자녀가 되는 권세를 주셨으니"(요 1:12). "성령이 친히 우리의 영과 더불어 우리가 하나님의 자녀인 것을 증언하시나니 자녀이면 또한 상속자 곧 하나님의 상속자요 그리스도와 함께 한 상속자니 우리가 그와 함께 영광을 받기 위하여 고난도 함께 받아야 할 것이니라"(롬 8:16, 17).

이 장에서 나는 그리스도 안에서 우리의 신분과 지위에 관해 몇 가지 중요한 측면을 강조하려고 한다. 많은 사람이 이 장에 요약되어 있는 진리를 이미 이해하고 있을 것이다. 그러나 교리적인 내용 때문에 이 중대한 부분에 대해 조금만 알고 있는 사람도 있을 것이다. 나는 독자들이 더 실제적인 부분을 읽기 전에 이 장을 그냥 넘어가지 않기를 바란다. 이 개념들은 하나님의 자녀로서 영적인 싸움에서 승리하는 데 기초적인 것이기 때문이다. 그리스도 안에서의 영적 신분과 영적 성숙은 매우 중요한 만큼 이 책과 함께 「내가 누구인지 이제 알았습니다」를 읽기 바란다. (위치적이고 진보적인 성화에 대해 더 깊이 있는 신학적 연구를 알고 싶다면, 앞서 언급한 「거룩해지는 일상」을 보라.)


## 우리는 영적이므로 영원히 살아 있을 것이다

인간은 기본적으로 두 부분으로 이루어져 있다. 바로 물질적 자아와 비물질적 자아, 또는 겉사람과 속사람이다(고후 4:16). 물질적 자아는 육체를 말하고 비물질적 자아는 영혼을 말한다. 우리는 하나님의 형상대로 창조되었기 때문에 생각하고, 느끼고, 선택할 수 있으며(마음, 감정, 의지는 종종 혼으로 총칭하기도 한다), 하나님과 관계를 맺을 수 있다(우리가 영적으로 살아 있다면). 그리스도인으로서 회개한 우리 영혼은 하나님과 연합되어 영적으로 살게 된다. 그리고 우리 몸이 영혼과 연합할 때, 육적으로 살게 된다. (인간의 영과 혼이 분리된 독립체인지, 근본적으로 같은 것인지에 대해 신학자들 사이에 의견이 분분하기 때문에 나는 "영혼"[soul/spirit]이라는 용어를 사용했다. 이 둘을 구분하려는 노력은 이 논의에서는 그다지 중요하지 않다.)

하나님이 아담을 창조하셨을 때, 그는 육적으로나 영적으로나 완전히 살아 있었다. 그러나 아담의 범죄와 그로 인한 영적인 죽음 때문에, 이 세상에 오는 모든 인간은 육적으로는 살았으나 영적으로 죽은 상태로 태어난다(엡 2:1). 우리가 거듭날 때 우리의 영혼은 하나님과 연합하고 영적으로 다시 살게 된다. 우리는 더 이상 "아담 안에" 있는 것이 아니라 "그리스도 안에" 있는 것이다. 에베소서는 그리스도가 우리 안에 계시고 우리가 "그리스도 안에" 또는 "그 안에" 있다고 되풀이하여 선포한다. 그리스도의 생명이 영원하기 때문에, 이제 우리가 그리스도께 받은 영적 생명도 영원하다. 영생은 육적으로 죽을 때 얻는 것이 아니다. 거듭나는 순간 우리는 영생을 소유한다! "아들이 있는 자에게는 생명이 있고 하나님의 아들이 없는 자에게는 생명이 없느니라"(요일 5:12).

사탄이 우리에게 속삭이는 내용과 달리 사탄은 우리에게서 절대로 영생을 빼앗을 수 없다. 우리를 버리거나 떠나지 않겠다고 약속하신(히 13:5) 예수를 우리에게서 빼앗을 수 없기 때문이다. 고통스러운 영을 벗어 버리기 위해 육적으로 죽어야만 하는 것은 아니다. 그것은 사람들이 흔하게 믿는 거짓말일 뿐이다. 우리는 하나님에게 복종하고 마귀를 대적할 수 있다. 그럴 때 마귀가 우리를 피할 것이다(약 4:7).


## 우리는 그리스도 안에서 새로운 피조물이다

그리스도 안에서 우리 신분과 지위를 충분히 이해하지 못한다면, 우리 자신과 비기독교인이 거의 다를 게 없다고 믿기 쉬울 것이다. 참소하는 자 사탄은 그 기회를 낚아채서 죄책감을 퍼붓고 우리가 받은 구원을 의심하게 만들 것이다. 실패한 그리스도인으로서 우리는 우리 죄를 고백하고 더 잘하려고 애쓰겠지만, 속으로는 '나는 은혜로 구원받은 죄인일 뿐, 휴거 때까지 아슬아슬하게 매달려 살아가야 할 거야. 구원받을 때 일어난 일은 죄를 용서받은 것뿐이지, 난 여전히 예전과 달라진 게 없어'라고 생각할 것이다.

바울은 그리스도께 **나오기 전** 우리가 어떤 자인지를 이렇게 설명한다. "그는 허물과 죄로 죽었던 너희를 살리셨도다. 그때에 너희는 그 가운데서 행하여 이 세상 풍조를 따르고 공중의 권세 잡은 자를 따랐으니 …… 본질상 진노의 자녀이었더니"(엡 2:1-3). 우리는 본질상 진노의 자녀였지만 이제는 "정욕 때문에 세상에서 썩어질 것을 피하여 신성한 성품에 참여하는 자"가 되었다(벧후 1:4).

거듭난 하나님의 자녀인 우리는 더 이상 "육신에 속한 자"가 아니라 "그리스도 안에 있는 사람"이다. 말씀에 따르면 우리는 죄인이었으나 이제는 그리스도의 거룩한 성품에 참여한 사람이 되었다. 우리는 자연적이고 유한하게 시작되었지만 이제는 그리스도와 함께 영원히 연합되었다. 사도 바울은 이렇게 표현한다. "너희가 전에는 어둠이더니 이제는 주 안에서 빛이라. 빛의 자녀들처럼 행하라"(엡 5:8). "그런즉 누구든지 그리스도 안에 있으면 새로운 피조물이라"(고후 5:17). 아무것도 달라진 것이 없다고 하는 사탄의 비난 앞에서도 우리는 우리의 변화가 그리스도 안에서 영원하다는 사실을 믿고 그 속에서 살아야 한다.

신약 성경은 그리스도를 영접하기 전 옛 자아(또는 "옛 사람")에 대해 이야기한다. 우리가 구원받을 때, 하나님을 떠나 살고 죄에 종노릇하였던 옛 자아는 죽고(롬 6:6), 그리스도와 연합한 새 자아가 생명으로 나아가게 될 것이다(갈 2:20). 영적으로 살아 있다는 것은 우리 영혼이 하나님과 연합하여 우리가 다음과 같은 점에서 그분과 동일시된다는 뜻이다.

| | |
|---|---|
| 롬 6:3; 갈 2:20; 골 3:1-3 | 그분의 죽으심 |
| 롬 6:4 | 그분의 장사 |
| 롬 6:5, 8, 11 | 그분의 부활 |
| 엡 2:6 | 그분의 승천 |
| 롬 5:10, 11 | 그분의 생명 |
| 엡 1:19, 20 | 그분의 능력 |
| 롬 8:16, 17; 엡 1:11, 12 | 그분의 기업 |

그동안 옛 자아를 지배해 온 죄와 맺은 관계를 끊기 위해서는 옛 자아가 죽어야 한다. 성도 또는 하나님의 자녀라는 말은 우리에게 죄가 없다는 뜻이 아니다(요일 1:8). 그러나 우리 옛 자아가 그리스도와 함께 십자가에 못 박히고 장사되었기 때문에, 우리는 더 이상 죄를 **범하지 않는다**(요일 2:1). 거짓을 믿기로 하거나 하나님을 떠나 행할 때, 우리는 죄를 범한다.

## 우리는 죄와 죽음을 이길 수 있다

죽음이란 관계가 끝났다는 뜻이다. 존재가 사라졌다는 말이 아니다. 죄는 여전히 살아 있고, 강력하며, 설득력 있다. 그러나 다만 죄의 세력과 권위가 깨어진 것이다. "그러므로 이제 **그리스도 예수 안에 있는 자**에게는 결코 정죄함이 없나니 이는 **그리스도 예수 안에 있는** 생명의 성령의 법이 죄와 사망의 법에서 너를 해방하였음이라"

(롬 8:1, 2). 죄의 법과 사망의 법은 여전히 존재한다. 그렇기 때문에 바울이 "법"이라는 단어를 사용한 것이다. 우리는 법을 없앨 수는 없지만 더 큰 법으로 그 법을 극복할 수는 있다. 바로 "그리스도 예수 안에 있는 생명의 법"이다.

더 나아가 구원받은 뒤에도 육신은 여전히 살아 있다. 자신의 일에만 관심을 집중하도록 고무된 기억과 습관, 반응, 사고방식이 여전히 뇌 속에 심어져 있었다. 그러나 이제 우리는 옛 자아와 달리 더 이상 **육신에** 거하지 않고, **그리스도 안에** 있다. 그렇지만 그 후에도 우리는 하나님을 섬기지 않고 자신을 섬기라고 재촉하는 옛 사람의 요구에 따라 여전히 **육신대로 살 수 있다**(롬 8:12, 13).

로마서 6장 1-11절에서 바울은 죄와의 관계에서 주 예수 그리스도에게 일어난 일이 우리에게도 일어났다고 가르친다. 우리가 "그리스도 안에" 있기 때문이다. 하나님 아버지께서 "죄를 알지도 못하신 이를 우리를 대신하여 죄로 삼으신 것은 우리로 하여금 **그 안에서** 하나님의 의가 되게 하려" 하심이다(고후 5:21). 그가 십자가에 못 박히실 때, 우리 죄가 그에게 전가되었다. 그러나 그가 무덤에서 일어나 하나님에게로 올라갔을 때, 그에게는 죄가 없었다. 그리고 오늘, 하나님 오른편에 앉아 계신 그리스도에게는 죄가 없다. 그리스도와 함께 우리도 하늘나라에 앉기 때문에, 우리도 죄에 대해 죽은 것이다.

성경에서 어떤 약속을 발견할 때, 우리가 보일 수 있는 가장 적절한 반응은 그것을 주장하는 것이다. 성경에서 계명을 보게 되면 그 계명에 복종해야 한다. 그러나 우리가 이미 어떤 자가 되었는지, 그리스도가 이미 어떤 일을 하셨는지에 대한 진리를 읽을 때, 우리가 보일 가장 적절한 반응은 바로 그 진리를 믿는 것이다. 마찬가지로 로마서 6장 1-10절은 우리가 따라야 하는 계명이 아니다. 바로 믿어야 할 진리다. 그리스도께서 이미 죄에 대하여 죽으셨다. 그리고 우리는 그 안에 있으므로 우리도 죄에 대하여 죽었다. 우리는 그리스도께서 우리를 위해 이미 행하신 일을 우리 힘으로 해낼 수 없다. 로마서 6장 1-11절에서 사용한 과거 시제에 주목하라. "죄에 대하여 **죽은 우리**"(2절), "무릇 그리스도 예수와 합하여 **세례를 받은** 우리는 그의 죽으심과 합하여 **세례를 받은** 줄을 알지 못하느냐"(3절), "그와 함께 **장사되었나니**"(4절), "우리의 옛 사람이 예수와 함께 **십자가에 못 박힌 것은** 죄의 몸이 죽어 다시는 우리가 죄에게 종노릇하지 아니하려 함이니"(6절), "이는 **죽은** 자가 죄에서 벗어나"(7절), "만일 우리가 그리스도와 함께 **죽었으면** 또한 그와 함께 살 줄을 믿노니"(8절). 이 구절들은 모두 과거 시제로, 우리에게 이미 일어난 일임을 지적하고 있다. 따라서 우리는 그 사실들을 믿기만 하면 된다.

11절은 우리와 죄의 관계와 우리가 그리스도 안에서 얻은 지위에 대해 믿어야 할 바를 말하고 있다. "이와 같이 너희도 너희 자신을 죄에 대하여는 죽은 자요 그리스도 예수 안에서 하나님께 대하여는 살아 있는 자로 여길지어다." 이때 바울은 현재 시제를 사용한다. 우리는 계속해서 이 진리를 믿어야 하기 때문이다. 우리가 믿어야 이것이 사실이 되는 것은 아니다. 우리가 믿든 믿지 않든 이것은 사실이다. 자신이 죄에 대하여 죽었다고 느끼지 못할지도 모른다. 그러나 그것이 **사실이기** 때문에 그대로 **받아들여야** 한다. 이 구절에 대한 잘못된 반응은 "이것이 진리가 되기 위해서 나는 어떤 경험을 해야 할까?"라고 생각하는 것이다. 그리스도가 십자가에 달리신 것만이 우리에게 필요한 경험이며, 그 일은 이미 일어났다. 이 진리에 대해 가장 적절한 반응은 그저 그 사실을 믿는 것이다. 비슷한 방식으로 몇몇 그리스도인은 옛 자아를 죽이려고 애쓰지만, 그렇게 하지 못한다. 어째서일까? 옛 자아가 십자가에 못 박히고 따라서 이미 죽었기 때문이다.

우리 경험이 진리를 만드는 것은 아니다. 하나님이 말씀하신 것이 진리라고 믿기로 한다면, 그 믿음대로 살게 될 것이다. 그리고 그 진리가 우리 경험에 영향을 끼칠 것이다. 우리가 누구인지를 결정하는 것은 우리가 무엇을 하느냐가 아니다. 나는 하나님이 언젠가는 나를 받아 주시리라는 소망을 품고 포도원에서 일하는 사람이 아니다. 하나님은 이미 나를 받아들이셨고, 그렇기 때문에 포도원에서 일하는 것이다. 또한 나는 하나님이 언젠가 나를 사랑하시리라는 소망으로 무언가를 행하지 않는다. 하나님은 나를 사랑하시며, 그런 이유로 나는 내가 하는 것을 행한다.

우리가 그리스도 안에서 살고 죄에 대해 죽었다면, 어떻게 신자인 우리가 여전히 죄와 관련 있을 수 있을까? 로마서 6장 12, 13절에서 바울은 이 질문에 이렇게 대답한다. "그러므로 너희는 죄가 너희 죽을 몸을 지배하지 못하게 하여 몸의 사욕에 순종하지 말고 또한 너희 지체를 불의의 무기로 죄에게 내주지 말고 오직 너희 자신을 죽은 자 가운데서 다시 살아난 자같이 하나님께 드리며 너희 지체를 의의 무기로 하나님께 드리라." 죄는 종들에게 섬김을 요구하는 군주다. 우리는 죄에 대하여 죽었다. 그러나 아직도 죄의 유혹에 몸을 허락하여 죄를 섬기게 될 가능성은 지니고 있다. 자신의 몸을 죄에 내어 주든지, 아니면 의를 위하여 내어 주든지 그 선택은 우리 자신에게 달렸다. 모든 죄의 근원인 사탄은 중간 상태에 머물려고 하는 사람들을 이용하려 할 것이다.

예를 들어, 당신이 다니는 교회 담임 목사도 가난한 사람들에게 음식을 전해 주기 위해 당신의 차가 필요하다고 하고, 강도도 은행을 털기 위하여 당신의 차가 필요하다고 한다고 하자. 차는 당신 것이니 선과 악 중 어느 편에 빌려줄 것인지는 순전히 당신 선택에 달려 있다. 어느 쪽을 선택하겠는가? 이것은 질문할 여지가 없다!

육체 역시 하나님을 위하든지 아니면 죄와 사탄을 위하여 사용하든지 선택은 우리에게 달려 있다. 사도 바울이 다음과 같이 힘주어 권면한 것도 그 때문이다. "그러므로 형제들아 내가 하나님의 모든 자비하심으로 너희를 권하노니 너희 몸을 하나님이 기뻐하시는 거룩한 산 제물로 드리라. 이는 너희가 드릴 영적 예배니라"(롬 12:1). 그리스도께서 죄를 이기셨기 때문에, 우리는 죄에 복종하지 않을 수 있는 자유가 있다. 죄가 우리 몸을 다스리지 못하도록 하는 것은 우리 책임이다.

많은 사람이 싸우고 있는 성적인 죄에 이것을 적용해 보자. 불의의 도구로 우리 몸을 사용하지 않고도 성적인 죄를 범할 수 있을까? 내가 알기로는 그럴 수 있는 방법이 없다. 따라서 성적인 죄를 범하려면 우리는 불의의 도구로 우리 몸을 사용할 수밖에 없으며, 그것은 죄가 우리 몸을 다스리도록 허락하는 것이다. 우리가 다른 사람과 성적인 죄를 저지른다면, 고린도전서 6장 15, 16장 말씀에 따라 둘이 한 육체가 되는 것이다. 어쩌면 단순한 회개로는 이 싸움을 해결할 수 없을지도 모른다. 우리는 우리 몸을 사용하길 포기하고, 하나님에게 우리 몸을 희생제물로 드리며, 우리 마음을 새롭게 함으로 변화를 받아야 한다. 로마서 12장 1, 2절은 분명 그렇게 명령하고 있다. (성적인 요새를 깨뜨리는 방법에 대해 더 완전한 논의를 보고 싶다면, 내 책「피할 길」(*A Way of Escape*)을 참고하라.)

## 우리는 죄의 권세에서 자유로워질 수 있다

당신은 이렇게 생각할지도 모른다. "내 몸을 죄가 지배하지 못하도록 하는 것은 아주 근사한 일이에요. 그러나 박사님은 죄와의 싸움이 얼마나 어려운지 모르시는 것 같군요. 나는 내가 해야 할 것은 하지 않고, 해서는 안 되는 일들을 하곤 합니다. 때로 그 싸움은 끝이 없어 보여요."

그렇다. 나는 그 전쟁이 얼마나 어려운지 알고 있다. 나 자신도 그 전쟁에 직면했었기 때문이다. 사도 바울 역시 그랬다. 로마서 7장 15-25절에서 바울은 우리가 경험한 동일한 감정으로 갈등하고 있다. 이 구절에서 우리는 율법이 우리를 자유롭게 해줄 수는 없다는 사실을 발견한다. 또한 이 구절은 죄가 우리 죽을 몸을 다스리게 한다면 그 싸움이 어떠한 모습일지를 보여 준다. (어떤 사람들은 이 구절이 바울이 회심 전에 겪은 일을 나타낸다고 생각한다. 그러나 나는 바울의 마음의 모든 기질이 하나님을 향해 있었다는 점에서 그 의견에 동의할 수 없다. 자연적인 인간은 "하나님의 법을 즐거워하거나" "율법이 선하다고 시

3장. 우리는 자유할 수 있는 권리가 있다

인하지" 않는다.)

삶 속에서 죄의 권세를 정복하려고 참으로 애쓰고 있는 댄과 나눈 대화를 소개한다.

**앤더슨**   댄, 당신이 현재 경험하고 있는 것을 설명하는 성경 구절을 함께 살펴볼까요? 로마서 7장 15절입니다. "내가 행하는 것을 내가 알지 못하노니 곧 내가 원하는 것은 행하지 아니하고 도리어 미워하는 것을 행함이라." 이 구절이 당신을 설명하고 있다고 생각합니까?

**댄**   네, 아주 정확해요! 저는 하나님 보시기에 옳은 것을 행하고 싶은데, 때때로 그 반대되는 것을 행하고 있거든요.

**앤더슨**   그럼 16절을 봅시다. "만일 내가 원하지 아니하는 그것을 행하면 내가 이로써 율법이 선한 것을 시인하노니." 이 구절에서 언급하는 사람은 몇 명입니까?

**댄**   오직 한 사람, "나"입니다.

**앤더슨**   하고 싶은 것이 무엇인지 알지만 어떤 이유로 그것을 할 수 없을 때, 우리는 깊이 절망합니다. 그럴 때 당신은 어떻게 해결하려고 했나요?

**댄**   때때로 저 자신이 그리스도인인가 의심합니다. 다른 그리스도인들은 문제를 해결해 보려고 노력해서 성공하는 것처럼 보이는데, 저는 잘 안 되거든요. 종종 제가 진정한 그리스도인으로서 살아갈 수 있을지, 하나님이 정말 계신지 확신이 없을 때도 있습니다.

**앤더슨**  만일 이 상황에 당신과 하나님만 개입되어 있다면, 당신이 처한 곤경에 대해 하나님이나 당신 자신을 비난할 만합니다. 그러나 17절을 봅시다. "이제는 그것을 행하는 자가 내가 아니요 내 속에 거하는 죄니라." 자, 이제 여기에 등장하는 것은 모두 몇 명입니까?

**댄**  둘? 아니, 잘 모르겠습니다.

**앤더슨**  자, 18절을 읽고 그 뜻이 무엇인지 살펴봅시다. "내 속 곧 내 육신에 선한 것이 거하지 아니하는 줄을 아노니 원함은 내게 있으나 선을 행하는 것은 없노라."

**댄**  이 구절은 오래전부터 알고 있었습니다. 내가 선하지 않다는 사실을 인정하는 것은 쉬웠습니다.

**앤더슨**  그것은 이 구절이 의미하는 참 뜻이 아닙니다. 오히려 이 구절은 정반대의 뜻을 지니고 있습니다. **당신 안에 거하는 것이 무엇이든 그것은 당신 자신이 아닙니다.** 손가락에 가시가 박혔다면 그 가시는 내 안에 있는 "선하지 않은 것"입니다. "선하지 않은 것"은 나 자신이 아니라 가시입니다. 이 "선하지 않은 것"은 내 육체도 아니며, 내 육신 **안**에 있는 것이라는 사실을 유념하십시오. 이 싸움에서 우리가 자기 자신만 바라본다면, 의롭게 사는 데 있어서 희망이 사라져 버립니다. 이 구절은 우리 속에 우리의 품성과는 다른 것이 있어 죄와 싸우게 된다는 사실을 장황하게 설명하고 있습니다.

당신도 알다시피 우리는 죄의 **형벌** 아래 태어났습니다. 그리고 사탄과 그의 졸개들은 늘 그 형벌 아래 우리를 묶어 두려 합니다. 하나님이 우리를 구원하셨을 때, 사탄은 그 전쟁에서 패배하였습니다. 그러나 사탄은 그의 꼬리를 감추지도, 송곳니를 뽑지도 않았습니다. 사탄은 지금도 죄의 **세력** 아래로 우리를 끌어오려 하고 있습니다. 우리가 구원받은 이후에도 사탄은 우리 육신의 연약함을 이용하여 우리를 유혹하려고 합니다.

이어지는 구절을 더 읽어 보면서 이 전쟁이 어떻게 계속되는지를 더 배워 봅시다. "내가 원하는 바 선은 행하지 아니하고 도리어 원하지 아니하는 바 악을 행하는도다. 만일 내가 원하지 아니하는 그것을 하면 이를 행하는 자는 내가 아니요 내 속에 거하는 죄니라. 그러므로 내가 한 법을 깨달았노니 곧 선을 행하기 원하는 나에게 악이 함께 있는 것이로다"(19-21절).

당신 속에 있는 "선하지 않은 것"의 본질을 이 구절에서 이해할 수 있습니까?

댄 　네, 그것은 분명히 악이고 죄입니다. 그러나 그것은 바로 나 자신의 죄 아닌가요? 나는 범죄할 때 심한 죄책감을 느낍니다.

앤더슨 　당신과 나는 분명 죄를 짓습니다. 그러나 우리 자체가 "죄"는 아닙니다. 우리 안에는 악이 존재하지만, 우리가 악 그 자체인 것은 아닙니다. 물론 이것이 우리가 범하는 죄에 대한 변명은 되지 않습니다. 앞서 바울이 우리 죽을 몸을 죄가 지배하지 못하도록 하는 것은 우리 책임이라고 기록하였기 때문입니다(롬 6:12). 당신은 깊은 좌절감 때문에 다른 누군가나 자신을 마구 때리고 싶은 적이 있습니까?

**댄**      거의 날마다 그렇습니다!

**앤더슨**  그러나 마음이 진정되면 그리스도인이라는 신분을 다시 생각하게 되지요?

**댄**      네, 늘 그런 식입니다. 그러고 나면 그런 나 자신이 혐오스럽습니다.

**앤더슨**  22절은 그런 맥락에서 기록되었습니다. "내 속사람으로는 하나님의 법을 즐거워하되." 우리 신분에 맞지 않는 행위를 할 때, 성령은 즉시 우리에게 깨달음을 주십니다. 우리가 하나님과 연합되었기 때문이지요. 우리는 종종 그런 자신에게 화를 내기도 하죠. 그러나 곧 참 본성이 다시 나타나, 우리를 하나님에게로 이끌어 줍니다. 마치 남편 때문에 좌절에 빠졌다고 말하면서 절망하는 아내처럼 말입니다. 아내는 이혼하고 싶으면서도 부랑자 같은 남편을 돌보지 않을 수 없습니다. 그러나 자신의 고통을 인정하고 그 감정을 표현하고 나면 아내는 마음이 누그러져서 이렇게 말합니다. "나는 진정으로 남편을 사랑합니다. 이혼을 원치 않습니다. 그저 다른 방법을 찾을 수가 없을 뿐이에요." 이것이 바로 표현된 속사람이자 자아의 참모습입니다.

23절은 이 죄와의 싸움이 지닌 본질을 설명합니다. "내 지체 속에서 한 다른 법이 내 마음의 법과 싸워 내 지체 속에 있는 죄의 법으로 나를 사로잡는 것을 보는도다." 이 말씀에 따르면 싸움이 벌어지고 있는 전쟁터가 어디입니까?

댄　　　마음속인 것 같습니다.

앤더슨　　그 치열한 전쟁이 벌어지는 곳은 분명히 마음속입니다. 만일 사탄에게 속아 그 전쟁터에 자기 혼자만 있다고 생각한다면, 당신은 범죄할 때 자신이나 하나님 때문에 절망하고 말 것입니다. 자, 이렇게 표현해 볼까요? 닫힌 문 반대편에서 말하는 개가 한 마리 와서 이렇게 말하는 겁니다. "저기요, 저 좀 들여보내주세요. 당신도 그러고 싶잖아요. 모두 다 그렇게 한다고요. 당신은 책임 지지 않아도 돼요. 누가 알기나 하겠어요?" 그래서 당신이 문을 열어 주었는데, 그 개가 들어오더니 당신의 발을 물었습니다. 문 반대편에 있을 때 그 개는 유혹하는 자였지만, 이제 당신이 들여보낸 뒤로 그 개는 참소하는 자가 된 것입니다. "당신이 문을 열어 줬잖아! 문을 연 건 당신이라고!" 자, 이제 어떻게 하시겠습니까?

댄　　　저는 보통 죄책감 때문에 죄를 고백하게 됩니다. 그렇지만 죄와 나의 싸움에서 유혹하고 참소하는 개에 대해서는 아무도 내게 말해 주지 않았습니다.

앤더슨　　저는 자기 자신을 때리는 데 지친 나머지 좌절과 정죄의 구름 속에서 하나님을 멀리 떠나가는 사람들을 많이 봤습니다. 그렇지만 개를 때리는 것만으로는 충분하지 않습니다. 당신처럼 하나님에게 죄를 고백하는 것은 옳은 행동입니다. 당신이 문을 열어 주었다는 것은 그분 앞에 시인하는 것을 뜻하니까요. 그러나 거기서 그치면 안 됩니다. 죄 고백은 회개로 나아가는 첫 걸음일 뿐입니다. 그렇게만 하는 그리스도인은 범죄-고백-범죄-고백-범죄-고백의 쳇바퀴만 돌다가 끝내 포기해 버리고 맙니다. 당신이 문을 열어 주었다는 사실을 그분에게 시인할 때 당신은 그분에게 복종한 것입니다. 이제 마귀를 대적하십시오. 그러면 당신을 피할 것입니다(약 4:7). 마지막으로 다시 돌아가 문을 닫으십시오. 그러지 않으면 열린 문으로 또다시 속이는 자가 들어올 것입니다. 당신이 진정으로 변화될 때에야 완전한 회개가 되는 것입니다.

사도 바울은 이러한 풀리지 않는 갈등의 느낌을 24절에서 이렇게 표현했습니다. "오호라 나는 곤고한 사람이로다. 이 사망의 몸에서 누가 나를 건져내랴!" 그는 "오호라 나는 **사악하고 죄 많은** 사람이로다"라고 하지 않았습니다. 그는 "오호라 나는 **비참한** 사람이로다"라는 뜻으로 말하고 있습니다. 옳은 것을 알고 그대로 하고 싶지만 몇몇 이유로 그렇게 할 수 없는 사람보다 비참한 사람은 없기 때문입니다. 그는 자유하지 못했기 때문에 좌절했습니다. 의를 행하려는 시도는 좌절되었습니다. 그는 "승리할 수 있을까?" 하고 의심하였습니다.

그 해답은 25절에 나옵니다. "우리 주 예수 그리스도로 말미암아 하나님께 감사하리로다. 그런즉 내 자신이 마음으로는 하나님의 법을, 육신으로는 죄의 법을 섬기노라." 이제 로마서 8장을 읽으면서 바울이 그리스도 예수 안에 있는 생명의 법으로 죄의 법을 어떻게 이겨 냈는지 살펴봅시다.

댄   이제 그 뜻을 알겠습니다. 저는 그동안 그리스도인으로 살아가는 방법을 제대로 이해하지도 못했으면서 그 삶을 살지 못하는 데 죄책감을 느꼈습니다. 제 힘으로 이 죄를 이겨 내려고 했고, 내 마음속에서 일어나는 싸움조차 완전하게 이해하지 못했던 겁니다.

앤더슨   아주 정확하게 이해하셨네요. 정죄는 자신에게 아무 도움이 되지 않습니다. 그리스도 예수 안에 있는 자에게는 결코 정죄함이 없기 때문입니다(롬 8:1, 2). 이제 참된 회개와 하나님을 믿는 믿음으로 당신이 겪는 갈등을 풀어 봅시다. 당신이 허락한다면, "그리스도 안에서 자유에 이르는 단계"를 거치면 좋을 것 같습니다. 그 단계에서 우리는 당신 마음속에서 일어나는 싸움에서 어떻게 승리할 수 있는지 나누고, 성령의 능력 안에서 믿음으로 살아가는 법을 배울 수 있습니다. 그럴 때 당신은 육체의 욕심을 이루지 않을 것입니다(갈 5:16).

# 4장

# 마음의 싸움에서 승리할 수 있다

그가 우리를 흑암의 권세에서 건져내사 그의 사랑의 아들의 나라로 옮기셨으니 그 아들 안에서 우리가 속량 곧 죄 사함을 얻었도다(골 1:13, 14).

이는 너희가 죽었고 너희 생명이 그리스도와 함께 하나님 안에 감추 어졌음이라(골 3:3).

"이 말씀이 분명 진리인데, 왜 나는 그리스도인이 되기 전과 같은 감정과 생각들 때문에 여전히 고군분투할까?" 진실한 그리스도인이라면 누구나 한 번쯤 이런 의문을 품어 봤을 것이다. 우리가 거듭나기 전과 비슷하게 생각하고, 느끼고, 행동하는 데는 그럴만한 이유가 있다.

삶이 형성되는 중요한 시기에 우리가 하나님의 임재 안에 있지 않거나, 그분의 뜻대로 사는 법을 몰라서 하나님과 관계없이 사는 법을 습득했기 때문이다. 하나님을 의지하지 않는 이런 독립성이 바로 성경에서 말하는 육신적 삶의 주요 특징이다. 그리스도 안에서 새로운 피조물이 되었다고 해서 기억 저장 장치의 삭제 버튼을 누르는 사람은 아무도 없다. 그리스도를 만나기 전에 습득한 모든 삶의 방식과 그에 따른 감정들이 우리 기억에 여전히 남아 있는 것이다. 그래서 바울은 "너희는 이 세대를 본받지 말고 오직 마음을 새롭게 함으로 변화를 받아 하나님의 선하시고 기뻐하시고 온전하신 뜻이 무엇인지 분별하도록 하라"(롬12:2)고 명했다. 그리스도인이면서도 우리는 여전히 잘못된 정보를 듣거나 잘못된 자료를 보며 이 세대를 좇아 살 수 있다.

## 자신을 방어하는 견고한 진

자연인일 때 우리는 삶에 대처하는 여러 방식이나 정신적, 감정적으로 늘 건강하지만은 않은 자신을 방어하는 방법을 익힌다. 심리학자들은 이처럼 건강하지 않은 행동 양식을 여러 방어 기제로 설명하는데, 그들의 주장이 항상 기독교적이지는 않다. 일례로 많은 사람이 자신을 보호하기 위해 거짓말하는 법을 배운다. 일반적으로 다음과 같은 방어 기제가 있다.

- 부인(denial) : 의식적, 무의식적으로 진실을 거부하는 것
- 공상(fantasy) : 현실에서 도피하는 것
- 억압(emotional insulation) : 용납받기 어려운 욕구를 무의식적으로 억누르는 것
- 퇴행(regression) : 위협을 덜 느끼던 때로 되돌아가려는 것
- 전이(displacement) : 타인에 대한 좌절과 불만을 엉뚱하게 표출하는 것
- 투사(projection) : 다른 사람을 탓하는 것
- 합리화(rationalization) : 형편없는 행동에 대해 그럴듯한 이유를 갖다 붙이는 것

방어 기제는 바울이 말하는 견고한 진(陣)과 비슷하다. 그는 고린도후서에서 "우리가 육신으로 행하나 육신에 따라 싸우지 아니하노니 우리의 싸우는 무기는 육신에 속한 것이 아니요 오직 어떤 견고한 진도 무너뜨리는 하나님의 능력이라. 모든 이론을 무너뜨리며 하나님 아는 것을 대적하여 높아진 것을 다 무너뜨리고 모든 생각을 사로잡아 그리스도에게 복종하게"(10:3-5) 한다고 말한다.

견고한 진은 우리가 하나님과 관계없이 사는 법을 습득하면서 형성한 육신적인 사고방식들을 뜻한다. 자란 환경에 따라 세상을 보는 관점이 바뀐다. 우리가 그리스도인이 되었다고 해서 "완전 삭제" 버튼을 누르는 사람은 아무도 없다. 우리의 육신적인 옛 사고 습관은 사라지지 않는다.

우리는 배우고 익힌 것들을 버려야 한다. 우리가 마음을 잘못 훈

런했다면, 다시 새롭게 가꿀 수 있는가? 내가 믿는 것이 거짓이라면, 그것을 단념하고 진리를 믿기로 결단하겠는가? 마음의 프로그램을 다시 짜겠는가? 마음을 새롭게 하는 것이 바로 회개다. 우리는 마음을 새롭게 하여 달라져야 한다. 그리스도의 마음을 품고, 우리를 진리로 이끄시는 성령님을 따를 때 우리는 변할 수 있다. 우리가 자란 이 세상의 제도와 가치관, 하나님과 상관없는 여러 육신적인 방식만 성화의 적은 아니다. 그리스도 안에서 새 피조물이 된 후에도 우리는 여전히 세상과 육신뿐 아니라 사탄과 싸워야 한다.

## 사탄의 계략

사탄이 자신의 목적을 이루기 위해 우리 생각을 조종하는 일에 더는 관심 없다고 생각하면 오산이다. 사탄은 끊임없이 우리 마음에 그의 생각들을 주입하고, 하나님의 진리 대신 거짓을 믿게 하려고 안간힘을 쓴다. 생각을 지배하면, 삶도 통제할 수 있다는 사실을 잘 알기 때문이다. 그래서 바울은 "모든 생각을 사로잡아 그리스도에게 복종하게"(고후 10:5) 해야 한다고 현재 시제를 사용하여 반복해서 권한다. 여기서 "생각"(thought)은 헬라어로 "노에마"(νοημα)다. 고린도후서에서 바울이 이 단어를 어떻게 사용했는지 살펴보면 이 구절을 더 잘 이해할 수 있다.

　바울은 고린도 성도들을 근심하게 한 자를 징계한 후 그들을 용서하라고 권한다. "너희가 무슨 일에든지 누구를 용서하면 나도 그리하고 내가 만일 용서한 일이 있으면 용서한 그것은 너희를 위하여 그리스도 앞에서 한 것이니 이는 우리로 사탄에게 속지 않게 하려 함이라. 우리는 그 계책[노에마]을 알지 못하는 바가 아니로라"(고후 2:10, 11). "계책"은 노에마와 같은 말에서 나왔다. 사탄은 용서하지 않는 사람들을 이용하려 든다. 나는 그리스도 안에서 자유를 누릴 수 있도록 수천 명의 사람을 도우면서, 주로 용서하지 않으려는 마음을 품은 사람들이 과거의 속박에 매인다는 사실을 목격했기에 이를 증언할 수 있다.

바울은 복음을 전하는 것에 대해 다음과 같이 말한다. "만일 우리의 복음이 가리었으면 망하는 자들에게 가리어진 것이라. 그중에 이 세상의 신이 믿지 아니하는 자들의 마음[노에마]을 혼미하게 하여 그리스도의 영광의 복음의 광채가 비치지 못하게 함이니 그리스도는 하나님의 형상이니라"(고후 4:3, 4). 사탄이 믿지 않는 자들의 마음을 가리고 있다면, 우리는 어떻게 이 세상에 그리스도를 전할 수 있을까? 기도가 열쇠다.

바울은 고린도후서 11장 3절에 "뱀이 간계로 하와를 미혹한 것같이 너희 마음[노에마]이 그리스도를 향하는 진실함과 깨끗함에서 떠나 부패할까 두려워"한다고 말한다. 쉰다섯 살의 학부생과 내가 나눈 대화를 살펴보면, 사탄이 우리 마음을 어떻게 그리스도에게서 떠나게 하는지 알 수 있다. 어느 날 제이가 내 사무실로 찾아왔다.

"앤더슨 선생님, 너무 괴롭습니다."

"무슨 일이에요, 제이?"

"공부하려고 앉아 있으면 온몸이 찌르듯 아프고, 팔이 저절로 올라가고, 눈앞이 뿌예져서 도무지 집중할 수가 없어요. 이대로 가면 모든 과목에서 낙제할 게 뻔해요. 성경조차 읽을 수가 없으니까요."

"하나님과는 어떻게 교제하고 있나요?"

"저는 하나님과 매우 가깝게 지냅니다." 그가 자신 있게 답했다.

"구체적으로 말해 주세요."

"매일 오후 학교를 나서면서 점심 식사로 무엇을 먹을지 하나님에게 묻습니다. 햄버거 가게에 가는 게 좋다는 생각이 들면 햄버거를 먹으러 갑니다. 가서 어떤 메뉴를 고를지 그분에게 또 묻지요. 큰 햄버거를 주문하라는 생각이 떠오르면 그것을 주문합니다."

"교회에는 출석하나요?" 나는 또 물었다.

"매주 하나님이 가라고 하시는 교회에 갑니다. 지난 3주 동안은 하나님이 제게 모르몬 교회에 가라고 하셨어요."

제이는 진심으로 하나님이 원하시는 대로 행하기 원했지만, 사실은 사탄에게 속고 있었다. 그를 모르몬 교회로 인도한 것은 하나님이 아니다. 그분은 줄곧 큰 햄버거를 먹으라고 제안하는 영양사도 아니다. 제이는 "모든 생각을 사로잡아 그리스도에게 복종하게" 한 것이 아니라, 자신의 주관적인 생각을 하나님의 음성이라 믿고 그 생각에 귀를 기울인 것이다. 그렇게 제이는 사탄이 그의 삶 속에서 활동하도록 문을 열어 주었고, 그 결과 신학 공부에 방해를 받는 지경에 이르렀다. 생각에 속아서 그는 하나님이 자신을 예루살렘 거리에서 살해당한 계시록의 두 선지자 중 한 명으로 준비시키고 계시다고 믿었다. 심지어 자신의 기숙사 룸메이트에게 자신이 다른 한 선지자라고 설득하려고까지 했다!

## 사탄과 우리 마음

성경은 사탄이 우리 마음에 여러 생각을 집어넣을 수 있다는 것을 분명하게 가르친다. 역대상 21장 1절은 "사탄이 일어나 이스라엘을 대적하고 다윗을 충동하여 이스라엘을 계수하게 하니라"고 말한다. 인구 조사를 하는 것이 뭐가 문제란 말인가? 왕이 되어서 다윗이 전쟁터에 동원할 수 있는 군사가 얼마나 되는지 몰라서야 되겠는가? 이것이야말로 사탄이 얼마나 교묘한지 보여 주는 예다. 사탄은 다윗이 전심으로 하나님을 따랐기 때문에 의도적으로 그분을 거역하지 않을 것을 알았다. 사탄의 전략은 다윗이 하나님의 도우심보다 자신이 가진 자원을 더 의지하게 만들려는 것이었다. 시편 33편 17절에서 "구원하는 데에 군마는 헛되며 군대가 많다 하여도 능히 구하지 못하는도다"라고 고백한 다윗이었다. 다윗은 전쟁의 승패가 하나님에게 달려 있다는 사실을 알았다. 그런데 갑자기 인구 조사를 실시해야겠다는 "생각"이 들었고, 그것이 죄라고 알려 준 요압 장군의 항변에도 물러서지 않았다. 결국 다윗이 범한 죄 때문에 이스라엘 백성 7만 명이 비극적인 죽음을 맞았다.

사탄은 다윗을 어떻게 선동했는가? 다윗이 들을 수 있도록 말했는가? 아니다. 다윗이 그렇게 생각한 것이다. 그는 그저 생각했다. 거기에 사탄의 속임수가 있었다. 속이는 생각들은 그것이 마치 내가 스스로 생각한 것인 양 찾아온다. 나는 사람들이 그리스도 안에서 자유를 누리도록 도우면서 불과 몇 년 전에서야 이 사실을 깨달았다. 마음의 전쟁은 단순한 "혼잣말"을 넘어서는 문제다.

가룟 유다도 사탄의 말에 귀 기울였다. "마귀가 벌써 시몬의 아들 가룟 유다의 마음에 예수를 팔려는 생각을 넣었더라"(요 13:2). 우리는 이것을 육신적인 욕구 때문에 잘못된 결정을 한 것이라고 일축해 버리고 싶겠지만, 성경은 분명히 마귀가 그 생각을 그에게 넣었다고 밝힌다. 유다는 자신이 무슨 일을 했는지 깨닫고 스스로 목숨을 끊었다. "도둑이 오는 것은 도둑질하고 죽이고 멸망시키려는 것뿐이요"(요 10:10상).

사도행전 5장 3절을 보면, 사탄이 아나니아의 마음에 가득하여 성령을 속이게 했다. 신약 학자 F. F. 브루스(Bruce)는 아나니아가 성도라고 말한다.[3] 에른스트 헨헨(Ernst Haenchen)은 아나니아가 "유대 그리스도인"이었다고 말한다. "성령이 초대 교회 공동체와 베드로의 마음에 충만하셨던 만큼 아나니아의 마음에는 사탄이 가득해서 성령을 속였다. 결국 이 사건은 단지 베드로와 아나니아의 대결이 아니라, 그들 안에 있던 성령과 사탄이 서로 맞선 것이다."[4]

마르틴 루터는 "사탄은 우리 영혼에 신성모독과 하나님을 미워하는 마음, 체념하려는 마음 등 흉측한 생각들을 슬쩍 던져 넣는다"고 했다. "밤에 설핏 깨면, 마귀는 나를 노리며 어슬렁거린다. 나와 논쟁하며 갖가지 요상한 생각이 떠오르게 만든다. 평화롭게 잠들었을 때에도 괴롭히고 성가시게 하려고 종종 나를 깨우기도 한다. 밤에는 낮보다 적을 대적하기가 훨씬 힘겹다. 사탄은 어떤 논쟁이 나를 짜증나게 만드는지 잘 알고 있다. 어떤 때는 하나님이 계신지 안 계신지 의심하게도 만든다"[5]고 고백하기도 했다. (사탄이 유명한 성인들에게 어떤 생각들을 주입했는지 더 알고 싶다면, 「사탄의 일생」[*The Life of*

*Satan*을 참고하라.[6])

데이비드 폴리슨(David Powlison)은 악한 영들이 성도들을 침범할 수 있다는 관점에 반대하지만, 사탄이 우리에게 여러 생각을 집어넣을 수 있다는 사실은 인정한다. "신성 모독적인 조롱들, 비도덕적인 환상이나 행동에 탐닉하려는 유혹이 솟구치는 것, 불신으로 이끌려는 여러 논리 등 '여러 음성'이 마음에 이는 것은 드문 현상이 아니다. 전통적으로 영적 전투에서는 이 생각들이 악한 자에게서 온 것으로 본다."[7] 토마스 브룩스(Thomas Brooks)는 사탄의 계략을 논하면서 사탄이 성도들의 영혼에 여러 생각을 던져 준다고 거듭 주장한다.[8]


## "혈과 육을 상대하는 것이 아니요"

나는 생각 속에서 온갖 씨름을 치르는 무수한 성도를 상담했다. 어떤 이는 성경을 집중해서 읽기조차 어려울 정도였고, 실제로 여러 "음성"을 듣는 이도 있었으며, 참소하고 저주하는 생각들로 고통당하는 이도 많았다. 거의 예외 없이 이 싸움들은 생각 속에서 일어나는 영적 전투로 판명되었다. 디모데전서 4장 1절에서 우리에게 이미 이것을 경고했으므로 놀랄 일이 아니다. "그러나 성령이 밝히 말씀하시기를 후일에 어떤 사람들이 믿음에서 떠나 미혹하는 영과 귀신의 가르침을 따르리라 하셨으니."

그리스도를 믿는 우리도 이것을 염두에 두어야 하지 않을까? 나는 당신의 생각을 읽을 수 없고 당신도 내 생각을 알 수 없다. 그러

4장. 마음의 싸움에서 승리할 수 있다

므로 우리는 사람들이 용기 내어 자신의 생각을 나누지 않으면 다른 이의 마음속에서 어떤 일이 벌어지는지 도무지 알 길이 없다. 대부분 그들은 마음속에서 벌어지는 일을 나누지 않는다. 이 시대를 살아가는 많은 사람은 그들이 나누는 이야기를 들으면 정신 질환을 앓고 있다고 생각할 것이기 때문이다. 따라서 그들은 우리에게 자신이 겪은 부정적인 경험만 이야기하고, 자신의 내면에서 일어나는 일들은 나눠도 될 만한 사람들에게만 나눌 것이다. 그들은 정신 질환을 앓고 있는가, 아니면 마음의 전쟁을 치르고 있는가? 우리가 "사탄의 계략을 무시한다면", "모든 정신적인 문제는 신경 전달 물질의 균형이 깨어졌기 때문"이라고 결론 내릴 것이다.

심리학자와 정신과 의사들은 갖가지 내적인 음성에 시달리는 환자들을 으레 화학적 불균형 때문이라고 진단한다. 물론 화학적 균형이 깨지면 불안해지고 우리 몸에 여러 문제가 생길 수 있다. 그러나 화학 물질이 사람에게 어떤 생각을 불러일으킬 수 있는지, 신경 전달 물질이 어떻게 우리가 하고 싶지 않은 생각을 하도록 갑자기 충동질할 수 있는지 분명 질문해 보아야 한다. 자연법칙으로 설명할 수 있는가? 우리는 열린 마음으로 모든 타당한 답변과 설명에 귀 기울여야 하지만, 영적 세계의 실체를 고려할 때에라야 가장 포괄적인 답을 얻을 수 있을 것이다.

사람들이 어떤 음성들을 들었다고 말할 때, 그들은 실제로 어떤 소리를 들은 것일까? 우리는 음원이 있는 소리만 귀를 통해 물리적으로 들을 수 있다. 음원에서 나온 음파가 공기를 통해 고막을 때리면, 고막에서 뇌에 신호를 보낸다. 이것이 우리가 물리적으로 듣는 과정이다. 그러나 어떤 "내적인 음성"을 듣거나 여러 생각과 싸우는 사람들은 음원에서 비롯되어 주변에 있는 다른 사람도 들을 수 있는 소리를 물리적으로 듣는 것이 아니다.

비슷한 방법으로 다른 사람들이 보지 못하는 것을 본다고 하는 사람들은 실제로 무엇을 보는 것일까? 어떤 물체에서 반사된 빛이 우리 눈에 도달하면 그것이 뇌에 신호를 보내어 그 물체를 볼 수 있다. 사탄과 악한 영들은 영적인 존재다. 그들은 물리적인 실체가 없기 때문에 육안으로 그들을 보거나, 귀로 그들의 소리를 들을 수 없다. "우리의 씨름은 혈과 육을 상대하는 것이 아니요 통치자들과 권세들과 이 어둠의 세상 주관자들과 하늘에 있는 악의 영들을 상대함이라"(엡 6:12).

## 뇌와 마음

정신이 기능하는 과정에 대해 우리가 모르는 것이 많지만, 뇌(brain)와 마음(mind, 정신)이 다르게 기능한다는 것은 안다. 우리 뇌는 유기체다. 우리가 죽으면 영혼은 몸에서 분리되고, 뇌는 흙으로 돌아간다. 그 순간 우리는 육체에서 벗어나 주님과 함께 거할 것이다. 그러나 우리 마음이 사라지는 것은 아니다. 마음은 영혼에 속한 것이기 때문이다.

이렇게 유추해 보자. 사고력은 컴퓨터 기능과 비슷하다. 둘 다 독립된 두 요소가 관여한다. 하나는 하드웨어, 즉 실제 컴퓨터 기기

4장. 마음의 싸움에서 승리할 수 있다

(뇌)이고, 다른 하나는 하드웨어를 가동하는 프로그램인 소프트웨어(마음)다. 소프트웨어는 물리적 실체가 아니기 때문에 하드웨어에서 제거하더라도 하드웨어의 무게는 달라지지 않는다. 마찬가지로 영이 몸에서 빠져나가더라도 몸의 무게는 같다. 컴퓨터에 소프트웨어가 없다면 아무 쓸모없는 것처럼 하드웨어가 멈추면 소프트웨어도 작동할 수 없다.

오늘날 우리는 뇌가 제대로 기능하지 않아 일을 망치면, 하드웨어(뇌)에 문제가 생겼다고 생각한다. 그러나 나는 진짜 문제는 하드웨어에 있다고 생각하지 않는다. 문제는 소프트웨어(마음)다. 만약어떤 사람이 치매 같은 기질성 뇌 증후군이나, 다운 증후군 같은 인지적 문제가 있다면 뇌가 건강하게 기능하지 못할 것이다. 그렇지만 그런 심각한 뇌 손상은 드문 경우이고, 손쓸 방법도 별로 없다. 로마서 12장 1, 2절에서 바울은 우리에게 뇌를 포함해 우리 몸을 하나님에게 드려서 마음을 새롭게 함으로 변화되어야 한다고 권면한다.

내가 이 주제에 대해 강의했을 때, 한 숙녀분이 질문했다.

"저는 최근에 선교지에 있는 딸을 방문했다가 말라리아에 걸렸습니다. 굉장히 아파서 죽을 뻔했지요. 고열에 시달리다가 환각 상태에 빠졌습니다. 박사님은 그런 환각 상태도 악한 영의 활동이라고 말씀하시는 건가요?"

"어떤 환영을 보셨는지요?"

"대부분 플루토와 미키 마우스, 도날드 덕, 데이지에 대한 환영이었어요."

나도 모르게 웃음이 나왔다. "혹시 선교지 가는 길에 디즈니랜드에 들렀나요?" 하고 물었다.

"아 네, 그랬어요. 어떻게 아셨어요?"

그의 경험은 악한 영과는 전혀 관계없다. 디즈니랜드에 방문한 기억이 생생하게 떠오른 것뿐이다. 우리가 잠자리에 들거나 혼수상태에 빠져들 때도 뇌는 계속 일하지만, 새로운 정보를 입력하지는 않는다. 만약 사고 활동이 활발하고 여러 생각이 계속 떠오른다면 아직 잠든 게 아니다. 생각이 멎어야 잠이 든 것이다. 그러나 자는 동안에도 뇌는 계속 기능하면서 기억 속에 저장된 것들에 무작위로 접속할 것이다. 예를 들어 우리가 꾸는 꿈을 떠올려 보자. 거의 우리가 아는 사람, 본 물건, 가 본 곳이 꿈에 나오지 않는가? 꿈속 이야기의 줄거리는 새로울 수 있지만, 사람이나 장소는 우리 기억 속에 저장되어 있던 것들이다. 한 아이가 공포 영화를 보았다고 생각해 보자. 그날 밤 그 아이는 악몽을 꿀 것이다. 악몽에서 경험하는 것은 영화에서 본 것과 같을 가능성이 높다.

그러나 어떤 사람이 전에 듣도 보도 못한 괴상한 악몽에 시달린다면 그것은 악한 영에 의한 것일 수도 있다. "그리스도 안에서 자유에 이르는 단계"를 밟고 나면, 그런 악몽은 사라진다.


## 전투는 실제 상황이다

우리 마음에서 벌어지는 영적 전투가 무엇인지 분명히 알아야 그런 일을 겪는 사람들을 전인격적으로 도울 수 있다. 왜 그런지 살펴보

자. 일반적으로 화들짝 놀라 부모의 침실로 달려오는 아이는 자기가 무언가를 보거나 어떤 소리를 들었다고 하지 않는가? 그러면 부모는 아이 방으로 가서 옷장이나 침대 밑을 살펴보고 이렇게 말할 것이다. "방에 아무것도 없잖니, 애야. 얼른 돌아가 자렴!" 어른이라면 방에서 무언가 보았는데, 금세 잊고 잠들 수 있겠는가? "방을 살펴봤지만 아무것도 없어요" 하고 말할 것이다. 그 말이 맞다. 우리 감각으로 인지할 수 있는 것은 아무것도 없을 것이다. 회의주의자라면 "그렇다면 그건 실재가 아니다"라고 말할 것이다. 그러나 그건 실재다! 분명 아이는 **마음속에서 실제로** 무언가 보고 들은 것이다.

나는 사람들이 어떻게 "미혹하는 영을 따르는지" 구체적으로 설명하지 못한다. 악령이 우리에게 어떻게 자신을 나타내는지도 모른다. 그러나 성경에서 분명하게 가르치는 것들을 믿는 데 그러한 것을 반드시 알아야 하는 것은 아니다. 마음에서 일어나는 영적 전투는 자연법칙에 따라 일어나는 것은 아니지만 알아차릴 수 있다. 사탄의 활동을 제어하고 그를 가둘 수 있는 물리적인 방어벽은 없다. 두려움에 떠는 아이의 얼굴은 그 전투가 실제 상황임을 보여 준다. 아이들에게 다음과 같이 반응하면 어떨까?

"애야, 나는 네가 무언가를 보고 들었다는 걸 믿어. 그렇지만 엄마, 아빠는 아무것도 보지도, 듣지도 못했으니 우리가 이해할 수 있도록 도와주렴. 어쩌면 영적인 공격을 받은 것일 수도 있고, 네가 본 영화의 무서운 장면들이 기억났을 수도 있거든. 우리는 종종 현실과 꿈을 혼동하기도 한단다. 이제 보호해 달라고 기도할 텐데, 그 전에 예수님은 네가 보고 듣고 놀란 어떤 존재보다 크고 능력 있는 분이라는 걸 알았으면 해. 우리 안에 계신 예수님은 이 세상 어떤 무서운 존재보다 크신 분이라고 성경에 써 있단다. 그 예수님이 항상 우리와 함께 계시기 때문에 우리를 놀라게 하는 것들에 대해 예수님의 이름으로 떠나라고 명할 수 있지. 하나님에게 복종하고 마귀를 대적하면 그가 도망갈 것이라는 성경 구절도 있단다. 그렇게 할 수 있겠니? 혹시 더 궁금한 게 있니? 그러면 이제 같이 기도하자꾸나."

오늘날 사람들이 흔히 앓는 정신 질환은 마음에서 일어나는 영적 전투인 경우가 많다. 잠언 23장 7절은 "대저 그 마음의 생각이 어떠하면 그 위인도 그러"하다고 말한다. 즉 우리는 어떤 것을 먼저 생각하고, 그 다음에 행동한다는 뜻이다. 모든 행동은 우리가 생각하거나 믿은 결과다. 다른 사람이 어떤 생각을 하는지 우리는 알 수 없다. 단지 그들이 무슨 행동을 하는지 살필 뿐이다. 우리가 믿고 생각하는 것을 바꾸어야 지속적인 행동 변화가 가능하다.

우리는 다른 사람의 마음을 읽을 수 없기 때문에 적절하게 질문하는 법을 배워야 한다. 다섯 살 대니는 운동장에서 몇몇 친구를 때린 일 때문에 유치원 교무실로 불려왔다. 그 아이는 매우 공격적으로 행동했고, 교실에서도 가만히 있지 못했다. 담임 교사도 "최근 대니의 행동 때문에 당황스러워요. 대니답지 않은 행동을 한답니다!" 하고 말했다. 대니 엄마는 그 기독교 유치원 교사다. 엄마가 대니에게 예수님에 대해 묻자, 대니는 귀를 틀어막고 "난 예수님이 싫어요!" 하고 버럭 소리를 질렀다. 그리고 엄마를 움켜잡고는 흉측한 소리로 웃었다!

우리는 대니에게 머릿속에서 말을 거는 음성들을 전에도 들은 적이 있는지 물었다. 그러자 안도하는 표정을 지으며, 어떤 음성들이 운동장에서 다른 아이들을 때리라고 시켰다고 털어놓았다. 그 생각은 굉장히 크게 들리고 순순히 따라야만 잠잠해지기 때문에, 곤란한 상황에 처할 줄 알면서도 복종할 수밖에 없었던 것이다. 우리는 그에게 이제 더 이상 그 목소리에 귀 기울이지 않아도 된다고 말해 주었다. 그리고 이 책 후반부에 소개할 "그리스도 안에서 자유에 이르는 단계"(어린이용)대로 그를 위해 기도하고, 우리를 따라 기도하도록 이끌었다. 다 마치고 나서 기분이 어떤지 물었다. 그러자 대니는 얼굴 가득 미소를 머금고 안도의 한숨을 내신 뒤, "훨씬 나아요!" 하고 대답했다. 다음 날 담임 교사는 완전히 다른 아이처럼 차분해진 대니의 모습을 볼 수 있었다. 그 후 대니는 유치원에서 공격적인 행동을 하지 않았다.

어느 신실한 그리스도인 부부가 한 아이를 입양해서 극진히 보살폈다. 그런데 작고 순수한 그 아이가 다섯 살 무렵이 되자 괴물같이 변했다. 내게 상담을 의뢰했을 때, 그 가정은 혼란에 빠져 있었다. 나는 아이와 잠시 편하게 이야기를 나눈 후, 혹시 머릿속에서 누군가가 어떤 이야기를 하는 것 같은 경험을 한 적이 있는지 물었다.

"네, 늘 그런 걸요." 아이가 대답했다.

"그 목소리가 뭐라고 말하던?"

"내가 쓸모없는 놈이래요."

나는 아이에게 예수님을 영접했는지 물었다.

"그럼요. 그런데 하고 싶어서 한 건 아니에요."

나는 예수님을 진심으로 영접하면, 그 목소리들에게 떠나라고 명할 수 있다고 말해 주었다. 내 말을 잘 듣고 나서, 그 아이는 자기 마음을 예수님에게 드렸다.

또 다른 한 부부는 아들이 자기 방 벽을 세게 치는 소리를 들었다. 큰 가위 한 자루로 수차례 벽을 찔러댄 것이다. 그들은 가위를 본 적도, 아이가 하는 행동을 목격한 적도 없었다. 아들은 집에 있는 옷을 모조리 잘라 버리기도 했다. 그런데도 부모는 아들이 그렇게 행동하는 모습을 직접 목격하지는 못했다. 부모는 치료와 상담에 많은 비용을 쏟아 부으며 필사적으로 해결책을 찾았다. 그때 마침 내 책과 강의를 접하고, 이것이 영적인 문제일 수도 있다고 생각하게 되었다. 그래서 아들에게 그렇게 행동하도록 지시하는 내적 음성을 들은 적이 있는지 물었다. 그는 "네, 그들이 시키는 대로 하지 않으면 아빠를 죽이겠다고 협박했어요!" 하고 말했다. 소년은 자신이 그렇게 해야 아빠의 목숨을 구할 수 있다고 생각한 것이다!

다음 간증에서 우리는 정신 질환과 마음속에서 벌어지는 영적 전투를 잘 분별해야 한다는 사실을 알 수 있다.

박사님, 늘 영적인 원인일지도 모른다고 미심쩍게 생각하면서, 무엇인지는 정확히 모르던 문제들에서 제가 벗어날 수 있는 법을 알려 주시니 고맙습니다. 저는 지금 서른여섯 살인데, 십 대 때부터 수년간 제 머릿속에 어떤 "음성들"이 맴돌았어요. 어떤 때는 네 가지 음성이다가 종종 엄청 큰 소리로 아우성치는 것 같기도 했지요. 텔레비전이나 잡지에서 정신 분열증을 다룬 기사를 보면 이렇게 혼잣말을 하기도 했어요. "나는 정신 분열증 환자는 아니네. 그렇다면 내 머릿속에 있는 음성들은 뭐지?"

그 목소리들은 저를 괴롭히고, 조롱하며, 야유했어요. 비판하는 생각에 휩싸여 결국 자존감이 바닥을 치기도 했고요. 그 음성들이 잦아들기를 바라면서 다른 사람도 그런 소리를 듣는지, "흔히 있는" 일인지 늘 궁금했지요.

선생님에게 모든 생각을 사로잡아 그리스도께 복종시켜야 한다고 배우고 다른 사람들이 겪은 비슷한 이야기들을 읽은 후, 저는 그 음성의 실체가 무엇이며, 제가 그것들을 떨쳐 낼 수 있다는 사실을 비로소 깨달았답니다.

수년간 고통스러운 나날을 보냈는데, 이제 제 마음이 이렇게 평안하다니 정말 놀랍고 멋져요. 마음이 이렇게 자유하고 평안하니 다른 건 말할 나위 없이 좋답니다. 이것이 얼마나 큰 복인지 박사님도 잘 아시지요.


## 모든 생각을 사로잡다

부정적이고, 거짓되며, 비난하는 생각들이 악한 영이 준 것인지, 단지 육신적인 사고 습관인지 어떻게 구별할 수 있을까? 어떤 의미에서 이 둘은 비슷하다. 우리는 **모든** 생각을 사로잡아 그리스도께 복종시켜야 한다. 즉 진리가 아닌 생각은 믿지 말라. 그런데 만약 우리가 "그리스도 안에서 자유에 이르는 단계"를 따랐을 때 그 생각들이 사라진다면, 아마 그것은 우리 마음에서 떠오른 생각들이 아닐

수 있다. 육신적인 습관은 그렇게 단번에 떨쳐지지 않는다. 우리가 마음을 새롭게 하려고 애쓸 때, 서서히 다른 생각으로 대체되어 극복하게 된다. 빌립보서 4장 7절에서 바울은 어떤 문제든 두 마음을 품는 자처럼 염려하지 말고, 오히려 기도하며 하나님에게 나아가면 "모든 지각에 뛰어난 하나님의 평강이 그리스도 예수 안에서 너희 마음과 생각을 지키시리라"라고 말한다. 이어서 우리 마음에 참되며, 정결하고, 사랑받을 만하며, 옳은 생각이 머물게 하라고 권한다.

우리와 하나님의 관계는 인격적이기 때문에, 원만한 관계를 유지하려면 다른 여러 관계처럼 해결해야 할 문제들이 있는 법이다. 하나님을 거역하고 살면서 그분에게 복 받기를 기대할 수는 없는 노릇이다. "이는 거역하는 것은 점치는 죄와 같고 완고한 것은 사신 우상에게 절하는 죄와 같음이라"(삼상 15:23). 우리가 교만하면, 하나님은 우리 편이 되어 주시지 않는다(약 4:6). 용서하지 않고 쓴 마음을 품으면, 고통을 주는 자들에게 우리를 넘기실 것이다(마 18:34). 이 문제들을 먼저 해결해야만 하나님이 우리의 상한 마음을 싸매어 주시고, 포로 된 자에게 자유를 주실 것이다.

한 고참 선교사의 간증이 이 사실을 잘 보여 준다. 그 선교사는 매주 정신과 의사와 심리학자, 목회자를 만나며 간신히 삶을 버텨 내고 있었다. 입원할 일만 남은 상태였다. 어느 금요일 오후에 그 선교사를 상담했는데, 두 달 반이 지나고 나서 다음 편지를 받았다.

여러 번 편지를 쓰려다가 네 살 딸아이 표현대로 "진짜로" 내가 자유로워진 것인지 확신한 후 쓰려고 이제야 편지를 보냅니다. 선생님을 만나고 이틀 뒤부터 제가 쓴 일기를 나누고 싶습니다.

"금요일 오후 이후 나는 다른 사람이 된 것 같다. 폭발적인 분노와 노여움이 사라졌다. 내 영혼은 고요하고, 기쁨이 가득하다. 진심으로 하나님을 찬양하면서 잠에서 깬다.

아슬아슬한 긴장과 초조함이 사라졌다. 무척 자유롭다. 성경 말씀이 정말 흥미롭고 생생해서 그 어느 때보다 머리에 쏙쏙 잘 들어온다. 금요일에 상담하는 동안 '극적인' 변화를 느끼지는 못했지만 내 존재 가장 깊은 곳에서 어떤 변화가 일어났다는 것을 안다. 이제 나는 참소하는 소리, 의심, 자살이나 살인 충동, 머릿속을 지옥처럼 만드는 해로운 생각들에 묶여 있지 않다. 내 마음과 영혼 깊은 곳이 평온하고, 머리가 맑아졌다.

나는 해방되었다!

앞날을 생각하니 흥분되고 기대된다. 영적으로 다시 성장할 것이고, 여러 면에서 더 나아질 것 같다. 나를 창조하시고 구속하신 하나님이 앞으로 나를 어떻게 빚으실지 기대되고, 결혼 생활도 어떻게 달라질지 정말 기대된다.

그렇게 오랫동안 어둠 속에 갇혀 있었는데 다시 기쁨을 회복하다니 정말 놀랍다."

이 일기를 쓴 지 두 달 반이 지났고, 저는 진정으로 그리스도 안에서 자유를 찾아 많은 유익을 누리고 있답니다. 수년간 치료받으면서 조금 나아진 적도 있었지만, 지금 제가 누리는 이 자유와는 비길 수 없습니다. 일 "처리" 능력이 몇 배 향상되었습니다. 심령이 평온하고, 머리도 훨씬 맑습니다! 사람들과 관계도 좋아졌고, 여러 상황을 더 잘 받아들이게 되었습니다. 이제는 모든 것을 더 잘 이해하게 된 것 같답니다.

하나님과의 관계도 완전히 달라졌습니다. 8년간 저는 그분이 멀리 계시다고 느꼈습니다. 선생님을 만나기 직전까지 저는 속박에서 풀어 달라고 하나님에게 필사적으로 부르짖었어요. 그분을 다시 만나고, 그분이 나와 함께 계시다는 것을 간절히 경험하고 싶었어요. 내 생각과 경험 속에 계신 낯설고 권위적인 존재가 아니라, 친구요, 동역자이신 하나님을 만나고 싶었어요. 두 달 반 전 그날 이후, 그분을 신뢰하는 마음이 점점 커지고 있다는 사실을 깨닫습니다. 훨씬 정직한 모습으로 그분에게 나아가고 있고요. 일기에 쓴 대로 영적으로 성장하는 경험을 하고 있답니다. 정말 멋져요!

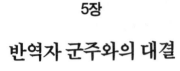

# 5장
# 반역자 군주와의 대결

메리는 1960년대에 26세 히피족이었다. 그리스도인이고 대학을 졸업한 메리는 부모님이 이혼하신 후 정신적, 감정적으로 극심한 괴로움에 시달렸다. 5년 동안 망상성 정신 분열증으로 세 번이나 병원에 입원할 정도였다. 상담을 시작한 지 3주쯤 되었을 때, 메리는 뱀과 치르는 싸움에 대해 말을 꺼냈다.

"뱀이요?" 나는 물었다.

"네, 밤에 잠자리에 들 때면 뱀들이 내 위로 기어 올라와요."

"뱀이 기어올 때 당신은 어떻게 합니까?"

"어머니 방으로 달아나요. 그렇지만 혼자 있으면 뱀이 다시 나타나요."

"그럴 때 어떻게 해야 하는지 가르쳐 드리지요." 나는 설명을 계속했다. "침대에 있을 때 뱀이 기어오르면 큰 소리로 이렇게 외치세요. '그리스도의 이름으로 명하노니 나를 떠나라!' "

"그렇게는 못할 것 같아요. 저는 영적으로 성숙하지도, 강하지도 못하니까요."

"당신이 영적으로 얼마나 성숙한지는 상관없어요. 그리스도 안에서 얻은 신분이 중요합니다. 저처럼 당신도 하나님에게 복종하고 마귀를 대적할 권리를 충분히 가지고 있어요."

메리는 앞으로 해야 할 일을 떠올리며 주저했다. 두려워하고 있는 듯했다. 그렇지만 결국에는 어쨌든 메리도 시도해 보기로 했다. 어차피 손해 볼 건 없는 일이니까. 그 다음 주, 메리는 내 사무실에 들어서면서 이렇게 외쳤다.

"뱀들이 도망갔어요!"

"아주 잘됐군요! 그런데 왜 진작 알려 주지 않았어요?"

"박사님에게 그 뱀들이 나타날까 봐 무서웠거든요."

내게 뱀들이 나타날 거라는 생각은 또 다른 속임일 뿐이다. 메리의 문제가 단순히 신경성이라면 예수의 이름으로 뱀에게 행사한 권위는 전혀 먹혀들지 않았을 것이다. 그러나 메리가 겪는 문제는 영적인 것이었다. 그렇기 때문에 5년 동안 입원하고 화학 치료를 받으면서도 별 효력을 보지 못한 것이다.

사탄과 악령들의 실체와 현재 활동을 자세히 다루기 전에, 우리는 그리스도 안에 있는 우리에게 어둠의 왕국을 이기는 영적인 능력과 권세가 있다는 사실을 이해해야만 한다.

## 예수의 권위라는 배지를 달다

예수께서는 "열두 제자를 불러 모으사 모든 귀신을 제어하며 병을 고치는 능력과 권위를 주시고 하나님의 나라를 전파하며 앓는 자를 고치게 하려고 내보내시며"(눅 9:1, 2) 제자들을 훈련시키셨다. 예수 께서는 제자들이 하나님 나라를 선포할 때, 마귀의 세력이 강하게 반발하리라는 것을 알고 계셨다. 그래서 마귀들을 정복할 수 있는 능력과 권위를 특별히 제자들에게 주셨다.

그리고 나서 예수께서는 그분을 따르는 칠십 인에게도 비슷한 사명을 부여하여 세상으로 보내셨는데, 그들은 "기뻐하며 돌아와 이르되 주여 주의 이름이면 귀신들도 우리에게 항복하더이다"라고 보고 했다(눅 10:17). 이 선교사들은 어둠의 왕국에 맞서면서 예수의 이름으로 그들을 다스릴 수 있다는 사실을 발견했다. 그들도 두려움과 의심을 품고 선교를 시작했을 것이다. 그러나 그들은 악령들을 정복한 승리를 경험하고 놀라워하며 예수께로 돌아왔다.

그러나 예수께서는 그들이 내린 잘못된 결론을 신속히 바로잡아 주셨다. "내가 너희에게 뱀과 전갈을 밟으며 원수의 모든 능력을 제어할 권능을 주었으니 너희를 해칠 자가 결코 없으리라. 그러나 귀신들이 너희에게 항복하는 것으로 기뻐하지 말고 너희 이름이 하늘에 기록된 것으로 기뻐하라"(눅 10:19, 20). "뱀"과 "전갈"이라는 단어는 우리가 흔히 아는 뱀과 전갈을 가리키는 것이 아니다. 파충류와 절지동물은 우리 적이 아니다. 예수께서는 마귀와 그의 악령들을 비유적으로 말씀하신 것이다. 그분은 "예수의 이름으로 너희가 마귀를 정복할 권세를 지녔다고 기뻐하지 말라. 너희 이름이 어린양의 생명책에 기록된 것을 기뻐하라. 마귀 중심이 되지 말고 그리스도 중심이 되어라. 대적자나 그를 이긴 너희의 권세에 관심을 두지 말라. 마귀가 그 관심사를 이용하지 못하게 하라"고 말씀하신 것이다. 이 말씀은 그분이 본으로 보이시고 후에 제자들에게 가르치신 종 된 리더십과도 일치한다.

그리스도인이 어둠의 왕국을 이기는 능력과 권세를 지녔다는 사실을 이해하는 것은 때로 그리스도 안에서 신분을 남용하고 스스로 그 신분에서 벗어나 "허우적거리게" 만든다. 그리스도 안에 있는 신분과 지위를 떠난 우리에게는 영적 능력과 권위가 없다. **우리가 누구인지가 우리가 무엇을 하느냐**보다 늘 우선한다. 우리는 그리스도를 떠나서는 어떤 것도 성취할 수 없다. 예수께서도 마귀에게 시험받으실 때, 하늘 아버지 안에 있는 그분의 신분과 별도로 거룩한 속성을 사용하도록 유혹받으셨다.

## 다스릴 권리와 능력

예수께서는 제자들에게 마귀를 대적하는 **권세**와 **권능**을 모두 주셨다. 권세와 권능은 어떻게 다른가? 권세는 다스리는 **권리**다. 그것은 합법적인 신분에 기반한다. 경찰관은 교차로에서 차들을 통제할 권리를 가지고 있다. 나라에서 그에게 그러한 권리를 위임했기 때문이다(롬 13:1-5). 예수께서는 "하늘과 땅의 모든 권세를 내게 주셨으니 그러므로 너희는 가서 모든 민족을 제자로" 삼으라고 말씀하셨다(마 28:18, 19). 따라서 사탄은 하늘에서든 땅에서든 아무 권세가 없다.

권능은 다스리는 **능력**이다. 경찰관은 차들을 통제할 권세는 가지고 있으나, 그렇게 할 육체적 능력(힘)은 없다. 그러나 만일 50센티미터 네모반듯한 시멘트 덩어리를 교차로 한가운데 놓아둔다면, 우리에게 권세가 없을지라도 차들을 멈추게 하는 권능은 가지고 있지 않겠는가! 그리스도인은 그리스도 안에서 얻은 신분 때문에 하나님 뜻대로 행할 권세와 함께, 성령과 동행하며 하나님 뜻을 행할 권능도 가지고 있다. "끝으로 너희가 주 안에서와 그 힘의 능력으로 강건하여지고"(엡 6:10).

홀륭한 상관은 자기 뜻대로 수행할 **권세**를 부여하지도 않은 채 **책임**을 위임하지 않는다. 예수께서도 제자들이 해낼 수 없는 과업을 주며 파송하지 않으셨다. 세상의 지도자들도 고용자에게 권한을 위임해야 한다고 말한다. 예수는 제자들에게 하늘나라를 선포할 **책임**을 주셨다. 그러나 예수께서 제자들에게 어둠의 왕국을 이길 **권세**와 **권능** 역시 주시지 않았다면, 귀신들은 제자들의 힘없는 시도를 우습게 여기고 도망가게 만들었을 것이다. 사도행전 19장에서 스게와의 일곱 아들에게 행한 것처럼 말이다.

앞서 소개한 메리처럼, 우리는 자신이 마귀를 대적할 만큼 영적으로 성숙하지 못하다고 생각할지 모른다. 육적으로 보면 우리는 사탄과 마귀들을 대적할 능력이 없다. 그러나 **그리스도 안에서는 그렇게 할 수 있다.** 이스라엘 사람들은 골리앗을 보고 무서워 떨면서 "우리는 그와 싸울 수 없어!"라고 말했다. 그러나 어린 다윗은 골리앗을 보며 "이 할례 받지 않은 블레셋 사람이 누구이기에 살아 계시는 하나님의 군대를 모욕하겠느냐?"(삼상 17:26)라고 말하고, 물매를 날려

"그를 죽였다." 이스라엘 군인들은 자신들의 능력만 생각했기 때문에 골리앗을 보고 떨었다. 그러나 다윗은 하나님의 능력 안에서 골리앗을 바라보고 승리하였다. 당신이 영적 원수들을 만날 때, 예수께서 함께하신다는 사실을 기억하라.

사람들은 가끔 내 학식과 소명, 강인한 성격 때문에 내가 다른 사람들을 그리스도 안에서 자유에 이르도록 도울 수 있다고 추측한다. 그러나 전혀 그렇지 않다. 어린아이든 노인이든, 그리스도 안에 있는 사람이라면 누구나 영적 세계에 대해 내가 가진 것과 동일한 권위가 있다. 다만 그 권위를 행사하기 위해서는 "그리스도 예수로 자랑하고 육체를 신뢰하지 아니하는"(빌 3:3) 자가 되어야 한다.

## 신분 유지

"주의 이름이면 귀신들도 우리에게 항복하더이다"(눅 10:17). 이것은 예수의 제자들이 직접 목격한 것이다. "항복하다"(subject, 헬라어로 휘포타쏘[υποτασσω])는 군대 용어로, "명령대로 행하다"라는 의미다. 일단의 군인들이 정신을 집중하여 상관의 명령을 정확하게 따른다는 뜻이다.

영적으로 패배한 그리스도인은 이 의미를 오해하고 있는 것 같다. 그들은 하나님과 그분의 나라가 한편에 있고, 사탄과 그의 나라가 그 반대편에 있다고 본다. 그리고 자신들은 마치 줄다리기의 밧줄처럼 그 사이에 끼어 있다고 여긴다. 어떤 날은 하나님이 이기시는 것 같고, 또 어떤 날은 마귀가 우세한 것 같다. 그래서 그들은 누가 그 전쟁에서 이기는지에 대해 아무 할 말이 없는 것처럼 보인다.

그러나 예수의 제자 칠십 인은 새로운 시각, 곧 올바른 시각을 얻어 선교 여행에서 돌아왔다. 영적 권세는 수평면 위에서 줄다리기하는 것이 아니다. 수직적인 명령 계통이다. 예수 그리스도는 하늘과 땅의 모든 권세를 가지고 계시다(마 28:18). 예수께서는 그 명령 계통의 정상(頂上)에 계시다. 예수께서는 제자들이 그분의 이름으로 사용하도록 권세와 권능을 주셨다(눅 10:17). 우리는 예수의 권세 아래 있다. 그렇지만 우리는 그분의 뜻을 행한다는 목적을 위해 그 권세를 공유한다. 그러면 사탄과 그의 마귀들은 어떤가? 그들은 밑바닥에 있으며, 그리스도께서 우리에게 주신 권위에 항복한다. 이등병이 장군에게 화장실 청소를 명령할 수 없는 것처럼, 사탄에게는 그리스도인의 삶을 지배할 권리가 전혀 없다.

그렇다면 왜 어둠의 왕국이 이 세상과 그리스도인의 삶에 그토록 부정적인 영향력을 행사하고 있는가? 한마디로 사탄의 거짓말 때문이다. 그에 따라 온 세상이 악한 자 안에 처해 있다(요일 5:19). 사탄은 하나님과 동일한 능력을 가지고 있지 않다. 그는 무력하고 정복당한 원수일 뿐이다(골 2:15). 그러나 만일 사탄이 우리보다 큰 능력과 권위를 가졌다고 믿게끔 우리를 속일 수 있다면, 우리는 사탄이 실제로 그런 것처럼 살게 될 것이다! 우리는 어둠의 권세를 이길 권위를 부여받았다. 그러나 그것을 믿지 않고 권위를 행사하지 않는다면, 권위를 가지지 않은 것이나 마찬가지다.

나는 극심하게 귀신 들린 한 여인을 상담하면서 이 사실을 실감했다. 체격이 우람하고 목소리가 거친 그 여인이 상담 중에 갑자기 의자에서 벌떡 일어나더니 분노로 이글거리는 눈빛으로 으르렁거리며 내게 다가왔다. 그 순간 나는 내 무기가 육체가 아니라는 사실이 기뻤다. 내 힘으로는 귀신 들린 그 거구의 여인을 도저히 막을 수 없었을 것이기 때문이다.

그 대신 나는 요한일서 5장 18절에 근거해서 다음과 같이 명령했다. 이 명령은 그 여인이 아닌, 그 여인을 조종하는 악령을 향한 것이었다. 당시 그 여인은 텅 비어 있는 상태였기 때문이다. "나는 하나님의 자녀다. 악한 자는 나를 만지지도 못한다. 지금 당장 의자에 앉아." 여인은 내게 향하던 발걸음을 멈추고 자기 자리로 돌아갔다. 그리스도 안에서 내 권위를 행사하지 않았다면, 나는 두려움에 갇혀 일종의 능력 대결을 피할 수 없었을 것이다. 그러나 그리스도의 이름으로 확고히 서 있었기 때문에 나는 마귀를 무력하게 하고 그 여인을 자유케 하는 과정을 진행할 수 있었다.

우리가 "마귀에게 큰 소리로 말하지" 않았다는 사실을 깨닫는 것이 중요하다. 권세는 목소리를 크게 내는 것이 아니다. 우리가 마귀에게 소리치거나 고함지르는 것은 그다지 효과적이지 않을 것이다. 그것은 부모의 권위를 행사하는 것과 다르지 않다. 자녀의 행동을 통제하기 위해 자녀에게 소리치거나 고함지른다면, 하나님이 주신 권위를 적절하게 사용하지 못하는 것이다. 그러한 방법은 그 권위를 약화시키고 육적으로 사용하는 것이다.

이 일화는 나를 공포 속으로 몰아넣으려는 사탄의 위협적인 전략일 뿐이었다. (하나님을 두려워하는 것이 아닌) 두려움은 하나님을 믿는 믿음과 양립할 수 없다. 사탄이 공포심을 주려고 할 때, 우리는 우리 신분을 기억하고 담대히 맞서서 오히려 절제와 같은 성령의 열매를 드러내야 한다(갈 5:23).

## 그리스도 안에 있는 우리의 풍성한 기업

영적 전쟁에서 우리는 첫 제자들이 소유한 것보다 큰 특권을 가지고 있다. 예수의 제자들은 그리스도와 **함께** 있었다(막 3:14, 15). 그러나 우리는 그리스도 **안에** 있다. 바울은 에베소 교회에 보내는 편지 서두에 이 엄청난 사실을 기록했다. 그가 그리스도 안에 있는 우리 신분을 얼마나 많이 언급하는지 주목하라.

> 찬송하리로다, 하나님 곧 우리 주 예수 그리스도의 아버지께서 **그리스도 안에서** 하늘에 속한 모든 신령한 복을 우리에게 주시되 곧 창세전에 **그리스도 안에서** 우리를 택하사(3, 4절) ······. 이는 **그가 사랑하시는 자 안에서** 우리에게 거저 주시는 바 그의 은혜의 영광을 찬송하게 하려는 것이라. 우리는 **그리스도 안에서** 그의 은혜의 풍성함을 따라 그의 피로 말미암아 속량 곧 죄 사함을 받았으니라(6, 7절). ······ 그 뜻의 비밀을 우리에게 알리신 것이요 그의 기뻐하심을 따라 **그리스도 안에서** 때가 찬 경륜을 위하여 예정하신 것이니 하늘에 있는 것이나 땅에 있는 것이 다 **그리스도 안에서** 통일되게 하려 하심이라(9, 10절). ······ 우리가 예정을 입어 **그 안에서** 기업이 되었으니 이는 **그리스도 안에서** 전부터 바라던 그의 영광의 찬송이 되게 하려 하심이라. **그 안에서** 너희도 진리의 말씀 곧 너희의 구원의 복음을 듣고 그

**안에서** 또한 믿어 약속의 성령으로 인 치심을 받았으니(10-13절).

사도 바울은 모든 사람이 이 요지를 놓치지 않도록 확실히 하고 싶었다. 처음 열세 절에서 그는 우리가 "그리스도 안에" 있다는 사실을 열 번이나 언급한다. 우리가 가진 모든 것은 부활하신 그리스도와 그분 안에 거하시는 성령의 친밀하고 인격적인 관계의 결과다. 문제는 우리가 그 사실을 모른다는 것이다. 그래서 바울은 이어서 이렇게 이야기한다.

> 너희 마음의 눈을 밝히사 그의 부르심의 소망이 무엇이며 성도 안에서 그 기업의 영광의 풍성함이 무엇이며 그의 힘의 위력으로 역사하심을 따라 믿는 우리에게 베푸신 능력의 지극히 크심이 어떠한 것을 너희로 알게 하시기를 구하노라. 그의 능력이 그리스도 안에서 역사하사 죽은 자들 가운데서 다시 살리시고 하늘에서 자기의 오른편에 앉히사(엡 1:18-20).

우리가 지닌 영적인 특권을 깨닫지 못할 때, 우리는 그리스도 안에서 우리 신분에 따르는 고유한 자유와 풍성함을 경험하지 못한다. 그리스도 안에 있는 우리 신분, 어둠의 세력을 정복하는 그리스도의 권위, 그분의 뜻을 행하는 권위를 깨닫지 못하는 한, 우리는 위임받은 책임을 수행하지 못할 것이다.

## 권위의 깊이와 넓이

에베소서 1장 19-23절에서 사도 바울은 그리스도 안에서 우리가 가지는 권위의 근원을 설명한다. 그 권위는 예수 그리스도를 죽은 자 가운데서 살리시고 하나님 오른편에 앉히신 능력과 동일하다. 그 능력의 근원은 사도 바울이 19절에서 네 가지 다른 헬라어를 사용할 만큼 역동적이다. "능력"(power, 뒤나메오스[δυνάμεως]), "역사"(working, 에네르게이안[ἐνέργειαν]), "위력"(strength, 크라투스[κράτους]), "힘"(might, 이스퀴오스[ἰσχύος]). 주 예수 그리스도의 부활 뒤에는 하나님의 말씀 속에 기록된 가장 강력한 능력의 역사가 있다. 그리고 그리스도를 죽은 자 가운데서 살리시고 사탄을 파멸시킨 동일한 능력이 오늘 그리스도인으로 살아가는 우리에게도 사탄의 역사를 진멸하게 하는 능력이 된다.

사도 바울은 또 "모든 통치와 권세와 능력과 주권과 이 세상뿐 아니라 오는 세상에 일컫는 모든 이름 위에 뛰어나게 하신"(엡 1:21) 그리스도의 권위에까지 우리 눈이 열리기를 원한다. 선한 자든 악한 자든, 이 세상에서 가장 능력 있고 영향력 있는 지도자를 떠올려 보라. 사람들이 가장 두려워하는 테러범이나 범죄 조직의 핵심 인물, 마약꾼 등이 있을 것이다. 과거부터 지금까지 사악한 방법으로 사회를 망가뜨린 악명 높은 인물들을 생각해 보라. 사탄의 명령 아래 정렬하고 있는 어둠의 권세를 생각해 보라. 예수의 권위는 과거, 현재, 미래의 모든 인간과 영적 권세들 위에 있을 뿐 아니라 그들 모두를 **훨씬** 뛰어넘는다.

## 부여된 권위

에베소서에서 바울은 "믿는 우리에게"(1:19) 그리스도의 권위와 능력이 부여되었다고 말한다. 바울은 하나님이 죽은 자 가운데서 그리스도를 살리시어 하늘에 앉히시고 다른 모든 권세보다 뛰어나게 하신(1:19-21) 때에 일어난 하나님의 능력과 권세의 초월적인 역사를 이미 설명했다. 우리가 구원받기 전에 머물러 있던 죄의 상태를 중간에 언급한 뒤(2:1-3), 바울은 우리와 관련하여 그리스도 권위의 핵심 주제를 다음과 같이 계속 설명한다. "긍휼이 풍성하신 하나님이 우리를 사랑하신 그 큰 사랑을 인하여 허물로 죽은 우리를 그리스도와 함께 살리셨고 (너희는 은혜로 구원을 받은 것이라.) 또 함께 일으키사 그리스도 예수 안에서 함께 하늘에 앉히시니"(2:4-6).

사도 바울은 그리스도께서 죽은 자 가운데서 살아나셨을 때(1:20), 그를 믿는 우리도 영적 죽음 상태에서 부활하여 "그리스도와 함께"(2:5-6) 살게 되었다는 사실을 우리가 알기를 원했다. 무덤에서 일어나 그리스도가 부활하신 것과 영적 죽음에서 우리가 부활한 것은 동시에 일어났다. 머리(그리스도)와 몸(그의 교회)이 함께 부활해야 한다는 사실은 논리적으로도 타당하다.

더 나아가 하나님이 그리스도를 그분 우편에 앉히시고 그리스도에게 모든 권세를 주셨을 때(1:20, 21), 하나님은 우리 역시 그분 우편에 앉히셨다(2:6). 우리는 "그리스도와 함께"(2:5) 있기 때문이다. 당신이 그리스도를 영접하는 순간, 하늘에서 그분과 함께 앉게 되는 것이다. 하나님의 자녀라는 신분이나 영적 세력에 대한 권세는 당신이 **받고 있거나** 앞으로 언젠가 **받을 것이** 아니라, 믿는 순간부터 소유하는 것이다. 따라서 당신은 **지금 이 순간** 영적으로 살아 있는 하나님의 자녀이며, **지금 이 순간** 하늘나라에 그리스도와 함께 앉아 있다. **바로 지금** 어둠의 권세를 대적하고 그분의 뜻을 행할 능력과 권세를 소유하고 있다.

사도 바울은 골로새서에서 권한 위임과 삶을 바꾸는 진리를 이렇게 기록하고 있다. "너희도 그[그리스도] 안에서 충만하여졌으니 그는 모든 통치자와 권세의 머리시라"(골 2:10). 시제에 주목하라. 우리는 **충만해졌다.** 언제인가? 예수 그리스도의 죽음과 부활, 그리고 승천 때다. 그리스도는 모든 통치와 권세 위에 하나님이 세우신 머리이기 때문에, 또한 우리는 하늘나라에 그리스도와 함께 앉아 있기 때문에 우리는 그분의 뜻을 행할 능력과 권세를 부여받았다.

사도 바울은 우리가 알아야 할 또 다른 사실을 골로새서에 기록해 놓았다. "통치자들과 권세들을 무력화하여 드러내어 구경거리로 삼으시고 십자가로 그들을 이기셨느니라"(2:15). 2,000년 전, 우리는 그리스도 안에서 살게 되었을 뿐 아니라 바로 그때 사탄은 무력화되고 패배했다. 그의 패배는 기다려야 할 일도, 앞으로 일어날 일도 아니다. 그것은 이미 일어났다. 사탄을 이기는 것은 우리가 할 일이 아니다. 이미 예수께서 이루셨기 때문이다.

사탄이 이미 무력화되었다면, 어째서 우리는 삶에서 완전한 승리를 체험하지 못하는가? 다시 말하지만 그것은 거짓의 아비가 온 세상을 속이기 때문이다. 사탄은 굶주린 사자처럼 먹이를 찾아 우리 주위를 돌아다닌다. 사실 그의 날카로운 이빨은 뽑혔고, 그의 발톱은 힘을 잃었다. 그러나 그가 만일 우리를 집어삼키고 뱉어 낼 수 있다고 우리를 속일 수 있다면, 사탄은 그가 원하는 대로 우리를 조종할 수 있다.

권위를 부여하신 궁극적인 목적은 무엇인가? 바울은 에베소서 3장 8-12절에 그 대답을 적어 놓았다.

모든 성도 중에 지극히 작은 자보다 더 작은 나에게 이 은혜를 주신 것은 측량할 수 없는 그리스도의 풍성함을 이방인에게 전하게 하시고 영원부터 만물을 창조하신 하나님 속에 감추어졌던 비밀의 경륜이 어떠한 것을 드러내게 하려 하심이라. 이는 이제 교회로 말미암아 하늘에 있는 통치자들과 권세들에게 하나님의 각종 지혜를 알게 하려 하심이니 곧 영원부터 우리 주 그리스도 예수 안에서 예정하신 뜻대로 하신 것이라. 우리가 그 안에서 그를 믿음으로 말미암아 담대함과 확신을 가지고 하나님께 나아감을 얻느니라.

하나님이 예정하신 뜻은 교회를 통해 "하늘에 있는 통치자들과 권세들에게" 하나님의 각종 지혜를 알리시는 것이다. 그 뜻을 이루는 데 있어서 교회는 어떻게 하고 있는가? 우리 가운데 일부는 아직도 "통치자들과 권세들?"이라고 생소한 듯이 묻는다. 흑암의 권세에 대해 하나님이 말씀하신 것을 믿지 않는다면, 이 세상에서 어떻게 우리 사명을 감당할 수 있겠는가? 또 어떤 사람들은 구석에 웅크리고 앉아 "오 하나님, 저를 도와주세요! 마귀가 저를 향하여 으르렁대고 있습니다!"라며 호소한다. 그러면 하나님은 이렇게 대답하신다. "나는 이미 네게 필요한 모든 것을 다 이루었다. 십자가 위에서 사탄을 멸망시켰고 무력화했다. 나는 그리스도 안에서 네게 모든 권세를 주었다. 자, 눈을 떠라. 네가 누구인지를 깨닫고 그에 따라 살도록 해라."

## 우리의 자격

우리가 그리스도의 권세와 능력 안에서 살기 위해서는 다음 네 가지 자격이 필요하다.

1. **믿음_** 바울은 "**믿는** 우리에게 베푸신 능력"을 이야기한다(엡 1:19). 교통 정리를 위해 처음으로 차량이 많은 교차로에 들어선 신출내기 경찰관을 떠올려 보자. 경찰 학교에서 그는 거리에 서서 손을 올리면 모든 차가 정지할 것이라고 배웠다. 그러나 이 신참 경찰관은 자신이 없다. 그는 가장자리에 서서, 들릴 듯 말 듯 호루라기를 분다. 지나가는 차들이 경적을 크게 울리면서 그 옆을 획획 지나간다. 자신감이 부족한 그는 권위마저 잃고 말았다.

자, 이번에는 능숙한 경찰관이 나타났다고 상상해 보자. 그는 상황 판단 후 조심스럽게, 그러나 당당하게 거리로 들어가 호루라기를 크게 불면서 손을 펼친다. 그러자 차들이 멈춘다. 이 경찰관은 교차로의 차들을 자신이 통제한다는 사실을 조금도 의심하지 않는다. 도로 교통을 총괄하는 자신의 권위를 확고하게 믿기 때문이다.

영적인 영역에서도 마찬가지다. 우리에게 어둠의 왕국을 다스릴 그리스도의 권위가 있다는 사실을 믿지 않는다면, 우리는 그 권위를 행사하지 못할 것이다. 나중에 설명하겠지만, 우리는 통제력을 잃지 않고 사람들을 어떻게 돕는지를 배웠다. 몇 년 전, 나는 집중하는 것을 어려워하는 한 소녀를 도운 일이 있다. 갑자기 소녀의 표정이 달라지더니 다른 목소리가 입에서 흘러나왔다. "당신은 당신이 누구라고 생각하느냐?" 나는 침착하게 대답했다. "나는 하나님의 자녀다. 너는 내게 말할 권위가 없다." 그 즉시 소녀는 제정신을 찾았고, 상담을 마칠 수 있었다. 우리가 누구인지 아는 것은 이렇게 유익하다!

**2. 겸손_** 겸손은 합당한 자기 위치를 확신하는 것이다. 겸손은 그리스도께서 보여 주셨듯이 엄격한 통제 아래 있는 강력한 힘인 온유와 비슷하다. 우리의 권위를 행사할 때 겸손은 우리 자신이 아니라, 우리 권위의 근원 되시는 그리스도 안에 확신을 세우는 것이다. 바울처럼 우리도 "그리스도 예수로 자랑하고 육체를 신뢰하지 아니하는" 것이다(빌 3:3). 예수께서는 그분의 권위를 담대하게 행사했지만, 모든 것을 하나님이 말씀하신 대로 따르는 놀라운 겸손을 보여 주셨다.

교만은 이렇게 말한다. "나는 내 힘으로 마귀를 물리쳤다." 그런가 하면 잘못된 겸손은 "하나님이 마귀를 물리치셨다. 내가 한 일은 **아무것도** 없다"라고 말한다. 물론 그리스도를 떠나서는 우리가 아무것도 할 수 없다(요 15:5). 그러나 그것이 우리가 **어떤 행동도** 취하지 않아야 한다는 뜻은 아니다. 우리는 그리스도의 능력과 그분의 이름으로 겸손히 권위를 행사해야 한다.

**3. 담대함_** 성령 충만한 그리스도인은 영적 싸움에서 진정한 용기와

담대함을 보이는 것이 특징이다. 여호수아는 네 번이나 강하고 담대하라는 격려를 받았다(수 1:6, 7, 9, 18). "악인은 쫓아오는 자가 없어도 도망하나 의인은 사자같이 담대하니라"(잠 28:1). 초대 교회는 예루살렘에 복음을 전파하는 사명을 놓고 기도하고 나서 "모인 곳이 진동하더니 무리가 다 성령이 충만하여 담대히 하나님의 말씀을 전했다"(행 4:31). 성령 충만함에서 오는 담대함은 교회가 발전하는 원동력이다. "하나님이 우리에게 주신 것은 두려워하는 마음이 아니요 오직 능력과 사랑과 절제하는 마음이니"(딤후 1:7).

우리는 불안의 시대를 살고 있다. 당신이 불안 장애로 힘들어하고 있다면, 내 친구인 리치 밀러와 함께 쓴 「두려움에서 벗어나다」(*Freedom from Fear*)를 추천한다. 하나님을 경외하는 것은 지혜의 근본일 뿐 아니라 다른 모든 것을 쫓아낼 수 있는 유일한 두려움이다. 담대함의 반대는 비겁과 두려움, 불신이다. 하나님은 이러한 것들을 어떻게 생각하시는지 살펴보자.

> 나는 알파와 오메가요 처음과 마지막이라. 내가 생명수 샘물을 목마른 자에게 값없이 주리니 이기는 자는 이것들을 상속으로 받으리라. 나는 그의 하나님이 되고 그는 내 아들이 되리라. 그러나 두려워하는 자들과 믿지 아니하는 자들과 흉악한 자들과 살인자들과 음행하는 자들과 점술가들과 우상 숭배자들과 거짓말하는 모든 자들은 불과 유황으로 타는 못에 던져지리니 이것이 둘째 사망이라(계 21:6-8).

대부분은 두려워하는 자들과 믿지 아니하는 자들이 살인자와 점술가와 우상 숭배자들과 나란히 불 못에 던져지리라는 사실을 모르고 있을 것이다! 분명 하나님은 불신으로 가득 차 절름거리며 두려워하는 교회를 기뻐하지 않으신다.

한번은 필리핀에서 주요 집회를 마무리하고 나서, 한 선교사가 나에게 간증을 나누었다. 그 선교사는 특정한 마을에 가는 것에 대해 경고받았다고 했다. 한 "돌팔이" 의사가 그 선교사에게 큰 영향을 끼치고 있었을 뿐 아니라 온 마을이 그 의사의 주술에 묶여 있었다. 선교사는 그 경고를 믿었지만, 집회가 끝난 뒤에는 그것이 거짓이라는 사실을 깨달았다. 선교사는 그 마을로 가서 사기꾼 같은 그 의사를 그리스도께 인도했다. 여섯 달 만에 그 마을 사람은 모두 그리스도인이 되었다.


4. **의존_** 이 책에서 우리가 말하는 권위는 독립적인 권위가 아니다. 우리는 하나님 뜻을 행할 권위를 가지고 있다. 그 이상도 그 이하도 아니다. 귀신 잡는 자들과 같이 마귀를 추적하여 영적 전투에서 대결을 벌여야 하는 것이 아니다. 하나님이 우리에게 주신 중요한 소명은 우리 각자가 사랑, 보살핌, 설교, 가르침, 기도 등 하나님 나라 사역에 중점을 두는 것이다. 그러나 이러한 사역을 행하는 과정에서 마귀의 세력이 도전해 올 때, 우리는 그리스도 안에 있는 권위와 그리스도를 의지하여 그들을 대적해야 한다. 그래야 우리의 중요한 과업을 수행할 수 있다.

우리 믿는 자들의 권위는 다른 사람들을 지배하는 권위도 아니다. 우리는 "그리스도를 경외함으로 피차 복종"(엡 5:21)해야 한다.

이 땅에서 하나님이 세우신 권위가 있는데, 바로 정부와 직장, 가정과 교회라는 사회 구조를 다스리는 권위이다(롬 13:1-7). 지배층이 하나님이 주신 권위를 넘어서거나 우리에게 죄 된 것을 명령하지 않는 한, 우리가 이러한 지배층의 권위에 복종하는 것은 매우 중요하다. 우리는 사람보다 하나님에게 복종해야만 한다.

## 두려움에서 벗어나다

영적 영역에서 그리스도가 우리에게 부여하신 권위를 담대하고 겸손하게 행사할 때, 우리는 그리스도 안에서 자유를 경험한다. 이 책 초판을 출간한 뒤, 나는 다음과 같은 간증이 담긴 편지를 받았다.

> 지난 35년 동안, 저는 날마다 아드레날린이 솟구쳐 오르는 상태로 살아왔습니다. 제 삶은 온통 어디에서도 비롯되지 않으면서 모든 곳에서 비롯되는 것처럼 보이는 무능력한 두려움에 사로잡혀 있었지요. 그 두려움은 저도, 어느 누구도 이해할 수 없는 것이었습니다. 저는 심리학 학위를 따기 위해 4년을 보냈습니다. 그 공부를 통해 이 두려움을 이해하고 극복할 수 있길 바라면서요. 그러나 심리학은 제 의문과 불안만 영속시킬 뿐이었습니다. 6년 동안 전문 상담을 받으면서 약간의 통찰을 얻었지만, 제 불안감은 전혀 달라지지 않았습니다.
>
> 2년간 입원도 하고, 응급실을 오가며, 심전도 검사를 반복하고, 흉부외과를 찾아다니며, 수많은 시험을 거치는 동안 제 공황 발작은 더 나빠졌습니다. 바로 그 즈음 박사님을 만난 것입니다. 날마다 공황 발작이 최고조에 이르던 시절이지요.

공황 발작을 겪은 지 3주가 지났습니다! 저는 가게도 가고, 교회에서 예배도 드립니다. 모든 예배를 다 드리기도 하고, 심지어 교회 학교를 통해서 마음에 평안을 찾기도 합니다. 여태까지 저는 자유가 무슨 뜻인지 전혀 몰랐습니다. 박사님을 만났을 때, 진리가 저를 자유케 하기를 바랐습니다. 그러나 지금은 그렇게 되었다는 것을 압니다! 친구들은 제 목소리도 달라졌다고 말합니다. 남편은 제 키가 자랐다고 생각합니다!

우리가 끊임없는 불안 상태에서 살고 있을 때, 대부분의 삶은 우리를 지나쳐 갈 것입니다. 우리는 육체적, 정서적, 정신적으로 우리를 삼켜 버린 두려움 말고는 다른 어떤 것에도 집중할 수 없기 때문입니다. 저는 단숨에 성경 구절을 읽어 내려갔습니다. 성경을 읽자마자 마치 누군가가 제 마음에서 말씀을 낚아채는 것만 같았습니다. 성경은 제게 안개와도 같았지요. 제게는 죽음과 심판에 대한 말씀만 들릴 뿐이었습니다. 실제로 성경을 펼치기가 점점 두려워지기도 했습니다. 지난 몇 주 동안 저는 하루에도 몇 시간씩 말씀을 읽었습니다. 그러자 어느 정도 이해되기 시작했습니다. 안개도 걷혔습니다. 내가 듣고, 보고, 이해하고, 간직할 수 있다는 것이 놀라울 따름입니다.

「이제 자유입니다」를 읽기 전에는 제 신진대사가 날뛰지 않고는 "예수 그리스도"를 말할 수 없었습니다. 이제는 악영향 없이 "주님"을 고백할 수 있습니다. "예수 그리스도"를 말할 때면, 제 내면은 평안해집니다. 저는 이제 평안과 확신으로 예수 그리스도의 이름을 부를 수 있습니다. …… 그리고 꾸준히 하고 있습니다.

5장. 반역자 군주와의 대결

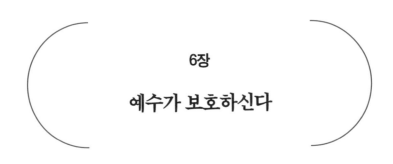

# 6장

# 예수가 보호하신다

영적 싸움을 주제로 일주일 동안 세미나를 진행하면서 나는 다음과 같은 편지를 받았다. 프랜시스의 싸움은 많은 그리스도인을 괴롭히는 영적 싸움의 본질을 생생하게 보여 준다.

친애하는 앤더슨 박사님에게

저는 박사님의 주일 강의에 참석하였습니다. 강의가 끝난 후에 박사님을 뵙고 대화를 나누려고 기다렸습니다. 그런데 갑자기 몸에 열이 나기 시작했습니다. 열병을 앓는 것처럼 열이 몹시 올라서 쓰러질 것 같았습니다. 그래서 집으로 돌아갔습니다.

저는 도움이 필요합니다. 그리스도인이 된 뒤로 제 삶은 더 심각해졌습니다. 셀 수도 없이 술을 마시고 약물을 복용하였습니다. 면도칼로 여러 번 몸을 긋기도 하였는데, 때로는 매우 위태로웠습니다. 매주

칼로 심장을 푹 찔러서 자살할 생각에 사로잡힙니다. 그리고 저는 수음(手淫)의 노예입니다. 저 자신을 제어할 수 없고, 어떻게 하면 멈출 수 있는지도 모르겠습니다.

물론 겉으로는 아주 정상으로 보입니다. 직업도 안정적이고, 가정 환경도 좋은 편입니다. 교회에서 교사로 중등부 학생들을 돌보기도 합니다. 그러나 이제는 하나님과 제 관계가 어떤지 설명할 수가 없습니다. 저는 2년 동안 정신과 의사를 만나고 있습니다. 때로는 '엉망이던 어린 시절 때문에 내가 이렇게 되었구나', '원래 이렇게 태어났구나' 하고 생각합니다.

문제가 제 마음속에 있는 것인지, 아니면 하나님에게 불순종한 죄의 결과인지, 그것도 아니면 마귀의 영향 때문인지 알 길이 없습니다. 세미나 기간에 박사님과 대화하고 싶습니다. 아무 효과 없는 다른 치료법들로 더 이상 시간을 낭비하고 싶지 않습니다.

프랜시스

프랜시스가 겪는 심적 혼란을 보면서 그가 죄 된 본성 때문에 영적인 멍에에 얽매여 있다는 사실을 분명히 알 수 있었다. 그 주에 프랜시스를 만났을 때, 편지에 쓴 대로 그는 비참해하고 혼란에 빠져 깊이 좌절하고 있었다. 프랜시스는 마음을 다해 하나님을 섬기고 싶어 했으며, 나처럼 사탄을 대적할 능력과 권세도 가지고 있었다. 그러나 자신이 겪고 있는 갈등을 어떻게 해결해야 할지 알지 못했다.

그 전쟁에서 자신이 무력하지도, 무방비 상태도 아니라는 사실과, 자신이 처한 상황을 바꿀 수 있다는 것을 깨달았을 때, 쇠사슬은

풀리고 프랜시스는 자유를 얻었다. 일 년 뒤, 프랜시스는 이런 편지를 보내왔다.

> 박사님에게 편지를 써야 하나 망설였습니다. 제 삶이 언제까지나 이렇게 바뀌고 달라진 채로 계속될지 믿을 수가 없었기 때문입니다. 저는 스스로 목숨을 끊고, 자해하고, 할 수 있는 온갖 방법으로 자신을 망쳐 버리려고 하던 작은 여자아이였습니다. 마음과 영혼의 고통이 사라지고 제가 한결같이 열매 맺는 주 예수 그리스도의 종이 될 수 있다는 사실도 전혀 믿지 않았습니다.
>
> 벌써 일 년 넘도록 변화된 삶이 이어지고 있습니다. 지난 일 년은 제 생애 최고의 시간이었습니다. 그 세미나 이후로 저는 여러 면에서 성장하였습니다. 이제는 안정적이고 자유롭습니다. 제 삶에 일어나는 영적 전쟁의 실체를 잘 이해하기 때문입니다. 때때로 과거 문제가 저를 괴롭히지만, 이제는 어떻게 하면 그 문제에서 벗어날 수 있는지를 알고 있습니다.

## 하나님의 보호하심

모든 그리스도인은 "어떻게 하면 그 문제에서 벗어날 수 있는지를" 알아야 한다. 우리가 영적 전쟁을 이해하고 그리스도 안에서 보호받는다는 사실을 안다면, 이토록 피해자가 많지는 않을 것이다.

사탄의 첫 목표는 믿지 아니하는 자들의 마음을 혼미하게(고후

4:3, 4) 하는 것이다. 그러나 그리스도인이 되었다고 해서 그 전쟁이 끝나는 것은 아니다. 사탄은 우리가 그리스도께 나아가는 것을 막지 못한다면, 계속 그의 정체를 드러낼 것이다. 사탄은 여전히 기독교가 아무 능력 없으며, 하나님의 말씀은 진실이 아니고, 우리가 거듭났을지라도 변한 것은 아무것도 없다는 거짓말을 "증명하여" 우리 인생을 망치려 한다.

악한 세력이 그들을 삼키려고 삶의 구석구석에 잠복해 있다고 의심하는, 조금은 편집중적인 그리스도인들도 있다. 그것은 근거 없는 두려움이다. 영적인 영역에서 우리와 사탄의 관계는 마치 육체적인 영역에서 우리와 병균의 관계와 매우 비슷하다. 우리 주변 곳곳에는 병균이 있다. 공기 속에, 물속에, 음식물 속에, 다른 사람들 속에, 심지어 우리 몸속에도 있다. 그러나 누구도 매 순간 병균을 두려워하며 살지는 않는다. 우울증 환자가 아닌 한 말이다! 대부분의 사람은 음식을 올바르게 조리해서 먹고 적당한 휴식을 취하고 자신과 주변을 청결하게 하면 아무 문제가 없다는 사실을 알고 있다. 면역 체계가 우리를 보호해 줄 것이다. 그러나 병균 자체를 믿지 않는다면, 병균에 올바르게 대처하는 행동조차 취하지 않을 것이다. 예를 들어, 미생물의 존재와 성질을 발견하기 전까지 의학 전문의들은 수술 전에 마스크를 쓰거나 비누로 손을 씻거나 항생제를 사용해야 한다고 생각하지 않았다.

영적인 영역에서도 마찬가지다. 마귀들은 전염시킬 대상을 찾아다니는, 눈에 보이지 않는 작은 병균과 같다. 성경은 그것들이 결코 우리가 두려워할 대상이 아니라고 말한다. 우리는 마귀들의 실체를 인지해야 하고, 진리를 깨달아 의롭게 살아가면 된다. 우리가 마귀에 관해 주의할 한 가지는 그의 큰 입이다. 마귀들은 상습적인 거짓말쟁이다. 우리가 거할 유일한 피난처는 그리스도 안에 있는 우리의 신분이며, 그분 안에서 우리는 우리에게 필요한 보호를 모두 누릴 수 있다.

에베소서 6장 10-18절에서 바울은 우리를 보호하시기 위해 하나님이 제공하시는 그분의 무기를 설명한다. 하나님의 보호에 대해 가장 먼저 알아야 할 사실은 우리 역할이 수동적이 아니라는 것이다. 하나님은 그가 우리를 위해 베풀어 주신 방어 수단을 우리가 적극적으로 사용하기 원하신다. 성경이 우리에게 능동적이 될 것을 얼마나 자주 명령하는지 주목하라.

> 끝으로 너희가 주 안에서와 그 힘의 능력으로 **강건하여지고**, 마귀의 간계를 능히 **대적하기 위하여** 하나님의 전신갑주를 **입으라**. 우리의 씨름은 혈과 육을 상대하는 것이 아니요, 통치자들과 권세들과 이 어둠의 세상 주관자들과 하늘에 있는 악의 영들을 상대함이라. 그러므로 하나님의 전신갑주를 **취하라**. 이는 악한 날에 너희가 능히 **대적하고** 모든 일을 행한 후에 **서기 위함이라**(엡 6:10-13).

"그리스도 안에서 내 신분이 보장되고 보호받을 수 있다면, 왜 내가 적극적으로 방어해야 하지? 그냥 그분의 보호 아래 안식하면 되는 거 아닌가?"라는 의문이 들지도 모른다. 그러나 그 말은 마치 군인이 "우리 나라는 막강한 군사력을 보유하고 있어. 최신식 탱크와 비행기, 미사일, 그리고 세계 곳곳에 해군 함대도 소유하고 있지. 그런데 뭐 하러 내가 철모를 쓰고 보초를 서고 사격술을 익혀야 하지? 탱크와 공군기들이 전방에서 싸우는 동안 나는 군대 내무반에 편히 있으면 되는데 말이야"라고 말하는 것과 같다. 적군이 쳐들어왔을 때, 누가 첫 공격 대상이 될지 상상해 보라!

우리의 "사령관" 되시는 하나님은 어둠의 세력을 대적하여 승리하는 데 필요한 모든 것을 우리에게 제공해 주셨다. 단, 하나님은 "나는 승리를 위한 전략과 효과적인 무기들을 다 준비하였다. 그러나 네가 적극적으로 그 전쟁에 참여하여 싸우지 않는다면 너는 그 전쟁에서 지고 말 것이다"라고 말씀하신다. 제시 펜 루이스(Jessie Penn-Lewis)는 그의 고전인 「성도들의 영적 전쟁」(벧엘서원 역간)에서 "죄를 떠나서 그리스도인의 소극성은 악령이 일하기 좋은 최적의 환경을 만들어 준다. 이것은 하나님이 일하시기 위해 그분의 자녀들에게 요구하시는 것과는 정반대되는 것이다"라고 말하고 있다.[9] 우리가 하나님이 준비해 놓으신 전략에 적극적으로 참여하지 않는다면, 하나님이 우리를 마귀의 영향력에서 보호해 주실 것을 기대할 수 없다.

우리가 취해야 할 적극적인 역할로 한밤중에 일어나는 영적 공격에 대한 대응을 들 수 있다. 갑자기 설명할 수 없는 이유로 잠에서 깨어나 억눌리고 두려운 마음이 드는 것이다. 나도 여러 번 이러한 공격을 당해 보았다. 주로 중요한 사역을 앞두고 있을 때 일어났다. 그러나 이 공격은 이제 내게는 무서운 경험이 아니다. 당신에게도 그래서는 안 된다. 요한은 "너희 안에 계신 이가 세상에 있는 자보다 크심이라"라고 약속한다(요일 4:4). 우리에게는 사탄의 활동을 다스릴 권세가 있고, 우리를 보호할 하나님의 무기도 있다. 사탄이 공격할 때마다 우리는 "주 안에서와 그 힘의 능력으로 강건해져야" 한다(엡 6:10). 의식적으로 주님의 손이 자신을 다스리게 하고 마귀를 대적한 뒤, 다시 잠자리에 들라.

밤에 깰 때마다 공격 때문이라고 가정하지는 말라. 어제 먹은 음식 때문에, 집에서 나는 소음 때문에, 아니면 단순히 아무 이유 없이 깰 수도 있다. 그러나 영적 공격에 들어가게 되었을 때는, 그것이 꼭 당신이 무슨 잘못을 해서가 아니라는 사실을 기억하라. 공격당하는 것은 죄가 아니다. 우리가 **옳은** 일을 했기 때문에 영적 반대를 경험할 수도 있다. 사실 우리가 사역에서 영적 반대를 **경험하지 않는다면**, 사탄은 우리를 자신의 계획을 위협하는 사람으로 여기지 않고 오히려 좋은 기회거리로 삼는다는 뜻이다.


## 승리의 전신갑주

우리가 영적 전쟁을 치르고 있기 때문에, 바울은 무기의 이미지를 빌려 그리스도 안에서 우리가 받는 보호를 설명하고 있다.

> 그런즉 서서 진리로 너희 허리띠를 띠고 의의 호심경을 붙이고 평안의 복음이 준비한 것으로 신을 신고 모든 것 위에 믿음의 방패를 가지고 이로써 능히 악한 자의 모든 불화살을 소멸하고 구원의 투구와 성령의 검 곧 하나님의 말씀을 가지라(엡 6:14-17).

하나님의 전신갑주를 입을 때 우리는 참으로 주 예수 그리스도라는 빛의 갑옷을 입는 것이다(롬 13:12-14). 그리스도로 옷 입을 때 우리는 상처받기 쉬운 육체의 한계를 뛰어넘게 된다. 그리스도 안에서 사탄은 아무 힘도 없으며(요 14:30), 우리가 그리스도로 옷 입고 있는 한, 악한 자는 우리를 만지지도 못한다(요일 5:18). 사탄은 다만 그 자신의 영역에 있는 사람만 손댈 수 있다. 그렇기 때문에 바울은 마귀에게 공격할 거리를 제공하는 "육신의 일을 도모하지 말라"(롬 13:14)고 말한 것이다.

## 우리는 이미 전신갑주를 입었다

에베소서 6장 14, 15절 시제를 보면 허리띠, 호심경(護心鏡), 신은 이미 우리가 착용한 것으로 나타난다. "띠고", "붙이고", "신고". 이 전신갑주 하나하나는 우리가 예수 그리스도를 영접하고 그분 안에 굳건히 서 있으라는 명령을 받을 때 활용할 수 있는 보호 장비다. 과거 시제가 사용된 것은 확고히 서라는 명령이 있기 전에 우리가 그 장비를 온전히 갖추었기 때문이다. 군인이 미리 전투를 준비하는 것은 당연하다. 확고히 서기 전에 허리띠를 띠고, 호심경을 붙이고, 신을 신는다. 마찬가지로 우리가 그리스도로 옷 입고 난 뒤라면 이미 하나님의 전신갑주를 입은 것이다.

**1. 진리의 허리띠_** 예수께서는 "내가 진리"(요 14:6)라고 말씀하셨다. 따라서 예수께서 우리 안에 계시면 진리도 우리 안에 있는 것이다. 진리의 허리띠는 사탄의 주요 무기인 거짓을 방어한다. "거짓을 말

할 때마다 제 것으로 말하나니 이는 그가 거짓말쟁이요 거짓의 아비가 되었음이라"(요 8:44). 우리가 두른 진리의 허리띠(이 허리띠는 다른 전신갑주들이 제자리에 고정되어 있도록 지탱시켜 준다)는 끊임없이 공격받는다.

거짓은 인간 사회에서 가장 심각한 사회 문제다. 역설적으로 사람들은 대부분 자기 자신을 보호하기 위해 거짓말한다. 그러나 바울은 진리가 우리의 최고 방어선이라고 말한다. 진리는 결코 적이 아니다. 자유케 하는 친구다. 진리를 대면하는 것이 회복으로 가는 첫걸음이다. 그리스도 안에서 자유롭게 살고, 의미 있는 관계를 맺고 싶다면, 우리는 사랑 안에서 진리를 말해야 한다(엡 4:15).

그리스도인이 반드시 인정해야 할 한 가지가 있다면 바로 진리다. 하나님의 진리와 조화하지 않는 생각이 마음속에 들어온다면, 그 생각을 떨쳐 버리라. 만일 진리와 갈등을 일으키거나 타협해야 하는 말이나 행동을 할 기회가 온다면, 그것을 피하라. 생명을 위해 아주 단순한 규율을 적용하라. "그것이 진리라면 그 안에 있고, 진리가 아니라면 즉시 떠나라."

예수께서는 "내가 비옵는 것은 그들을 세상에서 데려가시기를 위함이 아니요 다만 악에 빠지지 않게 보전하시기를 위함이니이다"(요 17:15)라고 기도하셨다. 그것이 어떻게 가능한가? "그들을 진리로 거룩하게 하옵소서. 아버지의 말씀은 진리니이다"(17절). 우리는 인간의 합리적인 생각이나 연구가 아닌, 하나님 말씀의 빛 안에서만 사탄의 거짓말을 물리칠 수 있다.

**2. 의의 호심경_** 우리가 구원받아 그리스도로 옷 입을 때 거룩하신 하나님 앞에서 의롭다 하심을 받는다(롬 5:1). 그것은 **우리가** 의롭기 때문이 아니라 그리스도의 의(義) 때문이다(고전 1:30; 빌 3:8, 9). 의의 호심경을 붙이는 것은 형제를 참소하는 자를 방어하는 것이다. 그래서 사탄이 "너는 그리스도인이 될 만큼 선하지 않아"라며 우리를 향해 화살을 겨눌 때, 우리는 바울처럼 "누가 능히 하나님께서 택하신 자들을 고발하리요. 의롭다 하신 이는 하나님이시다"(롬 8:33)라고 반격할 수 있다.

그리스도 안에서 의롭게 되었을지라도, 우리는 불의한 행동을 의식해야 한다. 우리는 때때로 죄를 짓는 성도다. 빛의 갑옷을 입는다는 것은 그분이 빛 가운데 계신 것같이 우리도 빛 가운데 행한다는 뜻이다(요일 1:6-8). 빛 가운데 행하는 것이 죄 없는 완벽함을 뜻하는 것은 아니다. 계속해서 하나님의 뜻을 따라 살아가는 삶을 의미한다. 이것은 성장하는 과정에 속한다. "만일 우리가 죄가 없다고 말하면 스스로 속이고 또 진리가 우리 속에 있지 아니할 것이요"(요일 1:9). 죄를 자백한다는 것은 "미안합니다"라고 말하는 것이 아니다. 많은 사람이 미안해하지만 보통은 들켰기 때문에 미안해하며, 그때에도 인정해야 할 경우에만 잘못을 인정할 것이다. "자백하다"라는 단어인 헬라어 "호몰로게오"(ὁμολογέω)는 "인정하다" 또는 "동의하다"라는 뜻을 가지고 있다. 이것은 빛 가운데 행한다는 개념과 매우 비슷하다. 자백이란 무언가를 잘못했다고 알아차린 순간, "제가 했습니다"라고 말하는 것이다. 잘못을 덮어 버리는 행위는 어둠 속을 걷는 것과 같다.

우리는 이미 용서받았기 때문에 빛 가운데 행할 수 있다. 우리는 그리스도 안에서 하나님의 의다(고후 5:21). 우리와 하나님의 관계나 우리의 영원한 운명은 우리가 범죄하느냐에 달려 있는 것이 아니다. 우리가 날마다 승리하느냐에 달려 있다. 죄를 자백하는 것은 매일의 삶에서 열매 맺는 의(義)를 분명하게 보여 준다. 우리는 다음과 같이 자백하는 사도 바울처럼 되어야 한다. "나도 하나님과 사람에 대하여 항상 양심에 거리낌이 없기를 힘쓰나이다"(행 24:16).

3. **평안의 신_** 그리스도를 영접할 때 우리는 평화의 왕자와 연합한다. 그 순간 우리는 신분에 있어서 하나님과의 화평을 누린다(롬 5:1). 그러나 그리스도의 평강이 우리 마음을 주장하게 해야 하는데, 이것은 그리스도의 말씀이 우리 속에 풍성히 거할 때만 가능하다(골 3:15, 16).

우리가 믿는 사람들 가운데서 평화를 이루는 사람으로 행할 때(롬 14:19), 평안의 신은 마귀의 교활한 전략에 대응하는 보호책이 된다. 평화를 이루는 사람은 사람들을 하나로 모으고, 친교를 북돋으며, 화해를 이룬다. 그들은 그리스도의 몸 안에서 교제하고 하나 되는 일이 공통적인 유업에 기초한다고 이해한다. 진정한 신자는 하나님의 자녀이고, 그 사실 자체로 평화 속에 함께하기에 충분하다. 누군가가 교리 면에서 우리와 완전하게 일치할 때까지 기다렸다가 친교하려 한다면, 우리는 이 지구 위에서 가장 외로운 사람이 될 것이다. 우리는 "평안의 매는 줄로 성령이 하나 되게 하신 것을 힘써 지켜야" 한다(엡 4:3). "화평하게 하는 자는 복이 있나니 그들이 하나님의 아들이라 일컬음을 받을 것임이요"(마 5:9). 우리는 "평강의 하나님께서 속히 사탄을 너희 발아래에서 상하게 하시리라"(롬 16:20)라는 약속을 가지고 있다.

## 나머지 무기

바울은 사탄의 공격에서 우리 자신을 지키기 위해 갖추어야 할 세 가지 무기를 더 언급한다. 바로 믿음의 방패, 구원의 투구, 그리고 하나님 말씀인 성령의 검이다. 앞서 설명한 세 가지 무기는 그리스도 안에 있는 우리 신분에 따라 세워지고, 이제 다룰 세 가지 무기는 우리가 싸움에서 승리하도록 도와준다.

**1. 믿음의 방패**_ 우리가 믿는 대상은 하나님과 그분의 말씀이다. 하나님과 그분의 말씀을 많이 알아 갈수록 믿음도 커진다. 그러나 하나님과 그분의 말씀을 잘 알지 못할수록 방패는 작아질 것이고, 그에 따라 불붙은 사탄의 화살은 표적을 맞추기가 더 쉬워질 것이다. 더 크고 튼튼한 믿음의 방패를 갖고 싶다면, 하나님과 그분의 말씀에 대한 지식을 더 풍성히 쌓아야 한다(롬 10:17).

사탄이 쏘아대는 이 불타는 미사일은 연기 나는 거짓말과 뜨거운 비난, 우리 마음을 포격하는 맹렬한 유혹일 뿐이다. 마음속에 속이는 생각이나 비난, 유혹이 들어올 때마다 당신이 진리라고 알고 있는 하나님과 그분의 말씀으로 대적하라. 예수께서는 사탄이 쏘는 유혹의 미사일을 어떻게 물리치셨는가? 하나님 말씀으로 막아 내셨다. 그러므로 성경 말씀을 암송하고, 설교를 들으며, 성경 공부에 참석할 때마다 하나님을 아는 지식이 쌓이고 믿음의 방패도 커질 것이다.

**2. 구원의 투구_** 믿음의 방패에 구멍이 나면 날마다 승리하는 것이 힘들어질 때도 있다. 그러나 구원의 투구가 영원한 승리를 보장한다는 사실을 확신하라. 전신갑주 비유에서 투구는 해부학적으로 가장 중요한 부분을 보호한다. 바로 영적 전쟁의 승패를 좌우하는 우리 정신이다. 날마다 세상과 육체, 그리고 마귀와 싸울 때, 우리의 구원이 우리의 선행이 아닌 그리스도의 선행에 기초한다는 사실을 기억하며 굳게 서라. 우리는 하나님의 자녀다. 세상 그 무엇도 우리를 그리스도의 사랑에서 끊을 수 없다(롬 8:35).

공격당하고 있을 때 우리는 구원을 의심하는 유혹에 빠진다. 그러나 그리스도인 용사는 구원의 투구를 쓰고 있다. 이것은 그가 구원받고 그 구원을 소유한 자이며, 대장 되신 예수 그리스도의 승리 안에서 완전히 무장했다는 뜻이다. 우리가 주 예수 그리스도와 연합한 뒤로, 사탄은 우리에게 어떤 합법적인 권리를 갖지 못한다. 그리스도께서 "우리를 흑암의 권세에서 건져내사 그의 사랑의 아들의 나라로 옮기셨기"(골 1:13) 때문이다. 당신의 구원을 확신하라. "성령이 친히 우리의 영과 더불어 우리가 하나님의 자녀인 것을 증언하시나니"(롬 8:16).

**3. 성령의 검_** 하나님의 말씀은 전신갑주 목록에서 유일한 공격 무기다. 바울은 에베소서 6장 17절에서 "말씀"을 나타내는 단어로 로고스(λόγος) 대신 레마(ῥῆμα)를 사용하였다. 그리스도 안에 있는 인격화된 하나님의 말씀이 아닌 입으로 말하는 하나님의 말씀을 강조하기 위해서다. 하나님의 말씀은 오직 하나지만, 레마에는 선포라는

개념이 담겨 있다. 예를 들어 로마서 10장 17절에서 바울은 "그러므로 믿음은 들음에서 나며 들음은 그리스도의 말씀(레마)으로 말미암았느니라"라고 말한다. 이 구절은 복음을 선포하고 그것을 듣는 것을 강조하고 있으므로 이때 "말씀"이란 레마를 뜻한다고 보는 것이 적절하다.

우리는 하나님의 진리를 크게 소리 내어 말하는 것으로 마귀의 직접적인 공격을 막을 수 있다. 하나님의 말씀을 믿고 생각하는 것뿐 아니라 그 말씀을 말로 표현하는 것이 왜 그렇게 중요한가? 피조물인 사탄은 우리가 무엇을 생각하고 있는지 완전하게 알지 못하기 때문이다. 그저 인간 행동을 연구하는 사람처럼 사탄은 우리를 관찰하여 우리가 무엇을 생각하는지를 알 수 있을 뿐이다. 따라서 우리가 어떤 행동을 하기 이전에 사탄은 우리가 무엇을 할지 알지 못한다. 우리가 미혹하는 영을 따른다면(딤전 4:1), 사탄은 우리 마음속에 특정한 생각을 넣어 우리 행동에 따라 우리가 그의 거짓말을 받아들이는지 아닌지를 알 수 있다.

나는 이 책을 통해 당신 마음에 영향을 끼칠 수 있다. 그러나 나는 당신의 생각을 읽을 수는 없다. 마찬가지로 사탄은 우리 머릿속에 어떤 생각을 심어 넣어 우리에게 영향을 끼치려고 할 수 있다. 그러나 우리 생각을 완벽하게 알 수는 없다. 사탄이 우리 마음을 읽을 수 있고 미래를 안다고 생각한다면, 당신은 사탄의 능력을 과대평가하는 것이다. 모든 마술적인 행위가 사람의 마음을 알고(또는 마음에 영향을 끼치고) 미래를 예언한다고 주장한다. 그러나 우리 마음의 생각과 뜻을 알고 미래를 아는 분은 오직 하나님 한 분뿐이다. 하나님

6장. 예수가 보호하신다

의 고유한 신적 속성을 사탄에게 적용시켜서는 안 된다.

하나님이 우리 마음의 생각과 뜻을 다 아시기 때문에(히 4:12) 우리는 마음과 영으로 조용히 하나님과 대화할 수 있다. 우리는 말하지 않고도 하늘 아버지와 소통할 수 있다. 그러나 밤에 혼자 방에 있을 때처럼 사탄에게 직접 공격당하고 있을 때에는 큰 소리로 그리스도 안에 있는 우리 권위를 행사해야 할 것이다. 마귀는 우리 생각을 완전하게 알 수 있는 능력이 없기 때문이다. 다행히 사탄은 대부분 밤이나 우리가 혼자 있을 때 공격한다. 그럴 때는 큰 소리로 사탄을 대적해도 다른 사람들에게 별로 피해를 주지 않는다.

바울은 "사람이 마음으로 믿어 의에 이르고 입으로 시인하여 구원에 이르느니라"(롬 10:10)라고 말한다. 우리가 우리 생각을 알고 하나님도 그 생각을 아신다면, 왜 입으로 시인하는 것이 구원에 이르게 한다고 말하는 걸까? 바울은 믿음이 아니고서는 그 뜻을 행할 때까지는 완전하지 않다고 말하는 걸지도 모른다. 또는 이 세상의 신이 우리의 헌신에 귀 기울여야 한다는 사실을 넌지시 암시하는 것일 수도 있다.

집회에 가면 나는 참석자들에게 이런 질문을 던진다. "혹시 여러분 중에 압도적인 공포에 눌려 밤중에 갑자기 깬 적이 있는 분 계신가요? 가슴이 눌리는 것 같거나 목을 졸리는 듯한 기분에 깨신 분, 몸부림쳐서 벗어나려고 했지만 아무 말도 할 수 없던 일을 경험하신 분은 손을 들어 주세요." 늘 참석자의 3분의 1이 넘는 수가 손을 든다. 모두 그러한 영적 공격을 경험했다고 인식하는 사람들이다.

말할 수 없는 상황이라면 우리는 이러한 공격을 어떻게 대처해야 하는가? 먼저 공격에 저항하는 것은 우리의 육체적인 노력이 필요하지 않다. "우리의 싸우는 무기는 육신에 속한 것이 아니요 오직 어떤 견고한 진도 무너뜨리는 하나님의 능력이라. 모든 이론을 무너뜨리기" 때문이다(고후 10:4). 이러한 공격에 육체가 보이는 첫 반응은 보통 두려움이다. 그러나 하나님에 대한 두려움은 아니다. 우리는 그러한 공격에서 벗어나려고 애쓸 수 있지만, 우리에게 있는 기회라고는 그저 그곳에 누워 잠시 동안 꿈틀대는 것뿐이다. 둘째 반응은 야고보서 말씀을 기억하는 것이다. "그런즉 너희는 하나님께 복종할지어다. 마귀를 대적하라. 그리하면 너희를 피하리라"(4:7). 우리는 늘 온 마음과 온 뜻을 다해 하나님에게로 향할 수 있다. 우리 하늘 아버지는 전지하시며, 우리 마음과 생각을 아시기 때문이다. 주의 이름을 부르는 순간, 우리는 마귀를 대적하고 자유로워질 것이다. 우리가 할 수 있는 말은 오직 "예수"뿐이다. 그럴 때에 진정으로 우리가 하나님에게 얼마나 의존적인 존재인지가 드러날 것이다.

## 기도의 보호 능력

우리 신학교 학생 가운데 어머니가 심령술사인 학생이 있었다. 한번은 이 어머니가 아들에게 말했다. "너 혹시 나를 위해 기도하고 있니?"
"네."
"그러지 마라. 네가 내 영기(靈氣)를 방해하고 있어."
그러나 나는 절대로 포기하지 말고 계속 기도하라고 말했다. 우

6장. 예수가 보호하신다

리는 우리가 드리는 기도의 효력을 결코 알 수 없다. 그러나 하나님이 그분의 왕국을 이루시기 위한 전략에 우리 기도가 포함되어 있다는 사실은 알고 있다. 사탄을 숭배하는 제사장 중에서도 핵심 인물이라고 자신을 소개한 사람을 상담한 적이 있다. 그는 내가 아는 사람 가운데 가장 극적으로 구원받은 사람이다. 그리스도를 믿은 지 6개월쯤 되었을 때, 우리 교회에서 간증을 하게 되었다. 나는 그에게 "다른 영역에서 살았던 당신의 경험에 기초해 볼 때, 그리스도인이 사탄을 대적하는 데 가장 중요한 일은 무엇입니까?"라고 물었다.

"기도입니다." 그의 대답은 확고했다. "다시 말해 기도할 때입니다. 강력한 기도만이 사탄의 활동을 무력하게 만듭니다."

기도는 무엇인가? 기도는 하나님과 소통하는 것이다. 하나님은 어둠의 권세와 치르는 싸움에서 우리에게 무엇이 필요한지 아시고, 우리가 간구하려는 것보다 많은 것으로 채워 주려 하신다. 우리는 이런 자세로 기도해야 한다. "하나님 아버지, 나의 주인은 내가 아니라 당신이십니다. 저는 모르지만 당신은 무엇이 최선인지 아십니다. 저는 하나님에게 무엇을 하라고 말씀드리는 것이 아닙니다. 그저 하나님을 의지하여 간구할 뿐입니다."

하나님이 예비하신 전신갑주를 입으라고 가르친 후, 바울은 이렇게 기록했다. "모든 기도와 간구를 하되 항상 성령 안에서 기도하고 이를 위하여 깨어 구하기를 항상 힘쓰며 여러 성도를 위하여 구하라"(엡 6:18). 우리는 성령이 이끄는 기도를 드려야 한다. 하나님을 떠나서는 무엇을 기도할지, 어떻게 기도할지를 알지 못하기 때문이다. "성령도 우리의 연약함을 도우시나니 우리는 마땅히 기도할 바를 알지 못하나 오직 성령이 말할 수 없는 탄식으로 우리를 위하여 친히 간구하시느니라"(롬 8:26). 이 구절에서 "돕다"(help, 쉰안티람바노[συναντιλαμβανω])라는 단어는 성령께서 우리 곁에 오셔서 우리를 들어 올려 은혜의 보좌로 옮기시는 모습을 아름답게 묘사한다. 성령으로 드리는 기도는 우리가 어떻게 건너야 할지 알지 못하는 골짜기를 건널 수 있게 해준다. 성령 하나님이 이끄시는 기도는 하늘 아버지께서 늘 응답하실 것이다.

## 영적인 눈이 열리기를 위한 기도

영적 싸움에서 우리가 기도의 표적으로 삼아야 할 것이 몇 가지 있다. 그중 하나는 사탄이 불신자의 영적인 눈을 가리는 것과 관계된다(고후 4:3, 4). 영적인 눈이 열리지 않는 한 사람들은 그리스도께 올 수 없다. 테오도르 엡(Theodore Epp)은 이렇게 말했다. "사탄이 사람들의 눈을 가리고 그들을 결박했다면, 우리가 어떻게 사람들의 영혼이 구원받는 것을 볼 수 있겠는가? 바로 이것이 당신과 내가 들어가야 할 자리다. 사탄이 눈을 가리고 결박한 사람들을 해방시키는 것은 강한 자에게서 그의 물건을 약탈하는 것과 같다. 이것이 우리가 기도해야 할 내용이다."[10]

기도는 영적인 무지의 싸움에서 중요한 무기다. 사도 요한은 "그의 뜻대로 무엇을 구하면 들으심이라. 우리가 무엇이든지 구하는 바를 들으시는 줄을 안즉 우리가 그에게 구한 그것을 얻은 줄을 또한 아느니라"(요일 5:14, 15)고 하였다. 그러고는 즉시 이 원칙을 적용하여 믿지 않는 자들을 생명으로 인도하시도록 하나님에게 간구하라

6장. 예수가 보호하신다

고 성도들에게 도전한다(16절). 복음 전도 전략에는 하나님의 빛이 사탄의 눈가림을 뚫고 들어가도록 권위 있는 기도가 뒤따라야 한다.

바울이 에베소서 1장 18, 19절에서 기도한 것처럼, 우리는 믿는 사람들의 눈이 밝아져 영적인 능력과 권위, 그리고 그리스도 안에서 우리의 기업인 보호를 깨달을 수 있도록 기도해야 한다. 사탄이 그리스도 안에서 우리 신분과 권위에 대해 눈이 멀게 할 수 있다면, 그는 우리의 영적 성장을 방해하고, 우리의 증거와 사역을 무력하게 할 수 있다. 우리는 사탄의 거짓 연막이 흩어지고 우리의 영적인 눈이 수정처럼 맑아지도록 서로를 위해 쉬지 말고 기도해야 한다.

## 강한 자를 결박하기 위한 기도

권위 있는 기도가 표적으로 삼는 또 다른 대상은 마태복음 12장 29절에 나타난 "강한 자"다. 예수께서는 사탄과 그의 마귀들을 언급하면서 "사람이 먼저 강한 자를 결박하지 않고서야 어떻게 그 강한 자의 집에 들어가 그 세간을 강탈하겠느냐?"고 말씀하셨다. 이 말씀은 먼저 악령들을 이기지 않고는, 영적 눈이 가려지고 악령들의 영향으로 결박당한 사람들을 구조할 수 없다는 뜻이다. 사탄의 세력은 이미 파괴되었다. 그러나 사탄은 우리가 주 예수 그리스도로 말미암아 위임받은 권위를 행사할 때까지는 우리를 마음대로 조종할 수 있다고 생각하면서 우리를 놓아 주려고 하지 않을 것이다.

기도는 하나님을 섬기는 **우리** 일에 함께해 달라고 하나님을 설득하는 것이 아니다. 기도는 **하나님의** 일에 우리가 참여하는 것이다. 우리는 정당하게 하나님에게 속했지만, 사탄이 꽉 움켜쥐고 있는 소유물을 붙잡고 그가 그것을 놓을 때까지 믿음으로 꼭 붙들어야 한다. 수년 동안 무디 신학 대학교(Moody Bible Institute)에서 조직 신학을 가르친 C. 프레드 딕카슨(Fred Dickason)은 귀신들에게 괴롭힘 당하는 사람들을 위해 어떻게 기도해야 하는지를 알려 주고 있다.

1. 귀신들이 다른 귀신이나 사탄과 나누는 대화와 지원이 단절되도록 기도하라.

2. 사람들을 붙들고 있는 마귀의 힘이 약해지고 혼란해지도록 기도하라.

3. 귀신 들린 사람이 그리스도 안에서 그의 신분을 이해하고 하나님의 말씀을 믿고 순종하여 믿음이 굳건해지도록 기도하라.

4. 귀신 들린 사람이 자신의 생각이나 느낌을 마귀의 생각이나 느낌과 구별할 수 있도록 기도하라.

5. 귀신 들린 사람이 마귀의 존재를 인식하고도 혼란에 빠지지 않고, 기꺼이 성경적인 상담과 도움을 구하도록 기도하라.

6. 하나님에게 그분의 자녀를 보호하고 인도하시며 원수의 모든 간계를 깨뜨릴 천사들을 보내 달라고 기도하라.[11]

일찍이 나는 개인적인 경험을 통해 마귀의 함정에 걸려 있는 사람들을 치유하는 데 기도의 힘이 얼마나 중요한지를 깨달았다. 그때 나는 큰 교회를 담임하고 있었다. 어느 날 점심을 먹고 돌아와 보니 교회 비서와 관리인들이 커피를 마시면서 교회 사무실 근처 휴게실에서 이야기를 나누고 있었다. 휴게실 다른 쪽에서는 20대 중반쯤

되어 보이는 키 큰 남자가 칠판 앞에 서서 간단한 단어들을 썼다 지웠다 했다. "저 분은 누구예요?" 나는 동역자들에게 물었다.

"우리도 모르겠어요. 방금 안으로 들어왔어요."

아무도 그에게 인사를 하지 않았다는 사실에 의아해서 나는 그에게 다가가 말을 건넸다. "안녕하세요, 저는 닐이라고 합니다. 무얼 도와드릴까요?"

"나도 모르겠습니다." 분필을 내려놓으면서 그는 조금 쌀쌀하게 대답했다. 차림새나 목소리로 봤을 때 그는 마약으로 정신이 조금 이상해진 사람 같았다. 그래서 나는 그를 교회 밖으로 데리고 나가 잠시 이야기를 나누었다. 그의 이름은 빌이며 근처 세차장에서 일하고 있었다. 나는 그를 교회로 초대했다. 한 시간쯤 대화한 뒤 그는 돌아갔다.

이틀 뒤, 빌은 다시 교회로 찾아왔고 우리는 더 많은 대화를 나누었다. 약 두 주쯤 지난 주일 오후, 교회 사무실에서 저녁 예배를 준비하고 있는데 인터폰이 울렸다. "빌이라는 사람이 목사님을 뵙고 싶다고 합니다."

"들여보내 주세요."

예배 준비로 분주했지만 빌을 돌려보낼 수도 없었다. 나는 곧바로 본론으로 들어갔다. "다시 만나게 되어 기쁘군요. 몇 가지 개인적인 질문을 해도 될까요?" 빌은 고개를 끄덕였다. "당신은 그리스도를 신뢰하거나 그분을 당신의 주님이자 구주로 믿은 적이 있습니까?"

"아니요."

"그럼 예수를 당신의 구주로 믿으시겠습니까?"

"글쎄요, 어떻게 해야 할지 잘 모르겠어요, 목사님." 그는 조금 난처하다는 투로 대답했다.

나는 구원에 관한 소책자를 가지고 와서 그것을 읽어 주었다. "이 내용을 이해할 수 있습니까?"

"예."

"지금 그리스도를 받아들이기로 결단하시겠습니까?"

"예."

빌이 글을 읽을 줄 아는지 확신이 서지 않았기 때문에 나는 이렇게 제안했다. "그럼 이제 간단한 기도를 드릴 겁니다. 한 구절 한 구절 나를 따라서 읽으세요, 괜찮죠?"

"예."

"주 예수님, 나는 당신이 필요합니다." 나는 이렇게 시작했다.

빌도 "주…… 우…… 우"라고 따라 하기 시작했다. 그러나 이내 입을 꾹 다물었다. 순간, 사무실 안에 무언가가 억압하는 것이 느껴졌다.

"빌, 당신은 지금 마음속에서 누군가와 싸우고 있군요. 이제 저는 성경 말씀을 읽고 당신을 위해서 큰 소리로 기도하려고 해요. 우리는 그 원수를 묶어서 내쫓을 겁니다. 당신은 되도록 빨리 당신이 믿는 것을 예수께 말하기만 하세요."

싸움이 치열하다는 것을 그의 눈빛이 증거하고 있었다. 나는 성경 구절을 읽고 나서, 생각할 수 있는 모든 기도를 큰 소리로 드리기 시작했다. 그 당시까지도 나는 마귀의 권세를 다루는 데 미숙했다. 정말이지 지푸라기를 잡고 있는 것만 같았다.

기도하고 성경을 읽은 지 15분 정도 되었을 때, 빌이 갑자기 "주 예수님, 저는 당신이 필요합니다!"라며 신음하듯 말했다. 그리고는 마치 헤비급 세계 권투 챔피언과 10회전을 끝마친 사람처럼 털썩 하고 의자로 나가 떨어졌다. 그는 눈물이 글썽이는 눈으로 나를 바라보면서 "이제 자유예요!"라고 말했다. 나는 그에게 "자유"라는 단어를 사용한 적이 없다. 그것은 그의 표현이었다. 그는 자유를 얻었고 그 자신도 그것을 알았다. 나 역시 알 수 있었다.

우리 세계의 영적인 본질을 이해하는 것은 복음 전도 전략에서 매우 중요하다. 우리는 마치 감옥 울타리 밖에 서서 감옥 안에 있는 사람에게 바깥세상이 얼마나 좋은지 선포하는 사람처럼 믿지 않는 사람들에게 기독교의 미덕을 선포할 때가 많다. 그러나 교도관을 밀쳐내고 감옥 문을 열지 않는 한, 감옥에 있는 사람들이 어떻게 우리가 말하고 있는 자유를 경험할 수 있겠는가?

잃어버린 자와 관련하여, 우리가 기도해야 할 네 가지 주제가 있다. 먼저 추수할 때가 되어 들판이 희어졌으므로 우리는 일꾼을 달라고 기도해야 한다(마 9:37, 38). 바울은 "전파하는 자가 없이 어찌 들으리요?"(롬 10:14)라고 반문한다. 하나님에게 함께 복음을 나눌 사람을 보내 달라고 간구하라. 둘째, 잃은 자는 그들의 죄로 죽었으며, 예수께서는 그들에게 생명을 주기 위해 오셨다(요 10:10). 하나님이 그들에게 생명을 주시길 기도하라(요일 5:16). 셋째, 하나님을 아는 지식에 반하는 생각들을 대적하고 사탄을 묶도록 기도하라. 마지막으로 잃은 자의 눈이 그리스도 안에서 그들을 자유케 해줄 진리를 향해 열리도록 기도하라.

2부

—

굳건히 서라

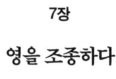

# 7장

# 영을 조종하다

샤론 비크만을 처음 만난 건 내가 강사로 참여한 어느 집회에서다. 우리가 만나기 몇 년 전, 샤론은 평범하게 살아가는 공인된 전문 상담자였다. 그는 자녀를 하나 둔 유부녀였고 덴버라는 교외 작은 언덕에서 안락하게 살고 있었다. 그러나 언젠가부터 그는 삶에서 영적 공허를 느끼기 시작했다. 안타깝게도 그는 뉴에이지 운동에 빠져들었고, 그 뒤 7년간 영적 수호신과 소통하는 자가 되는 훈련을 받았다. 영매가 되면서 샤론은 결국 이혼하고 말았으며, 그의 삶 또한 더 나빠지기 시작했다.

마침내 샤론은 자신이 미쳐 버렸다는 결론에 이르렀다. 더 이상 머릿속에서 들려오는 목소리들을 이어 주는 역할을 하고 싶지 않았다. 그러나 그가 몇몇 "친한" 영적 수호신과 어울리지 않자, 그들은 샤론에게서 등을 돌려 버렸다. 샤론은 바깥출입은커녕 사람 구실도 제대로 할 수 없었다. 이유는 모르겠지만 샤론은 목소리들에서 벗어나는 유일한 방법은 기독교인이 되는 것이라고 생각했다. 그 점에서 샤론이 자신의 책「빛에 이끌리다」(*Enticed by the Light*)에 쓴 이야기는 안타까운 미국 교회의 현실을 보여 준다. 그는 기독교인이 되도록 도와줄 교회를 찾을 수 없었다. 샤론의 이야기를 들은 한 목회자는 자신의 교회에 와도 썩 편안하지는 않을 거라고 말했다.

마침내 샤론은 자신을 주님에게로 이끌어 줄 훌륭한 복음주의 목회자를 만났다. 그러나 그 목회자는 오랫동안 샤론을 괴롭혀 온 영적 갈등을 어떻게 해결해 줘야 할지 알지 못했다. 샤론은 영적 전쟁에 탁월한 또 다른 교회를 찾아냈고, 2년 동안 그 교회에 출석했다. 그 교회에서는 영혼을 불러내어 대화하고 그들의 권위를 행사했다. 그러면 한동안 영적 수호신들이 떠난 듯했지만 결코 그 문제를 완전히 해결하지는 못했다.

어느 날 샤론은 불현듯 이 선의의 기독교 상담자들이 단순히 영을 조종하려 하고 있다는 사실을 깨달았다. 목적이 다르긴 하지만 샤론도 강신술사나 영매였을 때 똑같이 하던 일이었다. 곧 그는 내가 강의하는 집회를 찾아와 개인적이고 영적인 갈등을 해결하는 전혀 다른 접근법을 배웠다. 그리고 나는 샤론의 책에 서문을 쓰는 특권을 누렸다.

샤론과 같은 사람을 도울 준비를 갖춘 교회가 많지는 않다. 그러나 우리는 홍수처럼 쏟아지는 그러한 도움 요청에 더 잘 준비되어야 한다. 뉴에이지 운동이 믿을 수 없을 만큼 성장하면서 수많은 사람이 이 세상의 신에게 얽매이는 곳으로 향하고 있기 때문이다.

# 반역자의 권세

하나님은 아담과 그의 후손들이 하늘의 새와 땅의 가축과 바다의 물고기, 즉 모든 피조물을 다스리도록 창조하셨다(창 1:26). 그러나 아담이 죄를 지어 권위의 신분을 상실하면서, 예수께서 "이 세상 임금"(요 12:31; 14:30; 16:11)이라고 표현하신 사탄이 반역적인 권세를 소유하게 되었다. 예수를 시험할 때 사탄은 자기에게 경배하면 "천하만국과 그 영광"을 주겠다고 제의하였다(마 4:8). "이것(이 땅의 권세)은 내게 넘겨 준 것이므로 내가 원하는 자에게 주노라"(눅 4:6)라고 사탄은 공언했다. 하나님이 만드신 피조물을 다스리라는 직권을 아담이 타락함으로 포기했을 때 사탄이 그 권세를 가진 것이다. 사탄은 아담이 타락할 때부터 예수께서 십자가에 달리실 때까지 통치하였다. 그러나 예수의 죽음과 부활, 승천으로 예수 그리스도가 최종적이고 영원한 권세를 얻게 되셨다(마 28:18). 그 권세는 지상 명령을 통해 모든 믿는 자에게로 확장되었으며, 그래서 우리는 마귀의 일을 멸하시는 예수의 사역을 계속할 수 있는 것이다(요일 3:8).

우리는 모두 영적으로 죽은 상태로 태어났으며, 사도 바울이 "공중의 권세 잡은 자"(엡 2:2)라고 부른 통치자에게 종속된다. 그러나 우리가 그리스도를 영접할 때, 하나님이 "우리를 흑암의 권세에서 건져내사 그의 사랑의 아들의 나라로 옮기셨다"(골 1:13). 우리의 시민권이 이 땅에서 하늘로 바뀐 것이다(빌 3:20). 사탄은 이 세상의 통치자다. 그러나 그는 더 이상 **우리의** 통치자가 아니다. 그리스도께서 우리를 통치하시기 때문이다.

그러나 이 땅에서 살아가는 한, 우리는 여전히 사탄의 영토 안에 있는 셈이다. 사탄은 우리가 여전히 그에게 속하였다고 속여 우리 삶을 지배하려고 할 것이다. 우리를 대적하는 세상을 살아가는 나그네로서 우리는 이 악한 폭군에게서 보호받아야 한다. 그리스도께서는 우리를 사탄에게서 보호하실 뿐 아니라, 그리스도 안에서 우리는 어둠의 왕국을 다스릴 권세를 지니고 있다. 또한 우리 안에는 진리의 영이신 성령이 거하셔서(요 14:17) 그 성령이 우리를 모든 진리 가운데로 인도하신다(요 16:13).

## 취약한 정도

그리스도 안에서 보호받고 자신을 무장할 수 있는 전신갑주가 있긴 하지만, 우리는 여전히 사탄의 비난과 유혹, 속임에 취약하다(148쪽 그림을 보라). 하나님의 전신갑주를 입으라고 가르친다는 사실은 분명 우리가 어느 정도 취약하다는 것을 드러낸다. 따라서 모든 신자는 이 세상의 신에게 영향받을 수 있다. 우리가 그의 거짓에 속아 넘어간다면, 사탄은 우리 삶을 통제할 몇 가지 수단을 얻을 수 있다. 나는 사탄의 거짓 앞에 거의 무력해지는 그리스도인을 수도 없이 만나 봤다. 그 압박은 엄청나서 어떤 사람은 옳은 선택을 할 수도, 합리적인 삶을 살 수도 없었다. 사실 그들은 **선택할 수 있지만**, 자신들이 그럴 수 있다고 **생각하지** 못했고, 그 생각에 사로잡혀 선택하지도 못했다.

그러나 **소유권**은 절대로 흔들리지 않는다. 우리는 하나님에게 속하였고, 사탄은 그리스도 안에 있는 우리 신분을 손댈 수 없다. 우리

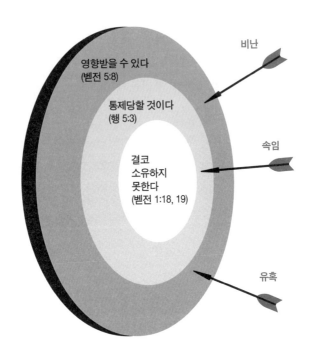

는 마귀에게 억압당할 수도 있지만, 늘 "성령께 속한" 자다. 그러나 이 타락한 세상에서 육신 속에 사는 동안, 우리는 사탄의 불붙는 창살에 연약한 표적일 수 있다. 그 해결책은 현실 도피주의자처럼 모래 속에 머리를 처박고 있는 것이 아니다. 그렇게 한다면, 우리는 엄청나게 취약한 표적으로 드러나게 될 것이기 때문이다.

## 마귀와 그의 능력은 존재한다

교회의 신조에는 인격체인 마귀에 대한 조항이 포함되어 있다. 이것은 모든 사람이 개인적으로 마귀를 소유하고 있다는 말이 아니다. 마귀가 비인격체적인 어떤 세력이 아니고 실재하는 인격체라는 뜻이다. 그러나 이 시대 문화에서는 마귀를 비인격화하는 경향이 있다. 우리는 흔히 누군가가 다른 사람에 대해 "그 사람은 개인적인 귀신을 가지고 있어"라고 하는 말을 듣는다. 물론 그 말이 문자 그대로를 뜻하는 것은 아니다. 개인적인 문제를 지니고 있다는 뜻이다. 마귀의 존재를 믿는 많은 그리스도인조차도 귀신이 이 세상에 존재한다는 개념에 대해서는 주저하는 것 같다.

그렇다면 당신은 사탄이 악과 속임수로 전 세계에서 활동하고 있는 것을 어떻게 생각하는가? 사탄은 피조물이다. 편재하지도, 전지전능하지도 않다. 사탄은 이 세상 어디에나 있으면서 수많은 사람을 한꺼번에 유혹하고 속일 수 있는 존재가 아니다. 그는 세상을 돌아다니며 그의 거짓을 퍼뜨리는 수많은 사자(使者. 귀신, 타락한 천사 등)를 통해서 활동한다.

귀신의 활동을 불신하는 것도, 귀신을 지나치게 두려워하는 것도 모두 건강한 것은 아니다. C. S. 루이스(Lewis)는 「스크루테이프의 편지」(홍성사 역간)에서 이렇게 말하고 있다. "우리 인류가 마귀나 귀신들에 빠질 수 있는 두 가지 극단적인 태도가 있다. 하나는 그들의 존재를 믿지 않는 것이다. 그리고 다른 하나는 그들의 존재를 믿되, 그들에 대하여 과도하고 건전치 못한 관심을 갖는 것이다. 마귀와 귀신들은 이 두 가지 잘못을 똑같이 기뻐한다. 그들은 유물론자나 마술사나 똑같이 환호한다."[12]

아마도 하나님의 백성을 괴롭히는 악령의 우두머리를 가장 잘 설명하는 성경 구절은 에베소서 6장 12절일 것이다. "우리의 씨름은 혈과 육을 상대하는 것이 아니요 통치자들과 권세들과 이 어둠의 세상 주관자들과 하늘에 있는 악의 영들을 상대함이라." 일부 그리스도인은 이 구절에 나타난 "통치자"와 "권세"가 사탄의 지휘 아래 있는 귀신 계급이 아니라 하나님을 알지 못하는 이 세상의 권력 구조라고 생각한다. 성경에서 통치자와 권세를 말할 때 특별히 인간의 권세를 의미하는 경우도 있다(눅 12:11; 행 4:26). 그러나 바울 서신서에서는 초인적인 세력을 언급할 때 보통 이 단어들을 사용한다(롬 8:38, 39; 골 1:16; 2:15). 따라서 에베소서 6장 12절 문맥에서도 우리를 대적하는 통치자와 권세, 세상 주관자란 하늘, 즉 영적 세계에 있는 영적 존재를 말하는 것이 분명하다. (이 주제를 학문적으로 알고 싶다면, 클린턴 아놀드[Clinton Arnold] 박사가 쓴 「바울이 분석한 사탄과 악한 영들」[이레서원 역간]을 추천한다.)

## 귀신의 성격

성경은 하나님의 존재를 증명하려고 노력하는 것에 비해 귀신의 존재를 증명하려고 하지 않는다. 성경은 다만 성경을 처음 읽는 사람들이 귀신의 존재를 인정할 정도로만 그 활동을 알려 주고 있다. 초대 교회 교부(敎父)들도 귀신의 실체와 성격을 문제로 여기지 않았다. 오리게네스(Origen)는 이렇게 기록했다.

악마와 그의 천사들, 그리고 반대 세력에 관하여 교회는 그들이 실제로 존재한다고 가르친다. 그러나 그들이 무엇이며 어떻게 존재하는

지에 대해서는 충분한 설명이 없다. 그러나 대부분의 사람이 다음 견해를 받아들이고 있다. 마귀는 천사 중 하나였다. 그런데 변절하여 되도록 많은 천사를 자기와 함께 타락하도록 설득했다. 그래서 그와 함께 타락한 천사들이 지금까지도 그의 천사들로 불리고 있다.[13]

누가복음은 악령을 인격적이고 개별적으로 살펴보는 데 유용한 관점을 제시한다. 예수께서 벙어리 귀신 들린 사람에게서 귀신을 쫓아내시자, 비방자들은 "귀신의 왕 바알세불"(눅 11:15)을 힘입어 귀신을 쫓아냈다고 예수를 비난했다. 그 후에 귀신에 대해 논쟁하시면서 예수께서는 이렇게 말씀하셨다.

> 더러운 귀신이 사람에게서 나갔을 때에 물 없는 곳으로 다니며 쉬기를 구하되 얻지 못하고 이에 이르되 내가 나온 내 집으로 돌아가리라 하고 가서 보니 그 집이 청소되고 수리되었거늘 이에 가서 저보다 더 악한 귀신 일곱을 데리고 들어가서 거하니 그 사람의 나중 형편이 전보다 더 심하게 되느니라(눅 11:24-26).

우리는 이 구절에서 악령에 대한 몇 가지 정보를 얻을 수 있다.

**1. 귀신은 사람 외부나 내부에 존재할 수 있다.** 아무것도 없는 곳보다는 돼지 떼에게(마 5:12) 있기를 좋아하듯이 귀신은 생명체 안에서 쉴 장소를 구하는 영으로 보인다. 이 영들은 사탄의 목적을 이루기 위해 영토권을 취하여 특정한 지리적 지역과 연계하는 것 같다.

**2. 귀신은 어디든 마음대로 갈 수 있다.** 영적 존재인 귀신은 자연세계의 장벽에 제한받지 않는다. 교회 건물의 담도 귀신의 영향력에서 보호해 주지 못한다. 오직 기도와 영적 권위만이 귀신의 세력을 물리칠 수 있다. 기억하라. 우리의 진정한 피난처는 "그리스도 안에 있는" 우리 신분이다.

**3. 귀신들은 서로 대화할 수 있다.** 누가복음 11장을 보면 악령들이 서로 대화할 수 있다는 사실을 분명히 알 수 있다. 또한 가다라의 두 귀신 들린 자가 그랬듯이(마 8:28-34) 그들은 귀신 들린 사람을 통해 말할 수 있다. 그런 극단적인 경우는 사람의 신경계를 완전히 사로잡을 수 있음을 보여 준다. 사람들이 미혹하는 영을 따를 때에는 마귀의 통제력이 그보다 약하게 나타난다(딤전 4:1).

**4. 귀신은 각각 고유의 신분을 가지고 있다.** "내가 나온 내 집으로 돌아가리라"(눅 11:24)라는 말씀에서 인칭 대명사에 주목하라. 우리가 다루는 대상은 비인격적 세력이 아닌 사고하는 인격체다. 세상적인 연구 방법이 귀신의 존재를 드러내지 못하는 이유도 그 때문이다. 하나님의 계시(말씀)만이 악령의 실체와 인격을 드러낼 수 있는 권위 있는 자료다.

**5. 귀신은 기억하고 계획을 세울 수 있다.** 귀신이 어떤 장소를 떠났다가 다시 돌아오고, 이전 상태를 기억하며, 다른 귀신들과 함께 다시 들어올 수 있다는 사실은 그들이 생각하고 계획할 수 있다는 것

을 보여 준다.

**6. 귀신은 평가하고 결정할 수 있다.** 전에 거처하던 집(사람의 속)이 청소되고 수리되었다는 것(25절)을 악령이 발견하였다는 사실은, 마귀가 자신이 겨냥한 희생자를 평가할 수 있음을 보여준다. 귀신은 우리의 약점을 이용하여 우리 삶에 접근해 온다. 그러나 사탄이 우리를 어떻게 생각하는지는 상관할 바가 아니다. 우리는 다만 하나님을 기쁘시게 하는 길로 걸어가면 되는 것이다(고후 5:9).

**7. 귀신들은 힘을 모을 수 있다.** 누가복음 11장을 보면 한 영이 다른 일곱 영과 연합하여 그 희생자의 나중 형편을 처음보다 훨씬 비참하게 만들었다. 거라사 마을의 귀신 들린 사람의 경우, 악으로 뭉친 귀신 무리는 "군대"였다(막 5:9). 나는 마음속에서 여러 가지 다른 소리를 들었다고 하는 사람들의 이야기를 많이 접했다.

**8. 귀신의 사악한 정도는 다양하다.** 누가복음 11장에 처음으로 등장하는 귀신은 "저보다 더 악한" 귀신 일곱을 데리고 왔다(26절). "기도 외에 다른 것으로는 이런 종류가 나갈 수 없느니라"(막 9:29)고 말씀하셨을 때, 예수께서는 귀신들의 사악함에 정도차가 있음을 나타내신 것이다. 귀신들의 힘과 사악함이 다양하다는 개념은 바울이 에베소서 6장 12절에 분류한 항목과도 잘 들어맞는다. 나 역시 귀신 들린 사람들을 상담하면서 어떤 사람은 다른 사람보다 훨씬 어렵다는 사실을 입증할 수 있었다.

그러나 하나님의 진리를 꼭 붙들고 있는 한, 사탄과 그의 귀신들을 조금도 두려워할 필요가 없다. 사탄의 유일한 무기는 속임수다. 이레나이우스(Irenaeus)는 이렇게 말했다. "태초에 그랬던 것처럼, 마귀는 사람의 마음을 속이고 잘못된 길로 이끌어 하나님의 계명을 불순종하게 하며 점차 그 마음을 어둡게 하는 정도밖에는 할 수 없다."[14] 우리가 계속 빛 가운데로 걸어간다면, 어둠의 세력을 두려워할 필요가 없다.

## 악에게 집중 공격받다

악령들은 우리 삶을 어떻게 방해하는가? 아주 간단한 실례로 대답해 보자. 양쪽으로 이층집이 늘어서 있는 길고 좁은 길 한쪽 끝에 당신이 서 있다고 가정해 보자. 거리 반대쪽 끝에 예수 그리스도가 서 계시고, 그리스도인인 우리 삶은 믿음의 처음이자 끝이신 분만 뚫어지게 바라보며 그 기나긴 길을 걸어가는 과정이다. 거리에는 성령의 능력 안에서 믿음으로 예수를 향해 나아가는 데 우리를 방해할 만한 것이 아무것도 없다. 그리스도를 영접할 때, 우리는 그리스도에게 시선을 두고 걷기 시작한다.

그러나 이 세상은 아직도 사탄의 지배 아래 있다. 바로 양쪽에 늘어선 이층집들에 우리가 그리스도께 이르지 못하도록 방해하는 존재들이 살고 있다. 그들은 우리가 가는 길을 막아서거나 걸음을 늦출 힘도, 권세도 없다. 그래서 그들은 창문으로 밖을 내다보면서 우리 주의를 다른 데로 돌리거나 앞으로 나아가지 못하도록 끊임없이 유혹하는 손짓을 보낸다.

그들은 이렇게 유혹한다. "이봐, 여기 좀 보라고! 나는 자네가 좋아할 것을 가지고 있다네. 아주 맛있고 기분도 좋아질 걸세. 지루하게 거리를 걷는 것보다 훨씬 신나는 일이야. 자, 어서 이리로 들어와서 좀 보게나."

또 어떤 존재는 이렇게 비난한다. "너는 네가 누구라고 생각하는 거야? 하나님은 널 사랑하지 않아. 넌 결코 어떤 것도 이루지 못할 거야. 확실한 건, 넌 구원받은 존재라는 사실을 조금도 믿지 않거든." 사탄의 특사들은 비난의 고수다. 특히 유혹으로 우리 마음을 흩뜨려 놓은 뒤에는 비난이 더 잘 먹혀든다. "해 봐. 그렇게 해도 잘못될 건 하나도 없어"라고 말하고 나서 우리가 굴복하면 곧이어 욕을 해댄다. "네가 한 짓을 봐! 이러면서도 어떻게 그리스도인이라고 할 수 있지?" 비난은 우리를 목표에 집중하지 못하게 만드는 사탄의 주요 무기 가운데 하나다.

우리가 거리를 지날 때 사탄은 이런 말도 던질 것이다. "오늘은 교회에 가지 않아도 괜찮아. 날마다 기도하고 성경 읽는 것은 중요하지 않아. 뉴에이지 자료 중에는 나쁘지 않은 것도 있어." 그것은 속임수다. 사탄이 쓰는 가장 교묘하고 알아채기 힘든 무기다. 종종 우리는 1인칭 단수가 이렇게 말하는 것을 듣는다. "나는 오늘 교회에 가지 않아도 돼. 기도하고 성경을 읽을 필요도 없어." 그런 생각이 사탄이 아닌 우리 자신의 생각인 것처럼 믿게 할 수 있다면, 사탄은 우리를 더 쉽게 속일 수 있다는 것을 알고 있다.

7장. 영을 조종하다

우리가 가는 길을 따라 사탄과 귀신들이 창문 밖을 내다보면서 우리를 조롱하고, 비웃고, 유혹하고, 여러 질문을 던지는 목적이 무엇인가? 그들은 우리가 조금이라도 속력을 늦추고, 가던 길을 멈추고, 주저앉아 가능하면 그리스도께 향하는 여정을 포기하길 원한다. 그는 우리가 "과연 내가 하나님을 믿고 섬기는 삶을 감당할 수 있을까?"라고 의심하길 바란다. 그러나 기억하라. 사탄에게는 그리스도를 향해 확고하게 나아가고 있는 우리를 방해할 능력도, 권위도 없다. 사탄은 절대로 우리를 다시 소유할 수 없다. 예수 그리스도께서 우리를 구속하셨고 우리는 영원히 그분 안에 있기 때문이다(벧전 1:18, 19). 그러나 사탄이 마음속에 심어 준 생각에 우리가 귀 기울인다면, 사탄은 우리에게 영향을 끼칠 수 있다. 또는 사탄의 유혹과 비난, 속임수가 오랫동안 영향을 끼치는 것을 우리가 허용한다면, 사탄은 우리가 가는 길을 막을 수 있다.

그리스도인으로서 우리가 경험한 영적 자유의 수준은 어떤 연속체 안 어딘가에 자리한다. 그 연속체 한쪽은 죄와 사탄과 치열한 싸움을 벌이면서도 그리스도인으로서 삶과 사역에서 모범을 보인 바울(롬 7:15-25; 고후 12:7-9)이 있고, 다른 쪽 끝에는 전적으로 귀신에게 지배받은 가다라의 귀신 들린 사람(마 8:28-34)이 있다. 어느 누구도 하룻밤 사이에 사탄에게 통제권을 넘기는 것은 아니다. 사람들은 서서히 사탄의 속임에 넘어가 간교한 영향력에 굴복하게 된다. 내가 관찰한 바에 따르면, 복음주의 기독교 공동체 가운데 15퍼센트만이 그리스도 안에서 자유롭고 열매 맺는 삶을 살아간다. 이 성도들은 그리스도 안에서 자신이 누구인지 잘 알고 있다. 의미 있는 헌신으로 열매 맺는다. 얼마나 비극인가! 그리스도 안에서 생명력 있고 자유롭게 살아가는 것은 하나님의 자녀라면 **누구나** 누릴 타고난 권리다. 우리는 육욕적인 삶에 시달리지 않을 수 있다. 그리스도 안에서 자유로운 삶을 살 수 있다!

## 경주하다

날마다 그리스도와 함께하는 삶을 살 때, 마귀는 이층집 창문과 현관으로 나와 우리를 조롱하고 비난한다. 이에 대해 우리가 보이는 반응은 세 가지인데, 그중 두 가지는 잘못된 것이다.

첫째, 영적으로 패배한 그리스도인 대부분은 미혹하는 영을 따른다(딤전 4:1). 그들은 유혹 앞에서 나약하게 무너지며, 그 거짓과 비난을 믿어 버린다. 이 그리스도인들은 속임에 넘어가 하나님이 그들을 사랑하지 않는다거나 그들은 결코 승리할 수 없다거나 누구도 도울 수 없는 과거의 피해자라고 믿기 때문에 쉽게 좌절한다. 그 자리에서 일어나 다시 걸어가기 시작하지 못할 이유가 전혀 없는데도, 그들은 거짓을 믿는다. 그래서 결국 길 한가운데에 주저앉아 버린다. 패배하고 마는 것이다.

둘째 반응은 비생산적인 것이다. 이들은 귀신과 논쟁하려고 든다. "나는 추하지도, 바보스럽지도 않아. 나는 승리하는 그리스도인이야. 그건 진실이 아니야. 나는 그 거짓말을 견책해." 이들은 선한 싸움을 싸우고 있다고 생각한다. 그러나 실제로는 이러한 부정적인 생각들이 이들을 조종하며 계획을 방해한다. 이들은 앞을 향해 계속 전진해야 하는 때에 그 자리에 멈추어 서서 귀신들을 향하여 소리 질

러대고 있는 것이다. 그러나 부정적이든 거짓된 것이든 세상이나 육체, 마귀에게서 비롯된 생각은 아무런 영향을 끼치지 못한다. 우리는 **모든** 생각을 사로잡아 그리스도께 복종하기 때문이다. 우리가 받은 부르심은 어둠을 없애는 것이 아니라 빛을 향하는 것이다.

셋째 반응은 진리를 선택하여 세상과 육체, 마귀를 이기는 것이다. 우리는 악령을 믿지 않는다. 또한 그들과 대화하지도 않는다. 우리는 그들을 따르지 말라고 배웠다. 유혹과 비난, 속임이라는 모든 화살로 그들은 우리를 겨누겠지만, 우리는 믿음의 방패를 들고 공격을 막아 내며 계속 전진한다. 우리는 모든 거짓에 맞서 진리를 선택한다. 그렇게 할 때, 우리는 한 걸음씩 나아갈 수 있다.

탈봇 신학교에서 가르칠 때, 악마 숭배를 연구하는 한 학부생을 만난 일이 있다. 그 학생은 내게 몇 가지 묻고 싶은 것이 있다고 했다. 학생의 질문에 대답해 주던 나는 어느 순간 하던 이야기를 멈추고 이렇게 말했다. "학생은 악마 숭배를 연구하면 안 될 것 같네."

"왜 그러세요?" 학생이 물었다.

"학생은 그리스도 안에서 자유로워지는 것을 경험하지 않았거든." 내가 대답했다.

"그게 무슨 말씀이세요?" 학생이 대꾸했다.

나는 그 학생에게 차근차근 설명해 주었다. "내가 보기에 학생은 성경 수업에서도 집중하려고 무척 애쓰지 않을까 싶은데. 게다가 묵상과 기도 생활은 거의 안 하고 있는 것 같네. 한 가지 확실한 건, 학생의 자존감이 진창 속 어딘가에 빠져 있다는 거네. 아마 학생은 자살하고 싶은 생각을 품고 있을 것 같군."

나중에 그 학생은 친구에게 이렇게 말했다고 한다. "그 교수님이 내 마음을 읽으셨어!" 나는 그 학생의 마음을 읽지 않았다. 그저 꽤 오랫동안 사람들이 무엇을 해야 할지를 잘 알 수 있도록 도와 왔을 뿐이다. 그해 여름, 그 학생은 "개인적이고 영적인 갈등 해결"이라는 내 대학원 수업을 청강했다. 그리고 2주 뒤, 그 학생에게 다음과 같은 편지를 받았다.

지난주에 제가 발견한 것은 통제한다는 느낌이었습니다. 제 마음이 제 것인 것처럼 말입니다. 저는 앉지도 못한 채, 생각과 사색에 잠겨 몹시 기진맥진한 시간을 보내 왔습니다. 저 자신과 대화하면서 말이죠. 이제 제 마음은 잠잠해지는 것 같습니다. 기분이 정말 이상합니다. 제 감정도 안정되었습니다. 이번 주에는 한 번도 억눌리는 감정을 느끼지 않았습니다. 제 의지는 제 것이 되었습니다. 이제는 그리스도 안에 머무는 삶을 살기로 선택할 수 있을 것만 같습니다. 성경이 달라 보입니다. 저는 완전히 다른 관점을 지니게 되었습니다. 성경이 말하는 바를 거의 이해하고 있으니까요. 저는 혼자 남겨진 것만 같습니다. 나쁘다는 건 아닙니다. 외롭다는 게 아니라 그냥 한 사람이라는 뜻입니다.

처음으로 그리스도인이 된다는 것이 무엇을 의미하는지, 그리스도가 누구이며, 그분 안에서 내가 누구인지를 거의 이해한다고 믿을 수 있을 것 같습니다. 다른 사람들을 도울 수 있고, 나 자신을 통제할 수 있을 것 같습니다. 저는 수년 동안 종속적인 관계를 맺어 왔습니다. 그러나 지난 한 주 동안 저는 누군가가 필요하다는 느낌이 전혀 들지 않았습니다. 아마도 평안하다는 게 이런 것이지 않을까요? 제 마음 속에 고요하고 온화한 기쁨이 깃드는 것을 느낍니다. 예전에는 낯선 사람이 더 익숙하고 편안했습니다. 그때에는 하루를 지내는 동안 이러한 싸움도 없었습니다. 그러고 나서는 삶에 적극적으로 참여하고, 수동적이지 않고 비판적으로 바라보는 사실이 있을 뿐이었습니다. 제게 소망을 심어 주셔서 고맙습니다. 이제는 제가 그리스도 안에 있는 신분을 가졌다는 사실을 믿습니다.

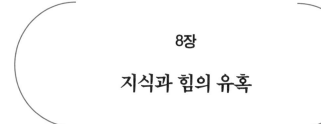

# 8장

# 지식과 힘의 유혹

한 수업에서 나는 박사 과정을 밟고 있는 동료가 하는 말에 귀 기울이고 있었다. 그는 마음과 관련하여 교육의 미래에 대해 발표하고 있었다. 수업에 참석한 사람들은 주로 학장, 교육 행정가, 교사, 다양한 공동체 지도자들이었다. 초등학교 교장인 발표자는 유체 이탈, 염력, 예지력, 텔레파시와 같은 현상을 설명했다. 오늘날 대학원 과정에서는 이런 현상들이 그리 놀라운 일이 아니다. 이미 일반 교육계에서 뉴에이지를 상당 부분 받아들였기 때문이다. 그러나 이때는 1980년이었고, 그러한 주제들은 대학원 과정에서 일반적으로 설명하는 것이 아니었다.

그가 발표한 뉴에이지에 대한 내용은 경청하던 내 동료들의 호기심을 확실히 자극했다. 그들은 강의자에게 열정적으로 반응하며 이것저것 물어보았다. 지식과 힘이라는 유혹은 늘 타고난 오감으로는 감지할 수 없는 것이 있다고 생각하는 사람들의 상상을 사로잡는다. 나는 지금 훈련받은 교육이나 연구 조사에서 얻은 지식을 말하는 것이 아니다. 비밀스럽게 전해져 내려와 소수만 아는 지식은 육감(六感, 또는 영적 감각)으로 인식되며, 그곳에 가입한 사람(또는 성별[聖別]된 사람)만이 전할 수 있다. 심령술사는 아무나 가질 수 없는 특별한 능력을 지니고 있다. 심지어는 사기꾼과 진짜 영매를 구별하기 위해 허가받거나 승인받은 심령술사도 있다.

미국 영부인들 가운데 두 명이 심령술사에게 상담받았다. 경찰들은 실종자를 찾거나 심지어 과학적 방법이 충분하지 않은 범죄를 해결할 때에 심령술사에게 도움을 얻는 것으로 알려져 있다. 거의 모든 일간지나 기내 잡지에 "오늘의 별자리 운세"가 나와 있다. 게다가 천사에 대한 일반 대중의 관심도 사상 최고에 달해 있다. 우리는 참으로 뉴에이지(new age), 말 그대로 새로운 세대를 살아가고 있다. 어쩌면 이것이 미국에서 가장 지배적인 종교일지도 모르겠다.

강의가 끝날 무렵, 내가 이런 질문을 했다. "그 연구를 진행하면서, 사람들이 그 일에 참여하는 것이 좋은지 나쁜지를 스스로 질문해 본 적 있으십니까? 당신이 발표한 내용에 도덕적으로 잘못된 것은 없나요?"

"없습니다." 그가 대답했다. "저는 그런 부분에 관심 없어서요."

"제 생각에는 그 부분을 염두에 두어야 할 것 같은데요." 내가 대답했다. "당신이 지금 나눈 내용에는 새로운 것이 하나도 없거든요. 그 내용은 모두 성경 역사만큼이나 오래된 것들입니다. 그리고 하나님은 그분의 백성이 그런 것들에 참여하는 것을 엄격하게 금하셨습니다."

이 대화로 강사는 서둘러 수업을 끝마쳤다. 많은 동료가 나를 둘러싸더니, 발표자가 말한 내용 가운데 어느 것이 잘못되었는지를 궁금해했다.


## 성경만큼 오래된 함정

신비적인 것이 지닌 매력은 대부분 지식이나 힘을 얻으려는 욕망에서 비롯된다. 실제로 지식은 힘이다. 예를 들어 예지란 어떤 일이 일어나기 전에 그 일을 아는 것이다. 어떤 일이 일어날 것을 미리 알고 있다면, 우리가 어떤 힘을 지니게 될지 상상해 보라. 경마장에 돈을 건다면, 엄청난 부자가 될 수 있다. 무언가를 미리 아는 것은 앞으로 일어날 사건을 처리할 능력을 가졌다는 뜻이다. 사탄은 속아 넘어간 사람들을 조종하여 그렇게 할 능력을 제한한다. 사탄이 하는 모든 것은 기독교를 위조한 것이다. 신통력은 거룩한 계시의 모조품이다. 예지는 예언을 모방한 것이다. 텔레파시는 기도를, 염력은 하나님의 기적을, 영적 수호신은 성령의 인도하심을 본뜬 것이다(성령께서 우리를 안내하시는데 왜 영적 수호신을 가지고 싶어 하는가?).

무한한 것을 향한 인간의 갈망은 **하나님**과 맺은 친밀한 관계에서 비롯된 지식과 힘으로 채울 수 있다. 그러나 사탄은 그가 만든 위조품들을 진짜인 것처럼 보이게 하려고 애쓴다. 초자연적인 지식과 힘이라는 기만적인 세계로 우리를 유혹할 수 있다면, 사탄은 우리 마음속에 발판을 구축할 것이다. 이른바 뉴에이지는 새로운 것이 아니다. 하나님의 백성은 초기부터 그것에 대해 경고받았다. 약속의 땅을 공략하기 전날 밤, 모세는 백성에게 이렇게 명령했다.

> 네 하나님 여호와께서 네게 주시는 땅에 들어가거든 너는 그 민족들의 가증한 행위를 본받지 말 것이니, 그 아들이나 딸을 불 가운데로 지나게 하는 자나 점쟁이나 길흉을 말하는 자나 요술하는 자나 무당이나 진언자나 신접자나 박수나 초혼자를 너희 가운데에 용납하지 말라. 이런 일을 행하는 모든 자를 여호와께서 가증히 여기시나니 이런 가증한 일로 말미암아 네 하나님 여호와께서 그들을 네 앞에서 쫓아내시느니라. 너는 네 하나님 여호와 앞에서 완전하라(신 18:9-13).

이 명령은 모세가 인도한 이스라엘 백성과 마찬가지로 오늘 우리에게도 적용된다. 우리는 심령술사, 영매, 손금 보는 사람, 신통력 있는 상담자, 수호신이나 비밀스런 지식을 지닌 점성가에게 상담받는 일이 사회적으로 용인되는 현대판 가나안에서 살아가고 있다. 안타깝게도 이러한 경향은 그리스도인 사이에서도 일어나고 있다. 1990년에 기독교를 믿는 십 대 1,725명을 대상으로 주술을 행하는 그들의 활동을 조사한 결과, 다음과 같은 사실을 발견했다.[15]

십 대 그리스도인의 거의 50퍼센트는 주술 행위에 참여한 적이 있다! 우리는 모세가 신명기 18장에 언급한 마법이나 마술에 대해서는 묻지도 않았다.

어린 사람과 나이든 사람 모두 실제로 사탄을 예배하고 있다는

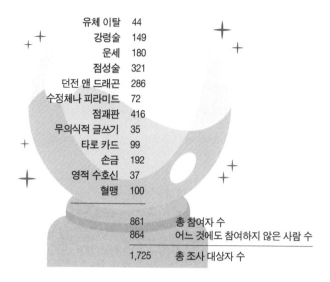

| 주술 행위 | 조사 대상자 가운데 해당자 수 |
|---|---|
| 유체 이탈 | 44 |
| 강령술 | 149 |
| 운세 | 180 |
| 점성술 | 321 |
| 던전 앤 드래곤 | 286 |
| 수정체나 피라미드 | 72 |
| 점괘판 | 416 |
| 무의식적 글쓰기 | 35 |
| 타로 카드 | 99 |
| 손금 | 192 |
| 영적 수호신 | 37 |
| 혈맹 | 100 |
| 861 | 총 참여자 수 |
| 864 | 어느 것에도 참여하지 않은 사람 수 |
| 1,725 | 총 조사 대상자 수 |

사실을 믿지 못한다. 오늘날 경찰들은 부모들에게 "눈을 크게 뜨시오! 당신의 자녀들이 마약이나 사회 통념에 어긋난 성적인 장난에만 빠져 있는 것이 아닙니다. 그들은 **사탄 숭배**에 빠져 있습니다. 우리는 피와 절단된 동물들을 보고 있어요"라고 말하고 싶어 한다. 우리 학교 안전 책임자는 남가주 전 지역의 캠퍼스 안전 위원회에 소속되어 있는데, 그들은 매월 한 번씩 정기 회의를 갖는다. 우리 학교에서 그 회의를 주최하게 되었을 때, 그가 내게 서구 문화의 영적 현상에 대해 강의해 달라고 요청했다. 그는 "이 위원회에는 그리스도인이 많지 않습니다만, 그런 영적 현상이 우리 학교에 있을 겁니다. 교수님이 꼭 강의해 주셨으면 합니다"라고 부탁했다. 나는 그러기로 승낙했다.

8장. 지식과 힘의 유혹

그 위원회는 퇴역한 군인들과 경찰관들로 구성된 전문 집단이었다. 내가 우리 사회의 사탄 숭배에 대해 이야기를 시작하였을 때 그곳에 모인 사람들 가운데 어느 누구도 그것을 의심하거나 비웃지 않았다. 오히려 대부분 자기 학교에서 경험한 끔찍한 사탄의 활동에 대해 말하고 싶어 했다. 안전 책임자들은 하나같이 그 사실을 숨겼다고 말했다. 사람들이 보통 성폭행당한 사실을 알리고 싶어 하지 않는 것처럼, 학교 행정 책임자들은 그러한 사실이 대중에게 알려지는 것을 원하지 않았기 때문이다.

모세가 이스라엘 백성에게 가나안에 들어가서 피하라고 경고한 다른 모든 종교 의식과 주술 행위들("해가 없는" 점성술에서 상상을 불허하는 짐승과 동물 희생의 잔학무도함에 이르기까지)은 오늘날 우리 문화에서도 똑같이 널리 행해지고 있다.

## 어두운 편에서 오는 지식

최근 캘리포니아 패서디나에서 열린 두 집회에서 나는 우리 문화가 신비한 "미지"의 지식을 얼마나 갈망하는지를 생생하게 경험했다. 하나는 세계적인 주요 선교 대회로, 약 600명이 참가했다. 같은 기간에 패서디나 시립 센터에서 뉴에이지 세미나가 열렸는데, 4만 명이 넘는 사람이 모여들었다! 이것이 바로 오늘날 우리 사회의 모습이다. 오늘날 사람들은 하나님의 말씀을 듣는 것보다 무당, 영매, 손금 보는 사람, 카드를 읽는 사람, 죽은 친구나 친척의 영 등 그들이

"알고 있는" 사람에게서 정보와 인도를 받고 싶어 한다.

성경은 하나님의 언약 백성이 하나님 아닌 다른 대상에게서 초자연적인 능력을 찾는 것을 엄격하게 금한다. "너희는 신접한 자와 박수를 믿지 말며 그들을 추종하여 스스로 더럽히지 말라. …… 접신한 자와 박수무당을 음란하게 따르는 자에게는 내가 진노하여 그를 그의 백성 중에서 끊으리니 …… 남자나 여자가 접신하거나 박수무당이 되거든 반드시 죽일지니"(레 19:31; 20:6, 27). 잘못된 인도를 구하는 사람은 다른 사람들에게서 끊어질 것이고, 잘못된 길로 이끄는 사람은 반드시 죽는다고 말한다. 하나님은 여전히 전자를 행하시지만, 우리는 후자를 따르지 않는다.

우리는 거의 정반대로 행한다. 뉴에이지 교사들은 그리스도인과 달리 텔레비전이나 라디오 프로그램에 정신 쏟는 사람들에게 그들의 세계관을 전파할 수 있다. 최근에 나는 많은 여성이 전문 상담자보다는 영매나 뉴에이지 전문가를 찾는다는 기사를 읽은 적이 있다. 사실 미국 어느 도시에서든 우리는 초자연적 모임에 참석하여 개인적으로 영적 "독해"를 경험할 수 있다. 그 독해자는 사기꾼이거나 몽환 상태에 빠져 악한 영과 접한 영매다. 이들은 사회에 어두운 그림자를 드리우는 존재가 아니라, 오히려 그들의 "전문성" 때문에 의사나 성직자처럼 존경받는다. 사실 어쩌면 교회에 영적으로 가장 큰 위협은 뉴에이지 의학의 빠른 성장일지도 모른다.

## 사기꾼과 진짜 무당

무당과 신들린 사람은 어디에서 "놀라운" 정보와 통찰을 얻는 걸까?

8장. 지식과 힘의 유혹

그들 대부분이 "미혹하는 영을 따르고"(딤전 4:1) 있다. 그러나 강신술이나 초자연적인 현상이라고 불리는 많은 것이 사실은 환영일 뿐이다. 이른바 신들린 사람들은 "냉철한 해석"이라 부르는 것을 제시한다. 이 영악한 사기꾼들은 순해 빠진 사람들에게 질문을 유도하며 간단하게 몇 가지를 묻는다. 그리고 그들을 찾아온 사람의 말투와 버릇, 생김새, 옷차림을 유심히 관찰한다. 당신이 준 정보와 그들이 관찰한 내용에 기초하여, 그들은 꽤 정확히 들어맞는 것처럼 들리는 말, 그러나 사실 일반적인 결과를 알려 준다. 그러나 남을 잘 믿는 사람들은 그들이 알려 준 정확한 "계시"에 깊은 인상을 받고는 자세한 이야기를 들려준다. 그리고 이야기를 들은 이 사기꾼들은 그 내용을 조장하여 "해석"으로 제시한다. 이것은 마귀적인 것이 아니라 그저 교묘한 언어적 술책일 뿐이다.

그러나 하나님이 레위기와 신명기에서 경고하신 무당과 신접한 자들은 가짜 책략가들이 아니다. 그들은 자연적인 인식 통로로 얻은 것이 아닌 독특한 지식을 소유하고 전달하는 자들이다. 이들은 영적 세계와 교류하면서 영적 매개체가 된 자들이다. 가짜 독해력을 지닌 사기꾼은 단지 사람들의 돈을 뜯어먹는 데 관심 있다. 그러나 무당을 통해 사탄에게 받는 거짓 지식과 방향은 사람들의 영적 생명과 자유를 잡아먹으려는 데 목적이 있다.

나는 무당의 희생자가 된 사람을 상담한 적이 있다. 아주 날카롭게 보이는 40대 후반 남성 로리는 얼마 전에 이혼했다. 그는 내 사무실에 찾아와서 믿기 힘든 이야기를 쏟아 놓았다. 하루는 공원을 거닐며 새 여자친구인 버니스와 데이트를 하고 있었다. 그들은 가게들을 둘러보다가 무당이 살고 있다는 광고판이 걸린 조그마한 가게로 들어가게 되었다. 광고판에는 이렇게 적혀 있었다. "들어와서 인생의 인도를 받으십시오."

로리와 버니스는 안으로 들어갔고, 무당이 들려준 신비로운 지식에 크게 경악했다. 그 무당이 친숙한 영에게 지식을 받는 진짜 영매인지 아니면 영리한 가짜 예술가인지는 나도 잘 모르겠다. 한 가지 확실한 사실은 그 무당이 이 커플에게 심각한 영향을 끼쳤다는 것이다. "정말 당신에게 그런 능력이 있다면, 나를 위해 다른 일도 할 수 있나요?"라고 로리가 소리쳤다. 무당은 로리가 직장은 물론 삶의 모든 영역에서 성공하도록 도와줄 수 있다고 약속했다.

그 말에 속아 로리와 버니스는 정기적으로 무당을 만났다. 무당이 처음 지시한 것은 그들이 결혼하는 것이었으며, 그래서 그들은 결혼했다. 그들은 계속 이 무당에게 조언을 구하고 그대로 따랐다.

로리가 내 사무실을 찾아온 것은 그렇게 지낸 지 거의 4년쯤 지난 뒤였다. 두 사람의 결혼 생활은 아주 불행했고, 로리는 무당이 성공할 것이라고 약속한 직장에서도 쫓겨났다. "영적"인 지식을 추구하는 데 얼마나 많은 돈을 버렸느냐고 물었을 때, 그는 "저는 거의 15,000달러를 줬는데, 버니스는 65,000달러가 넘는 돈을 잃었습니다"라고 대답했다.

이런 가짜 무당과 마법사들은 온갖 술수로 사람들에게서 많은 돈을 긁어낸다. 그러나 많은 사람이 그들의 인생과 미래를 알고 싶어 하기 때문에, 만일 누군가가 그들이 갈망하는 정보를 제공할 수 있다고 생각되면 후히 돈을 지불할 것이다.

## 어두운 편을 추구한 결과

성경에 나오는 "무당"(medium) 이나 "신접한 자"(spiritist)라는 용어는 잘 알려지지 않은 말이다. 히브리어에서 "무당"(오브[אוב], 마녀 또는 주술사)이라는 말이 여성형이고, "신접한 자"(이드오니[ידעני], "아는 것"이라는 어근에서 나옴)는 남성형이기 때문에, 일부 성경 학자는 두 단어가 같은 역할을 하는 남성과 여성을 뜻한다고 생각한다.

구약 성경에는 이스라엘로 하여금 하나님을 배반하게 만든 왕과 거짓 선지자, 무당이 많이 등장한다. 그중 잘 알려진 인물이 바로 이스라엘의 초대 왕 사울이다. 사울은 처음에 하나님의 인도하심을 구하는 겸손한 자였고, 사무엘에게 이스라엘의 왕으로 기름 부음 받았다(삼상 9장). 그리고 하나님의 뜻을 배반한 수치스러운 사건(삼상 15장), 즉 점치는 것과 같은 죄(23절)를 범할 때까지는 하나님을 잘 섬겼다. 그렇다면 사울은 왜 범죄하고 하나님의 말씀을 거역하였는가? 그가 하나님의 음성보다 사람들의 소리를 더 무서워하였기 때문이다. 이것은 우리 시대에도 분명하게 나타나는 문제다.

사울이 자기 죄(또는 적어도 죄에 붙잡힌 것)를 후회했을지 몰라도 진실로 회개했다는 언급은 없다. 하나님에게 불순종한 다른 많은 사람처럼 사울도 잘못을 고치려고 시도했다. 그러나 때는 이미 늦었다. "여호와의 영이 사울에게서 떠나고 여호와께서 부리시는 악령이 그를 번뇌하게 한지라"(삼상 16:14).

이 구절은 두 가지 이유에서 이해하기가 어렵다. 먼저 이 구절은 누구든 불순종 때문에 성령을 잃을 수 있다는 사실을 함축하는 것으로 보인다. 그러나 구약에 나타난 성령의 임재는 선택적이고 일시적이라는 사실을 이해해야 한다. 사울에게 임한 성령은 아마도 13절에서 다윗에게 임한 성령과 동일했을 것이다. 바로 하나님에게 기름 부음 받은 왕으로 특별히 준비시키기 위해 부으신 영인 것이다. 이때 준비시킨다는 것은 오늘날 우리가 하나님의 자녀로서 성령과 개인적인 관계를 맺는 것과는 다르다.

십자가 사건 이후에 시작된 교회는 내주하는 성령의 임재로 확인되는데, 이 성령은 하나님의 자녀가 그들의 하늘 아버지와 영원히 연합하게 한다(엡 1:13, 14). 예수께서는 우리를 그분의 손에서 빼앗을 자가 없다(요 10:28)고 약속하셨고, 사도 바울도 아무것도, 심지어 우리의 불순종까지도 우리를 하나님의 사랑에서 끊을 수 없다고 확신했다(롬 8:35-39). 십자가에서 행하신 그리스도의 사역으로 우리는 믿음을 통하여 그리스도 안에서 안전하며 성령이 내주하시는 것이다.

둘째 문제는 악령이 하나님에게서 올 수 있다는 조금 성가신 생각과 관련된다. 그러나 하나님은 최고 통치자이시다. 사울에게 하신 것처럼 그분의 백성을 훈련하는 수단으로 사탄과 그의 사자들을 이용하실 수 있다는 것을 우리는 기억해야 한다. 이것은 하나님이 그분의 백성을 연단하기 위하여 앗수르처럼 하나님을 모르는 나라를 "진노의 막대기"로 사용하시는 것(사 10:5, 6)과 다르지 않다. 하나님이 그분의 뜻을 이루시기 위해 마귀를 사용하시는 것은 하나님의 성품이나 계획과 모순되지 않는다. 심지어 교회가 아주 부도덕한 사람을 사탄에게 내어 줄지라도 성경은 "이는 육신은 멸하고 영은 주 예수의 날에 구원을 받게 하려 함이라"(고전 5:5)고 말하고 있다.

악령이 사울을 괴롭힐 때마다 다윗(이스라엘의 다음 왕위 계승자)

이 악기를 연주하여 악령을 떠나가게 했다는 사실을 주의 깊게 살펴보라(삼상 16:23). 우리가 영적인 영역에서 음악의 탁월성을 깨닫지 못한다는 것은 얼마나 안타까운 일인가! 엘리사도 하나님의 뜻을 알고자 할 때 이렇게 말했다. "이제 내게로 거문고 탈 자를 불러오소서 하니라. 거문고 타는 자가 거문고를 탈 때에 여호와의 손이 엘리사 위에 있더니"(왕하 3:15). 다윗이 통치할 때에는 성전에서 밤낮으로 찬양하는 책임을 맡은 음악가가 4,000명이 넘었다(대상 9:33; 23:5). 시와 찬송과 신령한 노래로 서로 화답하여 마음으로 주께 노래하며 찬송하는 것은 성령이 충만하다는 증거다(엡 5:18-20).

이 진리 반대편에는 세상 음악이 지닌 파괴적인 힘이 자리한다. 내가 주께로 인도한 사탄 숭배자가 인기 있는 음반들에서 사탄에게 매여 있는 그룹임을 가리키는 많은 기호를 나에게 보여 주었다. 그는 오늘날 헤비메탈과 펑크 뮤직 그룹의 약 85퍼센트가 사탄의 "소유"라고 말했다. 그들은 자신도 모르는 사이에 명성과 부(富)를 위해 사탄 숭배에 자신을 팔아 버린 것이다. 이들 가운데 실제로 사탄을 숭배하는 그룹은 몇 안 되지만, 대부분 절망에 빠져 길을 잃고 자신들의 음악에 불경건한 메시지를 담아 다른 사람들까지 길을 잃게 하고 있다.

사무엘 선지자가 죽은 후, 영적 지식을 향한 사울의 뒤틀린 갈망은 그를 무당으로 이끌었다. 이전에 온 나라에서 신접한 자와 박수를 쫓아낸(삼상 28:3) 사울은 용케 그 추방을 모면한 엔돌의 신접한 여인을 찾아갔다. 변장하고 그 여인에게 간 사울은 사무엘을 불러올리라고 요청했다(8-19절). 그러나 막상 사무엘이 나타났을 때, 그 책략은 역효과를 낳았고 (가짜 영이 나타나리라 예상한) 신접한 자 역시 두려움에 떨었다. 사무엘이 사울에게 전한 메시지는 흉한 소식뿐이었다. 곧 블레셋 군대가 이스라엘을 사로잡아 갈 것이고 사울과 그의 아들들이 죽을 것이라는 예언이었다(19절).

하나님은 분명히 강신술을 금하셨다. "어떤 사람이 너희에게 말하기를 주절거리며 속살거리는 신접한 자와 마술사에게 물으라 하거든 백성이 자기 하나님께 구할 것이 아니냐 산 자를 위하여 죽은 자에게 구하겠느냐 하라. 마땅히 율법과 증거의 말씀을 따를지니 그들이 말하는 바가 이 말씀에 맞지 아니하면 그들이 정녕 아침 빛을 보지 못하고"(사 8:19, 20).

부자와 나사로의 이야기를 보면 오늘날 우리는 죽은 자와 대화할 수 없다는 사실을 알 수 있다(눅 16:19-31). 무당이 죽은 자와 접촉했다고 주장하더라도 믿지 말라. 몇몇 심리학자가 최면을 통해 내담자의 과거로 돌아가게 했다는 주장 역시 믿지 말라. 뉴에이지 영매가 어떤 사람을 과거에서 현재로 연결시킨다고 주장할 때, 그것은 사기꾼의 협잡이거나 사악한 영일 뿐이라는 사실을 깨달으라.

## 새로운 옷을 입은 낡은 생각

뉴에이지 운동은 "계몽"이라는 주술적인 메시지를 감추고 있다. "당신은 하나님이 필요 없다. **당신이 하나님이다.** 당신은 죄를 회개하거나, 하나님이 당신을 구원하도록 그를 의지하지 않아도 된다. 죄는 문제되지 않는다. 당신은 그저 다른 것에 신경 *끄고* 조화로운 집중으로 위대한 우주의 단일성에 파장을 맞추면 된다." 뉴에이지의 절정은 "너희가 하나님과 같이 될 것"이라는 사탄의 가장 오래된 거짓말이다(창 3:5).

우매한 대중은 지식과 힘에 대한 목마름 때문에 무당이나 신접한 자에게, 또는 점쟁이나 타로 카드, 손금 읽기, 점괘판, 점성술, 마술 등과 주술 행위에 쉽게 현혹된다. 엘리야는 "이스라엘에 하나님이 없어서 너희가 에그론의 신 바알세붑에게 물으러 가느냐"(왕하 1:3)라며 슬퍼하였다. 우리 주변 사람들은 그들을 사랑하고 그들의 삶을 인도하기 원하시는 하나님을 무시하고, 그 대신 어둠의 왕국에서 빛과 평화를 찾고 있다. 우리는 그들에게 예후처럼 이렇게 대답할 수 있다. "네 어머니 이세벨의 음행과 술수가 이렇게 많으니 어찌 평안이 있으랴"(왕하 9:22). 평화는 오직 평화의 왕자 안에만 있다. 어둠의 왕 안에는 있을 수 없다.

오늘날 사람들로 하여금 하나님을 떠나도록 유혹하는 이 시대 문화의 많은 지식과 힘에 현혹되지 말라. 사도행전 8장 9, 10절에서 시몬을 열정적으로 따르던 무리와 같은 사람들이 오늘날에는 뉴에이지 마술을 행하는 사람들에게 현혹될 것이다. 또 사도행전 16장 16-18절에 등장하는 점치는 귀신 들린 여종의 고객과 같은 사람들은 그런 점쟁이들의 배를 불려 줄 것이다. 초대 교회에서 볼 수 있는 이러한 예처럼, 어둠 편에서 지식과 힘을 구하는 사람들은 거짓된 힘으로 많은 사람을 속이면서 하나님의 사역을 크게 방해할 것이다. 어떤 사람들은 "숫염소"(레 17:7)에게 제사하는 정도에 이르기까지 권력을 갈망할 것이고, 심지어는 자기 자녀를 마귀에게 제물로 드릴 것이다(시 106:36-38). 내가 겪은 상담을 통해 이런 비슷한 일들이 오늘날에도 실제로 일어나고 있다는 것을 직접 입증할 수 있다.

다음 성경 구절을 읽고 냉철하게 현실을 바라보자. 하나님을 아는 지식과 그분의 힘에서 멀어지도록 꾀어내는 원수 마귀 앞에서는 믿는 자조차도 매우 연약하다는 것이 현실이다. 그 원수 마귀는 하나님에게서 멀어지려는 독립심과 그 중요성을 과장하여 우리를 꾀어낸다.

> 그런데 여수룬이 기름지매 발로 찼도다. 네가 살찌고 비대하고 윤택하매 자기를 지으신 하나님을 버리고 자기를 구원하신 반석을 업신여겼도다. 그들이 다른 신으로 그의 질투를 일으키며 가증한 것으로 그의 진노를 격발하였도다. 그들은 하나님께 제사하지 아니하고 귀신들에게 하였으니 곧 그들이 알지 못하던 신들, 근래에 들어온 새로운 신들, 너희의 조상들이 두려워하지 아니하던 것들이로다. 너를 낳은 반석을 네가 상관하지 아니하고 너를 내신 하나님을 네가 잊었도다(신 32:15-18).

8장. 지식과 힘의 유혹

# 9장

# 내 방식대로 하고 싶은 시험

우리 아이들이 어릴 때는 가정 예배를 드리기가 몹시 어려웠다. 우리 부부가 굉장히 지친 어느 날 저녁, 우리는 하이디와 칼과 함께 성경을 읽고 기도하는 시간을 그만 깜박 잊고 말았다. 아이들을 침대에 눕힌 지 몇 분 뒤에 복도 저쪽에서 하이디의 목소리가 들려왔다. "아빠, 오늘은 우당탕탕을 깜빡 했네요." "우당탕탕"은 우리 집에서 가정 예배가 어떤 모습인지를 잘 보여 준다!

가장 기억에 남는 가정 예배는 시험에 대해 칼과 토의했을 때다. 몇 주 내내 칼은 시험에 대해서만 토의하고 싶어 했다. 그 아이는 "시험"(temptation, 또는 유혹)이라는 단어가 주는 인상에 깊이 심취한 것 같았다. 나도 어릴 때 "알루미늄"이라는 단어를 꽤나 좋아했던 기억이 있다. 그러나 몇 주 동안 이 주제를 공부했는데도, 칼은 시험의 개념과 죄 자체의 행위를 잘 구별하지 못했다.

많은 성인(成人) 그리스도인도 그 둘을 잘 구별하지 못한다. 시험에 드는 생각이 마구 떠오를 때마다, 그들은 그 생각과 관련된 어떤 병적인 것이 있다고 결론 내린다. 그들은 시험과 죄를 동일시한다. 심지어 예수께서도 "우리와 똑같이 시험을 받으셨다." 그러나 이 구절은 이렇게 끝난다. "죄는 없으시니라"(히 4:15). 이 세상에서 육체를 입고 살아가는 동안 우리는 예수께서 그러셨듯이 많은 시험을 만날 것이다. 그러나 예수께서 죄를 짓지 않으신 것처럼, 우리도 죄를 짓지 않을 수 있다. 이 장에서 나는 우리 방식대로 모든 일을 하게 만드는 사탄의 시험을 깨닫고 재빨리 거절할 수 있도록 시험을 정의하고 설명하려고 한다.

## 시험의 기초

아담이 죄를 지었기 때문에 모든 사람은 육적으로는 살았으나 영적으로 죽은 상태로 이 세상에 태어난다(엡 2:1). 태어나면서부터 하나님의 임재도 없고 그분의 방식을 알지도 못하는 우리는 하나님을 떠나 삶을 살아가는 방법을 배웠다. 우리를 사랑하시는 하늘 아버지와 관계 맺는 삶을 통해 우리 필요를 채우기보다는 직접 우리 필요를 채우려고 해온 것이다. 우리는 자기 중심적인 사고방식과 행동 습관을 발전시켜 왔다.

거듭날 때 우리는 영적으로 다시 살아난다. 그러나 영적으로 죽었을 때 길들여진 자기 중심적인 육적 방식과 정신적 요새들이 성령께 이끌리는 삶을 방해한다. 그 결과 우리는 영광 가운데 그 풍성한 대로 모든 쓸 것을 채우겠다고 약속하신 그리스도(빌 4:19)를 바라보지 못하고 여전히 우리의 기본적인 필요와 육적인 욕망을 채우기 위해 세상과 육체, 마귀를 바라보려는 시험에 빠지게 된다. 모든 시험은 하나님을 떠나 살도록 유혹한다.

시험이 지닌 힘은 하나님을 떠나 살아가는 법을 배울 때 우리 마음속에 커져 가는 정신적 요새와 육적 욕망이라는 영향력과 관련되어 있다. 예를 들어 당신이 부도덕한 잡지나 미심쩍은 도덕적 가치관을 담은 텔레비전 프로그램을 보지 못하게 하는 그리스도인 가정에서 자랐다면, 당신 삶에서 성적인 시험이 지닌 힘은 도색적인 잡지나 텔레비전 프로그램을 쉽게 접할 수 있는 환경에서 자란 사람들보다 크지 않을 것이다. 부도덕하거나 성적으로 자유분방한 환경에서 성장한 사람은 그리스도인이 된 뒤에도 성적인 시험에 맞서 극심한 싸움을 치를 것이다. 거듭나기 전에 이 정신적 요새가 이미 아주 견고하게 세워졌기 때문이다. 그러나 당신이 타락한 세상의 가치에 노출되지 않도록 보호하고 돌보는 부모에게서 사랑받고 용납받고 싶은 필요가 잘 채워졌다면, 몇몇 중대한 부도덕 행위를 저지르고픈 시험에 덜 빠져들 것이다.

## 과유불급

우리는 대부분 무장 강도나 살인, 강간처럼 분명한 범죄에 대해서는 시험에 빠지지 않는다. 그런 점에서 사탄은 꽤나 영리하고 교묘하다. 사탄은 우리가 그런 시험이 분명 잘못된 것임을 알고 그대로 행동하지 않을 거라는 사실을 잘 알고 있다. 대신 그는 그것이 죄가 될 때까지 하나님의 뜻을 벗어난 좋은 일을 하도록 우리를 부추긴다. 마치 속담에 나오는 끓는 물속의 개구리처럼 우리를 다루는 것이다. 사탄은 시험의 온도를 서서히 높여 우리가 하나님 뜻을 벗어나고 있다는 것을 자각하지 못하게 만든다. 그래서 그 좋은 일이 죄가 되기 전까지는 그곳에서 뛰쳐나오지 못하도록 말이다.

바울은 "모든 것이 내게 가하나 다 유익한 것이 아니요 모든 것이 내게 가하나 내가 무엇에든지 얽매이지 아니하리라"(고전 6:12)라고 기록했다. 그는 그리스도인의 삶 어느 방향에서도 푸른 신호등만 봤을 뿐이다. 모든 것이 우리에게 유익하고 가하다. 우리는 죄에 대해 자유롭고 더 이상 율법의 정죄 아래 있지 않기 때문이다. 그러나 바울은 우리가 유익하고 가한 것을 선택하되 책임지지 않는다면, 우리는 끝내 하나님 뜻에 어긋나는 빨간 신호등이 켜져 있는데도 달려갈 것이라는 사실을 알았다. 그것은 죄다.

다음은 하나님이 만드신 유익한 것이지만, 자칫하면 하나님 뜻을 벗어나 죄의 결과를 초래하기 쉬운 것들이다.

- 육체적 휴식이 게으름이 된다.
- 침묵이 대화 부재가 된다.
- 이익을 취할 수 있는 능력이 탐욕과 욕심이 된다.
- 인생을 즐기는 것이 무절제가 된다.
- 육체적 즐거움이 호색이 된다.
- 다른 사람의 소유물에 관심 갖는 것이 탐심이 된다.

- 음식을 즐기는 것이 탐식이 된다.
- 자신을 돌보는 것이 이기주의가 된다.
- 자신을 존중하는 마음이 자만이 된다.
- 대화가 잡담이 된다.
- 신중함이 불신이 된다.
- 긍정적인 태도가 무감각이 된다.
- 분노가 격분과 나쁜 기질이 된다.
- 사랑이 과잉보호가 된다.
- 판단이 비판이 된다.
- 동성끼리의 우정이 동성연애가 된다.
- 성적인 자유가 부도덕이 된다.
- 민감한 양심이 완전주의자가 된다.
- 관대함이 낭비가 된다.
- 자기방어가 부정직이 된다.
- 조심성이 두려움이 된다.

## 죄 vs. 성장

요한일서 2장 12-14절은 죄와 관련하여 그리스도인의 성장을 세 단계로 묘사한다. 그 첫 단계는 "자녀"(12절)다. 믿음 안에 있는 자녀는 그들의 죄를 용서받고 하나님을 아는 지식을 소유하고 있다는 특징이 있다. 다른 말로 하면, 그들은 하나님의 가족이고 죄의 형벌을 정복하였다. 그러나 아직은 그리스도 안에서 성숙하지 않다.

둘째 단계는 "청년"(13, 14절)으로 이들은 악한 자를 이겼다는 특징을 지닌다. 이들은 성장하고 있는 신자들로서, 하나님 말씀이 그들 안에 거하기 때문에 강하다. 진리를 아는 청년들은 죄의 능력을 극복하였다. 그들 마음속에서 벌어지는 전투에서 승리하여 악한 자를 이겼다. 더 이상 그들은 제어할 수 없는 습관에 매이지 않으며, 그리스도 안에서 자유를 경험하지 못하게 막는 개인적이고 영적인 싸움을 해결하였다. 그들은 그리스도 안에서 자유롭고, 어떻게 자유를 누리는지 알고 있다.

셋째 단계는 "아비"(13, 14절)다. 이들은 개인적으로 하나님을 아는 지식이 깊으며, 하늘 아버지와 깊고 인격적인 관계를 확립하였다. 그들의 믿음은 우리의 영적 성장의 목표인, 하나님과의 친근한 사랑의 관계에 기초하여 안전하다. 성장에 전념하여 우리 삶에서 죄의 세력과 싸우라고 격려하면서 사도 요한은 계속해서 사탄이 우리를 유혹하는 통로를 설명하고 있다.


## 시험의 통로

성경에 따르면 사탄이 우리로 하여금 하나님을 떠나게 만드는 통로는 세 가지다. 그 세 가지는 신자들에게 세상과 신자의 관계를 교훈하는 사도 요한의 말 속에 잘 요약되어 있다.

> 이 세상이나 세상에 있는 것들을 사랑하지 말라. 누구든지 세상을 사랑하면 아버지의 사랑이 그 안에 있지 아니하니 이는 세상에 있는 모

든 것이 육신의 정욕과 안목의 정욕과 이생의 자랑이니 다 아버지께로부터 온 것이 아니요 세상으로부터 온 것이라. 이 세상도, 그 정욕도 지나가되 오직 하나님의 뜻을 행하는 자는 영원히 거하느니라(요일 2:15-17).

시험의 세 가지 통로는 **육신의 정욕, 안목의 정욕, 이생의 자랑**이다. 육신의 정욕은 우리의 육신적인 욕구와, 이 세상에서 그 욕구를 만족시키려는 갈망이다. 안목의 정욕은 이기주의에 호소하여 하나님 말씀을 시험한다. 이생의 자랑은 자기 높임과 자기 자랑과 관련된다. 사탄은 이 세 가지 통로를 이용해 첫 아담과 마지막 아담을 모두 시험했다. 첫 아담은 비참하게도 실패했다. 그가 실패한 결과, 우리는 여전히 고통받는다. 그러나 마지막 아담인 예수 그리스도는 사탄의 삼중 시험을 정면으로 맞서 이기셨다. 그리스도 안에서 우리는 사탄이 우리에게 던지는 모든 시험을 물리칠 자원과 힘을 소유한다.

| 시험의 통로<br>(요일 2:15-17) | 육신의 정욕<br>(동물적 식욕, 갈망, 욕구)<br>"여자가 그 나무를 본즉 먹음직도 하고"<br>(창 3:6) | 안목의 정욕<br>(이기심, 자기중심)<br>"보암직도 하고"<br>(창 3:6) | 이생의 자랑<br>(자기 높임, 자기 자랑)<br>"지혜롭게 할 만큼 탐스럽기도 한 나무인지라"(창 3:6) |
|---|---|---|---|
| 우리를……에서 떠나게 함 | 하나님의 뜻<br>(갈 16:18) | 하나님의 말씀<br>(마 16:24-26) | 하나님을 향한 경배<br>(벧전 5:5-11) |
| ……을 파괴함 | 하나님에 대한 의존<br>(요 15:5) | 하나님에 대한 확신<br>(요 15:7) | 하나님에 대한 순종<br>(요 15:8-10) |

| 첫 아담 (창 3:1-6) | "하나님이 참으로 너희에게 동산 모든 나무의 열매를 먹지 말라 하시더냐" (창 3:1) | "너희가 결코 죽지 아니하리라" (창 3:4) | "너희가 …… 하나님과 같이 되어" (창 3:5) |
|---|---|---|---|
| 마지막 아담 (마 4:1-11) | "사람이 떡으로만 사는 것이 아니요 여호와의 입에서 나오는 모든 말씀으로 사는 줄을" (신 8:3) | "너희의 하나님 여호와를 시험하지 말고" (신 6:16) | "네 하나님 여호와를 경외하며 그를 섬기며"(신 6:13) |

## 육신의 정욕

사탄은 처음에 육신의 정욕이라는 통로를 통해 하와에게 접근했다. 그는 하와의 마음에 나무의 열매에 대한 의심을 심어 주었다. "하나님이 참으로 너희에게 동산 모든 나무의 열매를 먹지 말라 하시더냐"(창 3:1). 이 말에 하와는 "하나님의 말씀에 너희는 먹지도 말고 만지지도 말라 너희가 죽을까 하노라 하셨느니라"(3절)라고 대답했다. 하와가 하나님이 하신 말씀에 "만지지도 말라"라는 말을 덧붙였다는 사실을 주목하라. 그러나 사탄은 금단의 열매에 대한 하와의 식욕을 자극했고, 하와 역시 그 나무를 본즉 "먹음직하게"(6절) 보았다. 육신의 정욕에 굴복한 아담과 하와는 결국 타락의 길로 들어섰다.

사탄은 예수를 시험할 때도 육신의 정욕으로 도전했다. 사탄이 광야에서 예수를 시험했을 때, 그는 우리 주님이 40일 동안 금식하셨다는 약점을 이용했다. "네가 만일 하나님의 아들이어든 명하여 이 돌들로 떡덩이가 되게 하라"(마 4:3). 이것이 바로 시험의 핵심이다.

사탄은 예수께서 스스로를 구하기 위해 하늘 아버지와 상관없이 그분의 거룩한 능력을 사용하시길 바랐다. 사탄은 전지(全知)한 존재가 아니다. 그러나 맹인도 아니다. 사탄은 예수가 40일간 금식하시는 것을 지켜보고 육체적인 시험에 약할 것이라는 사실을 알았다. 사탄은 오늘날에도 음식과 휴식, 평안과 성(性)에 대한 우리의 육적인 욕구가 지닌 약점을 찾으면서 우리를 관찰하고 있다. 시험은 굶주리거나, 몸이 지치거나, 외로움이 극에 달할수록 강력하게 다가온다.

육신의 정욕에 굴복한다면 하나님의 뜻에서 멀어질 것이다. 먹는 것 자체는 전혀 죄악이 아니다. 먹는 것은 정당한 신체적 필요이며, 하나님도 우리의 그런 필요를 채울 수 있도록 먹을 것을 창조하셨다. 그러나 하나님은 한 나무의 열매는 유독 "먹지 말라"고 말씀하셨다. 그런데 아담과 하와는 그 열매를 먹어 하나님의 뜻을 거역하였고, 하나님을 떠나 독립적으로 행동했다.

마찬가지로 금식을 끝낸 후 예수께서 떡을 잡수시는 것은, 그것이 하나님 뜻에서 벗어나는 것이 아니라면 전혀 잘못이 없다. 예수께서는 이렇게 대답하셨다. "사람이 떡으로만 살 것이 아니요 하나님의 입으로부터 나오는 모든 말씀으로 살 것이라 하였느니라"(마 4:4). 40일간 금식하신 상황에서 떡 한 덩이가 예수께 얼마나 절실했든 간에 예수께서는 사탄의 제의를 받아들여 하나님 뜻을 떠나는 길로 가지 않으셨다. 예수께서는 전적으로 하나님 아버지를 의지하는 삶을 본으로 보이신 것이다(요 5:30; 6:57; 8:42; 14:10; 17:7).

먹는 것은 인간에게 꼭 필요하며 정당한 행위다. 그러나 지나치게 많이 먹거나, 먹지 말아야 할 음식을 먹거나, 음식이 삶을 지배하게 해서는 안 된다. 하나님이 의도하신 성(性)은 아름답고 좋은 것이다. 그러나 결혼 관계를 벗어난 성관계나 동성연애, 이기적인 성은 잘못된 것이며 멍에가 된다. 하나님을 떠나 육적인 필요나 욕구를 채우려는 시험을 받아들인다면, 우리는 육신의 정욕에 굴복하는 것이다.

## 안목의 정욕

사탄이 아담과 하와를 유혹한 둘째 통로는 하나님에게 불순종한 결과에 대한 거짓말이다. 하나님은 만일 그들이 불순종하면 죽을 것이라고 말씀하셨다. 그러나 사탄은 "너희가 결코 죽지 아니하리라"(창 3:4)고 말했다. 사탄은 하나님이 말한 죄의 결과는 결코 일어나지 않을 것이라는 거짓말로 하와를 안심시키며 그의 자기 보호 욕망에 호소한 것이다. "하나님의 말에 귀를 기울이지 말라. 무엇이든 네 눈에 옳게 보이는 대로 하라"고 하와를 독촉했다. 그 금단의 열매는 하와 눈에 보암직했다(6절). 그래서 하와와 아담은 그들을 가장 만족시켜 줄 것으로 보이는 일을 하기 위해 하나님의 명령을 무시해 버렸다.

안목의 정욕은 하나님 말씀에서 우리를 교묘하게 멀어지게 하고, 하나님을 믿는 우리의 확신을 삼켜 버린다. 우리는 우리와 하나님의 관계보다 세상이 주는 것을 더 중요하게 생각하고 갈망한다. 하나님의 명령과 약속보다는 인생을 바라보는 우리 관점을 더 신뢰하기 시작한다. 우리가 보는 것을 향한 정욕이 우리를 부채질하기 시작하면, 우리는 우리에게 그것이 필요하다고 믿고 하나님도 우리가 그것을 갖기 원하신다고 정당화하면서 우리가 얻을 수 있는 것은 무엇이든 가지려고 한다. 우리에게 좋지 않으면 하나님도 주지 않으실 거라고 오해하면서, 우리는 탐욕스럽게 부(富)를 추구한다.

전심으로 하나님을 신뢰하는 대신 우리는 "그것을 나에게 증명하시오"라는 태도를 보인다. 그것이 바로 사탄이 예수께 행한 둘째 시험의 본질이다. "네가 만일 하나님의 아들이어든 [이 성전 꼭대기에서] 뛰어내리라. 기록되었으되 그가 너를 위하여 그의 사자들을 명하시리니 그들이 손으로 너를 받들어 발이 돌에 부딪치지 않게 하리로다"(마 4:6). 그러나 예수께서는 사탄과 "보여 주시오" 게임을 하지 않으셨다. 예수께서는 "기록되었으되 주 너의 하나님을 시험하지 말라 하였느니라"(7절)고 대답하셨다.

내가 목회할 때, 우리 교회 성도 가운데 몇 사람이 자기도 모르게 하나님을 시험하는 유혹에 넘어간 적이 있다. 당시 내게는 암으로 죽어 가는, 딕이라는 친한 친구가 있었다. 그런데 그가 죽지 않을 것이라는 소문이 교회에 떠돌았다. 하나님이 네 사람에게 그 친구가 죽지 않을 것이라고 말씀해 주셨기 때문이라는 것이다. 사람들은 "하나님이 딕을 살려 주신다니, 정말 놀랍지 않아요?"라고 흥분하며 소리치기도 했다. 그러나 석 주 후 딕은 죽었다.

그 네 사람에게 딕이 죽지 않을 거라고 말씀하신 유일한 분이 하나님이라면, 하나님은 어떻게 되는가? 거짓말쟁이가 된다. 그렇다면 하나님이 거짓말쟁이란 말인가? 물론 아니다. 하나님은 진실하시다. 이 "좋은 소식"의 근원지는 분명 거짓의 아비다. 속이는 영이 잘못된 희망을 만들어 내고 하나님을 향한 성도들의 믿음을 무너뜨리기 위해 딕에 관한 거짓말을 퍼뜨린 것이다.

하나님은 우리에게 아무런 의무가 없으시다. 그분은 오직 그분 자신에 대한 의무만 있을 뿐이다. 하나님이 우리 기도에 반드시 응답하셔야 하는 것도 아니다. 그것은 기도의 의미를 곡해하는 것일 뿐만 아니라, 하나님을 조종하는 자리에 자기 자신을 두려는 태도다. 의인은 기록된 하나님 말씀 안에서 믿음으로 살아야 한다. 그것이 얼마나 고귀하든 간에 우리는 우리의 변덕스러운 기도나 소원을 들어주셔서 하나님 자신을 증명해 달라고 요구할 수 없다. 우리는 시험을 받는 존재지만, 하나님은 그렇지 않다.

## 이생의 자랑

시험의 셋째 통로는 뉴에이지 운동의 핵심에서 알 수 있다. 즉 우리 자신의 운명을 총괄하고, 우리 자신의 세계를 다스리며, 자신이 신이 되려는 유혹이다. 사탄은 금단의 열매에 대해 이런 말로 하와를 애태웠다. "너희가 그것을 먹는 날에는 너희 눈이 밝아져 하나님과 같이 되어 선악을 알게 될 것이다"(창 3:5). 사탄의 제의는 하나님이 불어넣으신 인간의 성향을 지배하려는 허풍스런 호소였다. "네게는 **하나님처럼** 될 수 있는 잠재력이 있어. 그러니까 **하나님 아래** 지배당하는 것에 만족하지 마라." 사탄은 그렇게 말하는 것 같았다. 하와 마음에 그 나무가 "지혜롭게 할 만큼 탐스럽기도 한 나무"(6절)라는 확신이 든 순간, 하와와 아담은 그 열매를 먹었다.

그들이 하나님처럼 될 거라던 사탄의 약속은 순전히 거짓말이었다. 사탄의 시험에 넘어갔을 때, 아담과 하와는 생명을 잃고 하나님과 함께 누리던 신분을 잃어버렸다. 사탄은 아담과 하와의 역할을 빼앗아 이 세상의 신이 되었다.

사탄은 예수께도 같은 술책을 시도했다. "마귀가 또 그를 데리고 지극히 높은 산으로 가서 천하만국과 그 영광을 보여 이르되 만일 내게 엎드려 경배하면 이 모든 것을 네게 주리라"(마 4:8, 9). 예수께서는 천하만국과 그 영광을 줄 수 있다는 사탄의 권리에 반박하지 않으셨다. 아담과 하와가 첫 시험에서 실패한 뒤 세상은 사탄에게 속하고, 사탄은 이 세상의 신이 되었기 때문이다. 그러나 예수께서는 사탄의 패배가 아닌 다른 어떤 것과도 타협하지 않으셨다. 그래서 그분은 이렇게 대답하셨다. "사탄아 물러가라. 기록되었으되 주너의 하나님께 경배하고 다만 그를 섬기라 하였느니라"(10절).

이생의 자랑에 호소하면서 사탄은 우리가 하나님을 경배하지 않게 조종하고 하나님에게 순종하지 못하게 막는다. 하나님의 도움이나 인도가 필요 없다고 느낄 때마다, 하나님에게 의논드리지 않고도 우리 삶을 잘 처리할 수 있다고 생각될 때마다, 어느 누구에게도 무릎 꿇고 경배할 필요가 없다고 느낄 때마다 명심하라. 그것이 바로 이생의 자랑이다. 그때마다 우리는 자신을 섬기고 있다고 생각할지도 모른다. 그러나 하나님을 경배하고 섬기기를 그치는 순간, 우리는 사실 사탄을 경배하고 섬기고 있는 것이다. 그것이 바로 사탄이 가장 원하는 것이다. 그리스도인의 삶은 겸손히 하나님에게 순종하며 예배하는 삶으로 일관되어야 한다(요 15:8-10; 벧전 5:5-11).

시험의 통로에는 세 가지 결정적인 요소가 있다는 것을 기억하라. (1) 하나님을 의존할 때 나타나는 하나님의 뜻. (2) 하나님을 확신할 때 나타나는 하나님의 말씀. (3) 하나님에게 겸손히 순종할 때 나타나는 하나님을 향한 경배. 사탄이 우리에게 던지는 시험은 이런 가치들에 도전한다. 사탄은 우리가 어느 부분에서 가장 약한지 알기 위하여 우리를 주의 깊게 관찰하고, 방심하고 있는 영역이 보이면 시험할 것이다.

## 두 가지 최대 욕구

왜 우리는 하나님 말씀과 뜻을 거스르는 시험을 받게 되는가? 정직하게 답해 보자. 우리가 원하기 때문이다. 우리는 싫어하는 음식이나 매력적이지 않은 이성, 원치 않는 진급에 시험받지 않는다. 하나님 뜻을 벗어난 곳에서 우리가 원하고 필요로 하는 것을 얻을 수 있다고 장담하는 마귀의 속임수가 바로 시험의 갈고리다. 그 속삭임을 믿지 말라. 우리는 결코 육신의 갈망을 만족시킬 수 없다. 육적인 욕망은 채울수록 자라난다. "의에 주리고 목마른 자는 복이 있나니 그들이 배부를 것임이요"(마 5:6). 올바른 관계를 유지하고, 성령의 능력으로 살아가며, 성령의 열매를 경험하는 것만이 우리를 만족시킬 것이다.

### 살기 위해 먹느냐 먹기 위해 사느냐

식욕은 근본적인 욕구다. 살아가려면 음식이 필요하기 때문이다. 그래서 우리는 살기 위하여 먹는다. 그러나 우리가 먹기 위해서 살기 시작하면, 어떤 음식도 우리에게 만족을 주지 못한다. 오히려 우리를 소멸시킨다. 이미 많은 사람이 식욕을 통제하지 못하고 있다.

필요한 영양분이 부족하면, 우리 몸은 자연스럽게 건강과 면역 체계를 유지시켜 줄 음식을 찾는다. 이처럼 자연스러운 식욕을 채우기 위하여 먹는 거라면, 우리는 건강하고 자유로울 수 있다. 그러나 걱정을 해소하기 위해서 음식을 마구 먹거나 달고 짠 맛을 즐기기 위해 탐식한다면, 점점 통제력을 잃고 끝내 건강이 나빠질 것이다.

"후일에 어떤 사람들이 믿음에서 떠나 미혹하는 영과 귀신의 가르침을 따르리라"(딤전 4:1)고 바울이 준엄하게 경고하면서 음식의 오용을 언급한 것은 우연이 아니다. 후일(말세)의 징조 가운데 하나는 정당한 필요를 채우기 위한 것일지라도 "어떤 음식물은 먹지 말라고"(3절) 하는 사람이 나타난다는 것이다. 거식증이나 식욕 이상 항진증은 식이 장애라고 불리지만, 사실은 음식과 거의 관련이 없다. 이 증상들의 주요 문제는 속임수다.

어째서 젊은 여성들이 굶거나, 폭식하고 다시 토해내거나, 억지로 배변을 보는지 궁금하지 않은가? 그들은 자신 안에 악한 것이 있어서 그것을 내보내야 한다고 생각한다. 바울은 "내가 한 법을 깨달았노니 곧 선을 행하기 원하는 나에게 악이 함께 있는 것이로다"(롬 7:21)라고 말한다. 굶고 토해 내고 억지로 배변하면 악한 것이 없어질까? 당연히 그렇지 않다. 나는 한 젊은 여성(그는 하루에 완하제를 75알이나 먹고 있었다)에게 이 말을 따라하게 했다. "나 자신을 정결케 하는 수단으로 배변하는 것은 그만두겠습니다. 나는 오직 정결케 하시는 그리스도의 사역만 신뢰합니다." 그 말을 따라하자마자 그 여성은 눈물을 흘리기 시작하더니 십 분 동안 아무도 말릴 수 없을 만큼 계속 울었다. 그 여성이 다시 평정을 찾은 것을 보고 내가 물었다. "무슨 생각이 드셨나요?" 여자가 대답했다. "제가 믿어 온 거짓말을 이제는 믿을 수가 없어요!" 내 세미나에 참석한 어느 목회자의 부인은 세미나가 끝난 뒤 다음과 같은 편지를 내게 보냈다.

> 목사님이 세미나에서 가르쳐 주신 진리를 통해 하나님이 내 삶에 하신 일을 말로 다 표현할 수가 없습니다. 저는 이제 원수의 속임수를 더 잘 알게 되었으며, 그래서 능력과 은혜가 많으신 구주께 더욱 감사하고 있습니다. 저는 지난 11년 동안 폭식증을 앓아 왔습니다. 그러나 지금은 부엌에 음식이 가득한 집에서 온종일 혼자 있어도 마음이 평안합니다. 사탄의 거짓말이나 시험이 제 마음을 흔들 때마다, 재빠르게 진리로 그것을 물리칩니다. 전에는 음식을 무서워하면서 날마다 몇 시간씩 사탄의 거짓에 사로잡혀 있었습니다. 그러나 이제는 진리가 주는 자유를 누리고 있습니다.

## 제재받지 않는 성적 갈망

바울은 후일에 미혹하는 영이 결혼을 금한다고도 말했다(딤전 4:3). 바울은 독신이 유익하지만 "음행을 피하기 위하여 남자마다 자기 아내를 두고 여자마다 자기 남편을 두라"(고전 7:2)고 가르친다. 성적인 죄는 타의 추종을 불허한다. 바울은 "사람이 범하는 죄마다 몸 밖에 있거니와 음행하는 자는 자기 몸에 죄를 범하느니라"(고전 6:18)고 기록했다. 실제로도 내가 상담한 사람들 모두가 성적인 탈선을 고백했다. 그중 어떤 사람들은 스스로 제어할 수 없는 욕망에 매여 있었다. 또 어떤 사람들은 성적 학대의 피해자였다.

성은 하나님이 우리에게 주신 자율 신경계에 속한다. 정상적인 성적 활동은 정기적이고 일정한 우리 삶의 한 부분이다. 그러나 예수께서 "음욕을 품고 여자를 보는 자마다 마음에 이미 간음하였느니라"(마 5:28)고 말씀하셨을 때는 하나님이 의도하신 성의 영역에서 넘어선 것을 설명하신 것이다. 헬라어로 음욕을 뜻하는 단어는 에피투미아(ἐπιθυμία)다. "에피"(ἐπι)라는 접두사는 정상적인 욕구에 무언가를 더한다는 뜻인 "부가하다"라는 의미가 있다. 예수께서는 하나님이 주신 성적 욕구 위에 호색적인 생각으로 마음을 더럽힐 만한 것을 부가하지 말라고 말씀하신다. 우리의 성생활을 통제하는 유일한 길은 우리 사고를 통제하는 것이다. 다음 간증은 더럽혀진 생각이 어떻게 엄청난 파괴로 이어지는지를 잘 보여 준다.

저는 누구나 완벽하다고 생각할 만한 가정에서 자랐습니다. 우리 부모님은 그리스도인이시고, 교회에도 잘 참석하셨습니다. 그분들은 자신들의 사랑을 표현하기 위해 무척 애쓰셨습니다. 사춘기를 겪을 무렵, 혈기 왕성한 다른 남자아이들처럼 저 역시 성에 관심이 많아졌습니다. 아버지와 어머니는 허물없이 성에 대해 나누는 데 익숙하지 않으셨기 때문에, 저는 성에 대해서 대부분 집에 있는 어느 책을 통해 배웠습니다.

그 책에서 수음하는 법을 알게 되었습니다. 그리고 저는 굉장히 빠르게 수음에 빠져들었습니다. 곧 외설물을 알게 되면서 외설물에도 얽매이게 되었습니다. 외설물은 가게에서 쉽게 구할 수 있었습니다. 가게 주인들은 청소년으로 보이는 아이가 그런 물건을 사도 신경 쓰지 않는 것 같았습니다. 그때부터 저는 저만의 비밀스러운 세계를 만들어 갔습니다. 저는 그리스도인 아이였고, 청소년 모임에도 참석하며, 기독교 캠프에서 상담도 해주고, 교회에 열심히 다니는 "완벽한 가정"의 일원이었습니다. 마음속은 외설물과 탐욕스러운 생각에 완전히 사로잡혀 있었지만 말입니다.

저는 기독교 대학에 가서도 제 탐욕스러운 습관을 계속 키워 갔습니다. 아름다운 그리스도인 여자친구와 결혼도 했습니다. 제 주변 사람들이 보기에 우리는 "완벽한 부부"였습니다. 그러나 저는 여전히 그 비밀스러운 세계를 버리지 않았습니다. 심지어 아내도 그 사실을 몰랐습니다. 직업상 자주 돌아다니면서 저는 더 큰 죄(간통)에 점점 가까이 다가갔습니다. 늘 외설물은 조금 손댈 수 있지만 간통은 절대 안 된다고 생각했습니다. 그런데 결국 그 일이 일어났고, 그 뒤로는 거듭 간통을 저질렀습니다. 죄책감과 깊은 후회에 사로잡혔지만, 진정으로 회개한 적은 한 번도 없었습니다.

결국 하나님이 제가 아는 사건들을 엮으셔서 아내가 그 사실을 알게 되었습니다. 그리고 저는 비밀스러운 성중독의 생활을 고백했습니다. 박사님이 쓰신 「피할 길」, 「내가 누구인지 이제 알았습니다」, 「이제 자유입니다」에서 얻은 도움으로 저는 그리스도 안에서 자유를 찾을 수 있었습니다. 더 이상 멍에는 없습니다! 더 이상 저는 죄의 노예도 아닙니다!

9장. 내 방식대로 하고 싶은 시험

# 피할 길

"사람이 감당할 시험 밖에는 너희가 당한 것이 없나니 오직 하나님은 미쁘사 너희가 감당하지 못할 시험당함을 허락하지 아니하시고 시험당할 즈음에 또한 피할 길을 내사 너희로 능히 감당하게 하시느니라"(고전 10:13). 이 구절에서 말하는 "피할 길"이란 어디인가? 시험이 들어오는 길과 같은 곳, 바로 우리 마음속이다. 모든 시험은 처음에 우리 자신의 육욕이나 기질을 통해 마음속에 한 가지 생각을 불어넣는다. 우리가 그 생각을 심사숙고하고 선택할 수 있는 것들을 고려한다면, 머지않아 그 생각을 행동으로 옮길 것이다. 그것이 바로 죄다. 대신 바울은 우리에게 모든 생각을 사로잡아 그리스도에게 복종하게 하라고 가르친다(고후 10:5). 시험을 피하는 첫 단계는 생각이 마음의 출입구를 통하여 들어오기 전에 사로잡는 것이다.

일단 마음속으로 침투해 들어온 생각을 멈추고 나서, 다음으로 해야 할 단계는 침투해 들어온 그 생각을 바울이 제시한 여덟 가지 기준에 따라 평가하는 것이다. "무엇에든지 참되며 무엇에든지 경건하며 무엇에든지 옳으며 무엇에든지 정결하며 무엇에든지 사랑받을 만하며 무엇에든지 칭찬받을 만하며 무슨 덕이 있든지 무슨 기림이 있든지 이것들을 생각하라"(빌 4:8). 자신에게 물어보라. "이 생각이 하나님의 진리와 일치하는가? 이것은 경건한 생각인가? 옳은가? 정결한가? 이 생각을 행동으로 옮기면 그 결과가 사랑받을 만하고 내 삶에 덕이 될 만한 것인가? 다른 성도들이 내 행동을 인정할 것인가? 이것으로 내가 하나님을 찬양할 수 있는가?" 이 질문들 가운데 어느 하나라도 "아니"라는 대답이 나온다면, 진리를 택하여 즉시 그 생각을 떨쳐 버리라. 그 생각이 다시 떠올라도 계속 아니라고 말하라. 당신을 시험하는 생각을 마음의 출입구에서 멈춰 세우고 말씀에 비추어 평가한 뒤 기준 미달인 생각들을 버린다면, 하나님의 말씀이 약속하는 피할 길을 찾은 것이다.

반대로 만일 어떤 생각이 마음속에 들어왔는데, 그 생각이 빌립보서 4장 8절에 나타난 진리, 경건, 의 등의 기준을 통과한다면 "이것들을 생각하고"(8절) "행하라"(9절). "그리하면 평강의 하나님이 너희와 함께 계시리라"(9절). 하나님이 함께하시는 삶은 우리가 시험하는 생각에 굴복하여 죄악을 범했을 때 뒤따르는 고통이나 혼란과는 비교할 수 없을 만큼 좋은 결과다.

### 항복하고, 고백하고, 대적하고, 변하라

죄짓고, 고백하고, 죄짓고, 고백하고……. 이런 악순환을 반복하는 사람은 진정으로 죄를 이길 수 있는 소망을 잃어버릴 수 있다. 의지력이 약한 사람은 방금 고백한 죄를 되풀이하고, 사탄은 그러한 모습에 정죄를 퍼붓는다. 그의 삶에서 자제력을 발휘한다는 것은 꿈만 같고, 이 그리스도인의 삶은 끝도 없이 오르락내리락하게 된다.

하나님은 우리가 이러한 절망의 고리를 극복하게 해주신다. "나의 자녀들아 내가 이것을 너희에게 씀은 너희로 죄를 범하지 않게 하려 함이라. 만일 누가 죄를 범하여도 아버지 앞에서 우리에게 대언자가 있으니 곧 의로우신 예수 그리스도시라"(요일 2:1). 우리에게는 우리가 행한 모든 잘못을 고발할 원수가 있다. 시험과 죄를 이기고 자유를 경험하려면, 의로운 대언자에게 돌아가 극악무도한 원수를 대적해야 한다. "그런즉 너희는 하나님께 복종할지어다. 마귀를 대적하라. 그리하면 너희를 피하리라"(약 4:7).

하나님에게 복종하는 것은 죄를 고백하는 것 이상이다. 그것은 생각과 삶의 방식을 바꾸는 진정한 회개가 필요하다. 다음 간증은 한 남자가 죄의 힘을 어떻게 극복했는지를 보여 준다.

저는 수년 동안 외설물에 참여하고 구독할 정도로 중독되어 있었습니다. 아내가 내 죄를 알게 되었을 때에는 정말 최악의 상태였습니다. 내 상태를 알게 되고 나서 얼마 뒤, 아내와 나는 기독교 서적이 진열된 어느 식당에 가게 되었습니다. 그 책 사이에서 박사님이 쓴 「그리스도 안에서 자유를 찾도록 도우라」(*Helping Others Find Freedom in Christ*)를 발견했습니다. 그 책은 저를 위한 책이라는 걸 단번에 알아봤지요. 그때부터 저는 회복되기 시작했습니다.

저는 제가 구원받은 것을 종종 의심했습니다. '하나님이 정말 나를 사랑하실까?' '나는 가망 없나?' 앞서 말한 책과 「이제 자유입니다」, 「피할 길」은 제 영혼의 대적들이 제게 거짓말하고 저를 속인다는 사실을 깨닫도록 도와주었습니다. 그러고 나서 저는 "그리스도 안에서 자유에 이르는 단계"를 밟아 나갔습니다. 이제 저는 자유합니다. 저는 제가 "구원받고 죄를 용서받았다"는 것을 믿습니다. 그리고 제가 "죄에 대해 죽고 하나님에 대해 살아 있는" 자라는 것도 믿습니다. 자유로운 상태를 유지하는 책임이 제게 있다는 것을 매우 진지하게 생각하고 있습니다. 그래서 매주 교회에서 남성 모임을 하고 있습니다.

저는 이제 날마다 주께 헌신합니다. 하나님은 제 힘으로는 할 수 없는 일을 저를 위해 하고 계십니다.

# 10장

# 비난의 음성을 믿지 말라

그리스도인, 심지어 목회자와 기독교 지도자, 그들의 아내와 자녀에게서 발견한 공통점은 그들 마음속에 자기 비하가 깊이 자리 잡고 있다는 사실이다. 나는 그들이 스스로를 이렇게 말하는 것을 자주 듣는다. "나는 하찮은 존재야." "나는 자격 없어." "나는 선하지 않아." 얼마나 많은 그리스도인이 열등감과 쓸모없다는 생각에 빠져 증인으로서 열매 맺는 삶을 살지 못하는지를 보고 나는 깜짝 놀랐다.

사탄이 시험 다음으로 빈번하고 꾸준하게 우리 약점을 공격하는 방법이 바로 비난일 것이다. 믿음으로 우리는 주 예수 그리스도와 영원한 관계를 맺게 되었다. 그 결과 우리는 죄에 대하여 죽고 하나님에 대하여 살았으며, 이제는 천국에서 그리스도와 함께 앉아 있다. 그리스도 안에서 우리는 **중요하고, 가치 있으며, 사랑받을 만한** 존재다. 사탄은 어떤 행동으로도 그리스도 안에 있는 우리 신분이나 가치를 바꿀 수 없다. 그러나 우리가 하나님에게나 다른 사람에게 아무 가치 없는 존재라고 비난하는 사탄의 은밀한 거짓말에 우리가 귀 기울이고 믿게 된다면, 그는 우리 삶을 무기력하게 만들 수 있다.

사탄은 종종 인정사정없이 시험과 비난을 연타로 날린다. 그는 우리에게 이렇게 속삭인다. "좀 해 보면 어때? 다른 사람들은 다 하잖아. 더구나 너는 들키지 않고 잘해낼 수 있어. 누가 알겠어, 안 그래?" 그리고 나서 우리가 시험에 빠지면 곧바로 태도를 바꾸어 격렬한 비난을 퍼붓는다. "그런 짓을 하고도 네가 그리스도인이야? 너는 하나님의 자녀라고 하기에는 처량하고 보잘것없는 사람이라고. 너는 결코 빠져나올 수 없을 거야. 하나님은 이미 너를 포기해 버리셨으니까 너도 너 자신을 포기하는 게 좋을 걸?"

사탄은 "우리 형제들을 참소하던 자 곧 우리 하나님 앞에서 밤낮 참소하던 자"라 불린다(계 12:10). 우리는 모두 마음과 양심 속에서 증오로 가득하여 거짓말하는 그의 목소리를 들은 적이 있다. 사탄은 우리를 향한 공격을 잠시도 멈추려 하지 않는다. 많은 그리스도인이 사탄의 집요한 거짓말을 믿고는 계속해서 낙담하고 좌절한다. 사탄의 비난에 굴복하는 사람들은 하나님이 그분의 백성에게 허락하신 자유를 결국 빼앗기고 만다. 사탄에게 패배한 어느 그리스도인이 쓴 글이다.

> 인생은 헛된 수고일 뿐이라는 옛 생각이 다시 밀려옵니다. 나는 불안하고, 외롭고, 혼란스럽고, 절망하고 있습니다. 물론 마음 깊은 곳에서는 하나님이 이것을 해결하실 수 있다는 것을 잘 알지만, 나는 이 어려움을 극복할 수가 없습니다. 심지어 기도도 할 수 없습니다. 기

도하려고 하면, 여러 일이 나를 가로막습니다. 기분이 좋아져서 하나님이 원하시는 일을 하려고 하면, 계속할 수 없을 만큼 강한 힘과 음성 때문에 마치 죽은 사람인 양 그만둘 수밖에 없습니다. 더 이상 대항할 수 없을 만큼 이 음성에 거의 굴복하고 있습니다. 나는 그저 평안을 얻고 싶습니다.

## 참소하는 자를 이기다

다행히 우리는 사탄의 비난에 귀 기울일 필요도, 절망과 패배에 파묻힐 필요도 없다. 스가랴 3장 1-10절은 사탄의 비난에 대항하여 믿음으로 확고히 서고 하나님을 섬기는 의로운 삶을 사는 데 우리에게 필요한 기본적인 진리를 제시한다.

하나님은 스가랴 선지자에게 천상에서 사탄이 하나님의 백성을 참소하는 장면을 보여 주셨다. 이것은 사탄의 참소에 대해 올바른 시각을 제시해 준다.

대제사장 여호수아는 여호와의 천사 앞에 섰고 사탄은 그의 오른쪽에 서서 그를 대적하는 것을 여호와께서 내게 보이시니라. 여호와께서 사탄에게 이르시되 사탄아 여호와께서 너를 책망하노라. 예루살렘을 택한 여호와께서 너를 책망하노라. 이는 불에서 꺼낸 그슬린 나무가 아니냐 하실 때에 여호수아가 더러운 옷을 입고 천사 앞에 서 있는지라(3:1-3).

## 하나님이 사탄을 꾸짖으시다

하늘의 법정과도 같은 이 장면에서 등장인물들의 배역을 보라. 재판관은 하나님 아버지, 검사는 사탄, 변호사는 예수다. 그리고 기소된 피고인은 하나님의 백성을 대표하는 대제사장 여호수아다. 역사적으로 대제사장은 해마다 지성소에 들어가 하나님을 뵈었다. 그것은 대단히 엄숙한 순간이다. 대제사장은 지성소에 들어가기 전에 정성껏 정결 의식을 행하여 깨끗케 해야 했다. 그에게 뭔가 하나님 앞에 바르지 못한 행위가 있다면 그 자리에서 죽기 때문이다. 대제사장은 겉옷 가장자리에 방울을 달아서 지성소 밖에 있는 사람들에게 자신이 아직 살아서 움직이고 있다는 것을 알려 주었다. 그리고 발목에는 밧줄을 매었는데, 만일 그가 하나님이 임재하신 가운데 죽을 경우 그 시신을 지성소 밖으로 끌어당기기 위해서다.

그래서 여기, 이스라엘의 죄를 대표하는 더러운 옷을 입은 여호수아라는 대제사장이 하나님 앞에 서 있다. 정말 난처한 일이다! 참소자 사탄이 말한다. "하나님, 보십시오. 저 사람은 추합니다. 죽어 마땅한 자입니다." 그러나 하나님은 참소자를 꾸짖으시고 그의 코를 납작하게 만드신다. "너는 재판관이 아니다. 내 백성에게 형벌을 내릴 권리가 없다. 나는 심판의 불 속에서 여호수아를 구원하였다. 그러므로 네 비난은 아무 근거가 없다"고 하나님은 사탄을 질책하신다.

이 법정 장면은 모든 하나님의 자녀에게 밤낮으로 계속되고 있다. 사탄은 하나님께 우리 잘못과 연약함을 끊임없이 지적하면서, 우리가 완전하지 못하니 어서 해치우라고 하나님께 요구한다. 그러나 하늘에서 우리를 변호하시는 이는 예수 그리스도다. 예수는 재판관이신 하나님 앞에서 한 건(件)도 패소한 적이 없으시다. 예수께서 우리를 의롭게 하셨고 살아나셔서 우리를 위해 간구하시기 때문에, 사탄의 고소는 효력을 발휘할 수 없다(롬 8:33, 34).

사탄이 하나님 앞에서 우리를 비난하는 바로 그때, 그의 졸개들은 하나님 보시기에 우리가 무가치하고 불의하다는 생각을 우리 마음속에 쏟아 붓는다. "네가 어떻게 그러고도 그리스도인이라고 할 수 있니? 너는 진정한 하나님의 자녀가 아니야." 그러나 사탄은 우리 재판관이 아니다. 단지 우리를 **비방하는 자**일 뿐이다. 그러나 우리가 사탄의 말에 귀 기울이고 그 말을 믿는다면, 우리는 마치 그 말이 우리가 받아야 할 형벌인 것처럼 그 비난대로 살아갈 것이다.

우리가 무가치하다는 비난으로 사탄이 공격할 때, 귀 기울이지 말라. 그 대신 이렇게 생각하라. '나는 그리스도를 믿는다. 나는 그리스도 안에서 하나님의 자녀다. 대제사장 여호수아처럼, 하나님은 나를 심판의 불 속에서 구원하시고 의롭다고 선언하셨다. 사탄은 내게 판결을 내릴 수도, 나를 정죄할 수도 없다. 사탄이 할 수 있는 일은 나를 비난하는 것뿐이다. 그러나 나는 그 비난을 받아들이지 않는다.'

하나님이 우리의 더러운 옷을 벗기시다

사탄의 고소가 근거 없는 이유는 하나님이 우리의 더러운 옷이라는 문제를 해결하셨기 때문이다. 스가랴 선지자는 하늘의 장면을 계속해서 이렇게 묘사한다.

여호와께서 자기 앞에 선 자들에게 명령하사 그 더러운 옷을 벗기라

하시고 또 여호수아에게 이르시되 내가 네 죄악을 제거하여 버렸으니 네게 아름다운 옷을 입히리라 하시기로 내가 말하되 정결한 관을 그의 머리에 씌우소서 하매 곧 정결한 관을 그 머리에 씌우며 옷을 입히고 여호와의 천사는 곁에 섰더라(슥 3:4, 5).

하나님은 우리를 용서했다고 선포하셨을 뿐 아니라, 우리의 더러운 불의의 옷을 벗기고 하나님의 의를 입히셨다. 옷을 바꾸는 것은 **하나님이** 하신 일이라는 사실을 주목하라. 우리가 한 일이 아니다. 우리에게는 하나님을 만족시켜 드릴 만한 의의 옷이 전혀 없다. 하나님은 믿음 안에서 우리가 하나님에게 순종하는 것을 보시고 우리를 변화시키신다.

## 하나님이 우리에게 순종을 요구하시다

사탄을 꾸짖고 우리를 의롭게 하시면서 하나님은 우리에게 순종을 요구하신다. "네가 만일 내 도를 행하며 내 규례를 지키면 네가 내 집을 다스릴 것이요 내 뜰을 지킬 것이며 내가 또 너로 여기 섰는 자들 가운데에 왕래하게 하리라"(슥 3:7). 이때 하나님이 말씀하신 조건은 우리와 하나님의 관계나 우리의 의로운 지위와는 아무런 관련이 없다. 그 관계와 지위는 모두 이미 보장되었기 때문이다. 그리고 이 경고는 사탄을 패배시키는 것과도 상관없다. 사탄은 이미 패배하였기 때문이다. 이것은 **매일의 승리**와 관계된다. 하나님의 도(道)를 따르고 그분을 섬기도록 우리를 부르실 때, 하나님은 우리를 하나님의 자녀로서 믿음으로 살라고 부르시는 것이다. 이것은 날마다 삶에서 육신을 십자가에 못 박고 성령을 따라 걷는 것을 뜻한다. 이 삶은 우리 자신이 죄에 대하여는 죽고 하나님에 대하여 살며, 죄가 우리 죽을 몸을 지배하지 못하게 하는 것이다. 모든 생각을 사로잡아 그리스도께 복종하며, 우리 마음을 새롭게 함으로 변화받는 것이다.

순종으로 날마다 사역을 감당할 때, 하나님은 우리가 그분의 집을 다스리고 그분의 뜰을 지킬 것이라고 약속하신다. 이것은 우리가 영적 세계에서 하나님의 권세를 소유할 것이며, 날마다 사탄과 죄에 승리하는 삶을 살 것이라는 뜻이다. 하나님은 또한 천국에서 자유롭게 왕래하게 하신다. 우리는 하나님 아버지와 자유롭게 대화할 수 있다. 우리가 하나님의 권세 안에서 일하고 하나님과 친교하며 조화를 이루어 살 때, 날마다 승리와 열매가 보장된다.


## 분명한 차이를 인식하다

당신은 "그렇다면 마귀의 비난과 성령의 음성은 어떻게 다른가요?"라고 의문을 가질지 모른다. 바울은 고린도후서 7장 9, 10절에서 이 둘의 분명한 차이를 설명한다.

> 내가 지금 기뻐함은 너희로 근심하게 한 까닭이 아니요 도리어 너희가 근심함으로 회개함에 이른 까닭이라. 너희가 하나님의 뜻대로 근심하게 된 것은 우리에게서 아무 해도 받지 않게 하려 함이라. 하나님의 뜻대로 하는 근심은 후회할 것이 없는 구원에 이르게 하는 회개

를 이루는 것이요 세상 근심은 사망을 이루는 것이니라.

이 세상의 거짓 죄책감과 성령의 확신은 모두 근심을 가져온다. 그러나 사탄의 비난에서 오는 근심은 죽음으로 인도하고, 죄를 깨닫는 데서 오는 근심은 회개와, 후회 없는 생명으로 인도한다. 바울은 고린도 교인들이 근심해서 즐거워한 것이 아니다. 그들이 근심함으로 회개하고 진리를 알아 마침내 자유함으로 인도되었기 때문에 기뻐한 것이다.

모든 그리스도인은 날마다 성령을 따라 행할지, 육체를 따라 행할지 둘 중 하나를 선택해야 한다. 우리가 육체를 따라 행하기로 선택하는 순간, 성령께서는 우리를 깨우치실 것이다. 그 선택은 우리 신분에 합당하지 않기 때문이다. 계속 육체 가운데 행한다면 우리는 그 깨달음을 근심하게 될 것이다.

"내가 느끼는 근심이 어느 쪽인지 어떻게 알 수 있나요? 둘 다 똑같은 느낌이잖아요"라고 질문할지도 모른다. 먼저 자신의 느낌이 진리를 반영하는지, 잘못된 생각을 반영하는지 분별하라. 그러면 그 감정의 출처를 확인할 수 있을 것이다. 죄책감, 자기 비하, 우매, 미숙함을 느끼는가? 그것은 비난에서 오는 근심이다. 이런 느낌은 진리를 반영하고 있지 않기 때문이다. 법적으로 우리는 더 이상 죄가 없다. 우리는 그리스도 안에서 믿음으로 의롭게 되었으며, 그리스도 예수 안에 있는 사람에게는 결코 정죄함이 없다. 우리는 무가치하지 않다. 예수께서 우리를 위하여 그분의 생명을 주셨다. 우리는 어리석거나 미숙한 사람도 아니다. 우리는 그리스도의 마음을 지녔고, 우

10장. 비난의 음성을 믿지 말라

리를 강하게 하시는 그리스도를 통하여 모든 일을 할 수 있기 때문이다. 우리가 느끼는 근심 저 아래에 숨어 있는 거짓말을 찾아낸다면, 특히 그 근심이 우리를 계속 바닥으로 끌고 간다면 우리는 사탄의 거짓 비난을 받고 있는 것이다. 우리가 달라진다 해도 우리 느낌은 나아지지 않을 것이다. 사탄은 우리를 괴롭힐 만한 다른 무언가를 찾아낼 것이기 때문이다. 비난의 근심에서 벗어나기 위해서는 하나님에게 자신을 복종시키고 마귀와 그의 거짓말을 대적해야 한다.

그러나 만일 그리스도 안에 있는 진정한 신분에 맞지 않는 행동을 했기 때문에 근심하는 것이라면, 그 근심은 회개를 촉구하기 위하여 계획하신 하나님 뜻에 따른 것이다. 요한일서 1장 9절 말씀대로 "사랑하는 하나님, 제가 잘못했습니다"라고 고백하도록 성령께서 부르시는 것이다. 우리가 죄를 고백하고 회개하는 즉시, 하나님은 "네 죄를 고백해서 기쁘다. 너는 정결해졌다. 이제 더 나은 삶을 살도록 해라" 하고 말씀하신다. 그리고 우리는 마귀와의 대결에서 떠나 자유로워진다. 근심은 사라지고, 실패한 그 영역에서 우리는 하나님에게 순종하려는 적극적이고 새로운 다짐을 하게 된다.

가룟 유다와 시몬 베드로의 삶을 보면 사탄의 비난과 성령의 음성을 생생하게 대조하는 그림을 그려 볼 수 있다. 사탄은 가룟 유다를 속여 은 삼십에 예수를 배반하게 하였다(눅 22:3-5). 자신이 한 일이 무엇인가를 깨달았을 때, 유다는 심한 죄책감에 시달려 자살했다. 그를 자살로 이끈 것은 사탄의 비난인가, 하나님의 음성인가? 사탄의 비난이다. 그것이 결국 유다가 자살하도록 유도했기 때문이다. 비난은 죽음으로 인도하고, 양심의 가책은 회개와 생명으로 인도한다.

베드로도 예수를 부인하는 실패를 겪었다. 제자들이 누가 가장 큰 자인가 하는 논쟁처럼(눅 22:24-30), 그것은 자만에서 시작된 것이 분명하다. 예수는 베드로에게 "시몬아, 시몬아, 보라 사탄이 너희를 밀 까부르듯 하려고 요구하였으나"(31절)라고 말씀하셨다. 그렇다. 예수께서는 사탄이 베드로를 밀 타작기에 넣는 걸 내버려두셨다. 베드로가 교만하여 사탄에게 요새를 제공하였기 때문이다. 그러나 예수는 베드로를 보시고 이렇게도 말씀하셨다. "내가 너를 위하여 네 믿음이 떨어지지 않기를 기도하였노니 너는 돌이킨 후에 네 형제를 굳게 하라"(32절).

베드로는 예수와 함께 죽는 데에도 가겠다고 맹세했다. 그러나 예수께서는 베드로가 예수를 세 번 부인할 것이라고 말씀하셨고(33, 34절), 실제로 베드로는 예수를 세 번 부인했다. 베드로가 느낀 양심의 가책은 모두 가룟 유다가 경험한 것만큼 고통스러웠다. 그러나 베드로가 느낀 근심은 회개로 이끈 깨달음이었다(요 21:15-17). 후회의 감정이 우리를 비참한 지경에 떨어뜨려 하나님에게서 멀어지게 한다면, 우리는 사탄에게 비난받고 있는 것이다. 그러나 우리가 느끼는 근심이 예수를 직면하고 잘못을 고백하게 만든다면, 우리는 성령의 인도를 받고 있는 것이다. 그 음성에 순종하여 회개로 나아가라.

요한계시록 12장 10절에 따르면, 사탄은 세상 끝 날까지 밤낮으로 형제를 참소한다. 그러나 다행인 것은 그리스도께서 베드로에게 그러셨듯이 우리를 위해 중보하신다는 것이다. 히브리서 기자는 이렇게 기록했다. "자기를 힘입어 하나님께 나아가는 자들을 온전히 구원하실 수 있으니 이는 그가 항상 살아 계셔서 그들을 위하여 간구하심이라"(7:25). 우리에게는 끈질긴 원수가 있다. 그러나 우리는 더 끈질기고 영원하신 대언자, 그분 안에 있는 우리 믿음에 따라 아버지 앞에서 우리를 변호하는 분이 계시다(요일 2:1).

## 비난의 늪

사탄의 집요한 비난을 대적하는 법을 배우는 것은 얼마나 중요한가? 그것은 우리가 그리스도 안에서 날마다 승리하는 결정적 요소다. 우리는 누구나 때때로 자신이 아무 가치 없고 보잘것없는 존재라고 느낄 때가 있다. 그렇게 느낄 때, 우리는 진짜 아무 가치 없고 보잘것없는 사람처럼 행동하고, 우리가 뉘우치고 진리를 믿기로 할 때까지 우리 삶과 사역은 고통 속에 있게 된다. 그러나 사탄은 절대로 포기하지 않는다. 사탄은 잇따라 거짓 비난을 던지면서 점점 우리를 삼키려 하고 더 오래 억압하려고 할 것이다. 사탄을 대적하지 못한다면 우리는 아마 더 맹렬한 공격에 휩싸이게 될 것이다. 자넬의 이야기가 그러한 극단적인 경우다. 이 실례는 형제를 참소하는 자에게 대적하지 못한 그리스도인에게 무슨 일이 일어날 수 있는지를 잘 보여 준다.

자넬은 감정적인 면에서 심각한 문제를 지닌 여성으로, 담임 목사가 자넬을 내게 데리고 왔다. 그의 약혼자인 커트도 함께였다. 자넬과 커트를 소개해 주고 나서 목사는 돌아가려고 했다. "잠깐 기다리세요." 나는 말했다. "목사님도 우리와 함께 계시는 게 좋을 것 같습니다."

"제가 심장이 좋지 않아서요." 목사가 대답했다. 정말로 그의 심장이 건강하지 않았을지도 모른다. 그러나 내가 보기에는 상담 과정에서 무서운 현상이 일어날까 봐 두려워하는 것 같았다.

"오늘 이곳에서 목사님의 심장에 영향 끼칠 일은 일어나지 않을 겁니다." 나는 그를 안심시켰다. (그때까지도 나는 그날 무슨 일이 일어날지 전혀 알지 못했다!) "게다가 목사님은 자넬의 담임 목사시잖아요. 옆에서 기도로 지원해 주시면 좋겠습니다." 목사는 마지못해서 남아 있기로 동의했다.

자넬의 이야기를 들으면서 나는 형제를 참소하는 자(사탄)가 그에게 한 짓을 깨달았다. 그는 어린 시절과 청소년기 때부터 줄곧 학대의 희생물이 되어 왔다. 자넬은 초자연적인 마술에 참여해 온 이전 남자친구와 건강하지 못한 관계를 맺은 적도 있었다. 오랜 세월 동안 자넬은 모든 문제의 원인이 자신에게 있으며, 또 자신은 하나님에게나 다른 사람들에게 아무 쓸모없는 존재라는 사탄의 거짓말을 믿어 왔다. 그의 자기 인식 수준은 매우 보잘것없었다.

사탄의 뻔한 전략을 깨달은 나는 이렇게 말했다. "자넬, 우리는 당신의 문제를 도와줄 수 있어요. 당신은 마음속에서 영적 싸움을 하고 있는데, 그 싸움에서 승리할 권세를 하나님이 우리에게 주셨거든요." 내가 이 말을 하자 자넬은 갑자기 긴장했다. 마치 돌처럼 말도 없이, 흐릿한 눈으로 허공을 응시하고 있었다.

"자넬이 전에도 이렇게 얌전하게 있던 적이 있나요?" 나는 목사와

10장. 비난의 음성을 믿지 말라

커트에게 물었다.

"아니요." 그들은 눈이 휘둥그레져서는 대답했다. 살짝 두려워하는 것도 같았다.

"아, 염려할 일은 하나도 없습니다. 전에도 이런 일을 여러 번 보았거든요." 나는 계속 말을 이어 갔다. "우리는 마귀를 대적하는 권세를 행사할 것입니다. 그때에는 두 분이 하나님과 함께 서 있다는 권위를 확고히 하는 것이 중요합니다."

나는 목사에게 기도를 부탁했다. 그리고 커트에게 기도하라고 요청하자, 갑자기 떨기 시작했다.

"하나님 앞에서 옳지 못한 일을 한 적이 있습니까?" 내가 물었다. "만일 그렇다면, 지금 당장 회개하십시오!"

그 상황에서는 커트를 많이 설득할 필요도 없었다! 커트는 자넬과 잠자리를 함께한 죄를 포함하여 삶에서 지은 갖가지 죄를 고백하기 시작했다. 내 권면을 따라 그는 그런 죄를 중단하기로 작정했다. 그동안 자넬은 꼼짝도 않고 얼빠진 것처럼 앉아 있었다.

커트의 삶을 온전히 하나님에게 맡기기로 함께 기도한 후, 나는 그에게 기도문이 적힌 종이를 주었다. 커트가 기도문을 읽기 시작하자마자 자넬이 미친 듯이 으르렁거리며 덤벼들어 커트의 손에서 기도문을 빼앗았다. 사탄은 자넬의 돌발적인 행동을 통해 우리를 위협하려고 했고, 실제로 잠시나마 우리는 위협을 느꼈다. 그러나 그것은 단순히 우리를 공포 속에 몰아넣으려는 사탄의 일시적인 전략일 뿐이었다. 우리가 사탄을 더 두려워했다면, 하나님보다 높은 자리에 그를 앉혀 놓는 꼴이 되고 말았을 것이다. 우리는 하나님의 권위를 행사하여 악한 영을 주 예수 그리스도의 이름으로 결박하는 기도를 드렸다.

그날의 대결 장면을 녹화해 두어서, 사탄의 시도가 하나님의 권위에 부딪쳤을 때 어떤 일이 일어나는지를 회의론자들에게 보여 주면 좋았을 것이다. 그 장면은 마치 원더우먼이 밧줄로 자넬을 의자에 꽁꽁 묶어 둔 것만 같았다. 그는 하나님의 권위라는 밧줄에 묶인 채 꿈틀대며 앉아 있었다. 자넬은 증오에 불타는 눈으로 커트를 쏘아보았는데, 그 눈빛은 자넬을 조종하는 마귀의 힘을 잘 보여 주는 증거였다. 자넬은 커트를 증오하지 않았다. 그를 사랑하고 있었다. 그들은 결혼할 사이였다. 그러나 사탄은 자넬과 커트 안에 세워 둔 자신의 요새가 무너지고 있다는 사실을 싫어했고, 그런 사탄의 증오가 자넬의 얼굴에 나타난 것이다.

자넬이 의자에서 꿈틀대고 있는 동안 커트는 기도문을 다 읽었다. 그리고 나는 이렇게 기도했다. "주님, 우리는 당신을 의지합니다. 그리스도를 떠나서는 아무것도 할 수 없습니다. 이제 주 예수 그리스도의 이름과 권세로 명하노니, 사탄과 그의 세력들은 자넬을 떠나 자넬이 하나님 아버지께 순종할 수 있도록 자유케 할지어다!" 갑자기 자넬이 의자에 축 늘어지면서 긴장 상태에서 벗어났다.

"무슨 일이 벌어졌는지 기억나세요?" 나는 자넬에게 물었다.

"아니요. 무슨 일이 있었나요?" 자넬은 당황한 표정으로 되물었다.

"이제 염려하지 마세요. 사탄이 당신 삶 속에 요새를 만들었습니다. 그러나 이제 '그리스도 안에서 자유에 이르는 단계'로 당신을 인도할 겁니다." 나는 이렇게 자넬에게 말했다. 한 시간쯤 뒤, 자넬은 자유로워졌다.

사탄이 자넬을 통제한 것은 어떤 권리인가? 그것은 단지 자넬이 사탄의 거짓말에 속아 죄 가운데 살아감으로써 사탄에게 허락한 권리일 뿐이다. 사탄은 자넬이 아무 쓸모없는 존재이며 그가 한 일은 아무런 의미 없다고 확신시켰다. 그래서 자넬은 부도덕한 삶을 맴돌고 취미 삼아 마술에도 참여하면서 사탄이 그를 통제하도록 내버려둔 것이다. 그러나 일단 자넬이 죄와 사탄이 관여하는 것을 거부하자, 자넬 안에 세워 둔 발판이 사라지면서 사탄은 떠나야 했다.

사탄의 거짓 비난으로 자넬과 같은 멍에를 지는 일은 흔하지 않다. 그러나 사탄이 거짓 비난을 통해 하나님 앞에서 우리의 가치나 그분의 자녀로서 우리의 유효성을 의심하게 만들 수 있다면, 하나님을 위한 우리 삶은 무력해질 것이다. 자신의 감정을 시험해 보라. 모든 생각을 사로잡으라. 사탄이 하는 말은 아무것도 믿지 말라. 그것은 모두 거짓말이다. 그리고 하나님이 하시는 말씀을 굳게 믿으라. 그 진리가 우리를 자유케 할 것이다.

## 용서받을 수 없는 죄

성경에서는 정반대되는 내용을 확증하는데도, 많은 신자가 용서받은 수 없는 죄를 저질렀다는 두려움에 시달리고 있다. 이 문제는 반드시 해결해야 한다. 하나님의 전신갑주 가운데 하나가 구원의 투구이기 때문이다(엡 6:17). 이 두려움에 시달리는 사람들은 보통 침묵 가운데 고통받고 있다. 그들은 스스로 성령을 모독하여 용서받을 수 없는 죄를 저질렀다고 생각한다. 흔히 이런 두려움은 무지에서 비롯되거나, 원수의 공격이다. 마가복음 3장 22-30절을 보라.

> 예루살렘에서 내려온 서기관들은 그가 바알세불이 지폈다 하며 또 귀신의 왕을 힘입어 귀신을 쫓아낸다 하니 예수께서 그들을 불러다가 비유로 말씀하시되 사탄이 어찌 사탄을 쫓아 낼 수 있느냐. 또 만일 나라가 스스로 분쟁하면 그 나라가 설 수 없고 만일 집이 스스로 분쟁하면 그 집이 설 수 없고 만일 사탄이 자기를 거슬러 일어나 분쟁하면 설 수 없고 망하느니라. 사람이 먼저 강한 자를 결박하지 않고는 그 강한 자의 집에 들어가 세간을 강탈하지 못하리니 결박한 후에야 그 집을 강탈하리라. 내가 진실로 너희에게 이르노니 사람의 모든 죄와 모든 모독하는 일은 사하심을 얻되 누구든지 성령을 모독하는 자는 영원히 사하심을 얻지 못하고 영원한 죄가 되느니라 하시니 이는 그들이 말하기를 더러운 귀신이 들렸다 함이러라.

성령의 고유한 사역은 모든 사람을 그리스도께로 이끄는 것이다. 우리가 증거자 되신 성령을 거절한다면, 우리는 결코 그리스도께 나아가 구원받을 수 없다. 그리스도께 나아가는 사람은 하나님의 자녀이며, 그들의 죄와 신성 모독은 모두 용서받는다. 그가 그리스도 안에 있기 때문이다. 우리가 하나님의 영의 증거를 거절한다면, 우리는 먼저 그리스도께 결코 나아가지 못할 것이다. 그렇기 때문에 용서받을 수 없는 죄를 지은 그리스도인은 아무도 없다. 서기관과 바리새인 앞에 서 계신 분은 메시아이신 예수, 하나님의 아들이셨다. 그런데 그들은 귀신을 쫓아낸 것을 그분의 사역으로 돌렸다. 그들은 예수께서 사탄에게 사로잡혔다고 비난하기까지 했다! 그들은 성령의 증거를 철저하게 거절한 것이다.

바로 이들이 예수를 증오하여 악의를 품고 그분을 배반하고, 체포하고, 모의재판에 넘기고, 채찍질하고, 때리고, 십자가에 못 박는 데 협력한 자들이다. 그들은 예수께서 십자가에 달리셨을 때, 그분을 몹시 싫어하고, 저주하며, 그분 얼굴에 침 뱉고, 그분을 조롱하였다. 만약 우리가 성령의 음성을 듣고 그리스도를 신뢰한다면, 용서받을 수 없는 죄를 범하는 것과 **반대되는** 행위를 할 것이다.

우리는 자신이 구원받았는지 의심하고 무거운 양심의 가책을 느끼는 많은 신자와 이야기를 나누었다. 자기 죄에 가책을 느낀다는 사실이야말로 그들이 그리스도인이며, 성령이 그들의 죄 많은 본성에 말씀하셔서 그들을 구원으로 인도한다는 가장 명백한 증거다. 그러한 가책은 그들이 용서받을 수 없는 죄를 저지르지 않았다는 추가 증거이기도 하다. 그들 안에 성령이 일하시지 않는다면, 그러한 가책이 그들을 괴롭히지도 않을 것이다.

마귀는 참소하는 자다. 그는 속이는 말로 증언석에 앉아 있는 증인의 신용을 떨어뜨리고 낙담케 하려는 검사와 같다. 사탄은 비열하게 손가락질하며 이렇게 말한다. "저런, 실수를 했군! 당신에게는 아무런 희망이 없어. 성령을 모독했으니까!" 어쩌면 우리는 성령의 은사나 기름 부음 받은 설교자, 명백하게 초자연적인 징후에 의문을 품을지도 모른다. 그것이 성령을 모독하는 것인가? 당연히 그렇지 않다. 물론 이런 것을 분별하는 안목은 필요하다. 요한의 가르침에 귀 기울여 보자. "사랑하는 자들아 영을 다 믿지 말고 오직 영들이 하나님께 속하였나 분별하라. 많은 거짓 선지자가 세상에 나왔음이라"(요일 4:1). 그리스도인은 성령을 근심케 할 수 있다(엡 4:30). 심지어 성령을 소멸할 수도 있다(살전 5:19). 그러나 용서받지 못할 것은 없다.

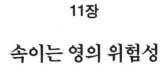

# 11장

# 속이는 영의 위험성

어느 교회에서 주일 저녁 예배 설교를 막 마쳤을 때, 내 친구 하나가 이런 쪽지를 전해 주었다. "오늘 한 가족을 저녁 예배에 데리고 왔는데, 떠나기 전에 그들을 좀 만나 줄 수 있나?" 나는 주말 내내 강의로 매우 지쳐 있는데다, 저녁 예배 후에도 나와 이야기하고 싶어 하는 사람들을 만나야 했다. 그러나 내 일정이 다 끝날 때까지 그 가족이 기다릴 수 있으면 그들을 만나겠다고 전했다.

알고 보니, 내 친구는 앨리스라는 스물여섯 살 아가씨와 그의 부모를 나와 만나게 하려고 억지로 저녁 예배에 끌고 온 것이었다. 그들은 그리스도인이었다. 그러나 그들을 만났을 때 나는 그들에게 문제가 있다는 것을 금방 알 수 있었다. 앨리스는 젊은 여성이라고 하기에는 매우 애처로운 모습이었다. 지나치게 말라서 뼈만 남은 것처럼 보였다. 사흘 전에 직장에서 쫓겨난 그는 아무런 소망 없는 듯 멍한 눈을 하고 있었다.

앨리스 아버지가 한 말에 따르면, 앨리스는 사춘기 때 생리 전 증후군이 심해서 약을 먹다가 약물에 중독되었다. 앨리스는 아주 총명하고, 여러 면에서 신실한 그리스도인이었다. 그러나 한때 의사 처방전이 필요한 약을 불법으로 소지한 혐의로 체포된 적 있는 마약 중독자였다. 아버지가 앨리스의 안타까운 이야기를 들려주고 있을 때, 앨리스는 마치 "그래요, 그게 저예요. 인생은 함정이죠"라고 말하는 듯한 표정으로 고개를 끄덕이며 앉아 있었다.

이야기를 다 듣고 나서 나는 앨리스의 손을 잡고 말했다. "앨리스, 당신은 자신을 어떻게 생각합니까?"

"저는 별 볼일 없는 실패자예요." 앨리스는 훌쩍였다.

"당신은 실패자가 아닙니다." 내가 대답했다. "당신은 하나님의 귀한 딸입니다." 앨리스가 계속해서 부정적인 독백을 쏟아내면, 나는 그가 하나님 안에서 누구인지에 대한 복음으로 그 부정적인 말에 계속 반박했다. 시간이 늦어지면서 점점 피곤해졌다. 그러나 깊이 이야기할수록 앨리스에게 역사하시는 그리스도의 임재를 더 깨달을 수 있었다. 우리는 이 모든 부정적인 생각의 근원과 참된 본질을 알려 달라고 주님에게 간구하는 기도를 드리기로 했다.

기도를 마치자 앨리스가 말했다. "그러니까 나 자신에 대한 부정적인 생각이 모두 사탄의 속임수라는 말씀이세요?"

"네, 그렇습니다." 나는 고개를 끄덕였다. "당신은 미혹하는 영을 따르고 있었던 겁니다. 그런 거짓말을 믿어서는 안 됩니다. 당신이 그리스도 안에서 누구인지를 발견하고 모든 생각을 사로잡아 그리스도께 복종하는 법을 배우게 되면 사탄의 거짓말에서 자유로워질 것입니다!"

2주 뒤에 앨리스는 샌디에이고의 줄리앙 센터(Julian Center)에서 열리는 "영적 성숙의 삶"이라는 12주 과정에 등록했다. 그 과정이 끝날 무렵, 앨리스는 거짓의 아비에게 속지 않고 주도적으로 진리를 믿는 법을 배우게 되었다. 그 뒤 앨리스는 일자리도 찾고 체중도 늘었다. 이제는 완전히 자유를 찾았다.


## 사탄의 제1전략

내가 당신을 시험한다면, 아마 당신은 그 낌새를 알 수 있을 것이다. 내가 당신을 비난하는 것도 알아차릴 것이다. 그러나 내가 당신을 속인다면, 당신은 알지 못할 것이다. 당신이 속고 있다는 사실을 알게 된다면, 당신은 더 이상 속지 않을 것이다. 하와는 속아 넘어갔고, 거짓말을 믿었다. 속임수는 태초부터 사탄의 주요 전략이었다. 그렇기 때문에 진리가 우리를 자유케 하는 것이며, 예수께서도 "그들을 진리로 거룩하게 하옵소서. 아버지의 말씀은 진리니이다"(요 17:17)라고 기도하신 것이다. "진리로 너희 허리띠를 띠는"(엡 6:14) 것이 바로 우리의 첫 방어 무기다.

당신이 하나님의 진리를 멀리하고 거짓말을 믿게 하기 위해 사탄이 사용하는 세 가지 주요 통로가 있다. 바로 자기기만, 거짓 선지자와 거짓 교사, 속이는 영이다. 우리가 모든 생각을 사로잡아 그리스도게 복종시키지 않는다면(고후 10:5), 우리는 사탄의 거짓말 앞에 무너지고 말 것이다.

## 자기기만을 경계하라

우리가 쉽게 빠지는 몇 가지 자기기만을 소개한다.

**하나님 말씀을 듣기만 하고 행하지 않을 때, 우리는 자신을 속이는 것이다**(약 1:22; 벧전 1:13). 나는 가끔 자신은 그러지 못하면서 특정한 죄를 범하지 말라고 설교하는 목회자와 선교사를 만날 때가 있다. 하나님 말씀을 설교하거나 가르치도록 부름받은 사람은 자신이 먼저 그 말씀대로 살아야 한다. 우리는 늘 무릎으로 하나님 앞에 나아가 "하나님, 제가 이 말씀대로 **살고** 있습니까?"라고 겸손히 여쭤 보아야 한다. 만일 아니라면, 청중에게 차라리 이렇게 말하는 것이 나을 것이다. "제가 이 말씀대로 살아가는 좋은 본보기이길 바라지만, 저는 그렇지 않습니다. 그렇긴 하지만 저는 여전히 하나님 말씀을 온전히 전해야 합니다. 제가 여러분을 위해 기도하는 것처럼 여러분도 저를 위해 기도해 주시겠습니까? 우리 모두 이 진리를 따라 살아갈 수 있도록 기도해 주십시오." 그 말씀대로 살지 못하면서 마치 그렇게 사는 것처럼 하나님 말씀을 선포하는 것은 거짓을 살아 내는 것이다. 그리고 그런 사람은 자신을 속이는 것이다.

하나님 말씀을 받아들이는 사람도 그 말씀대로 실천하지 못한다면 자기기만에 빠지게 된다. 우리는 보통 설교나 교훈을 듣고 "참으로 위대한 진리구나!" 하고 감격한다. 그러고는 우리 것으로 만들어 삶에 적용하지도 않으면서 다른 사람들에게 전하는 데 급급해한다. 야고보는 하나님의 말씀을 듣기만 하고 행하지 않는 자는 자신을 속이는 자라고 말했다(1:22).

우리는 왜 전적으로 하나님 말씀대로 살지 못하는 것을 인정하길 두려워하는 걸까? 우리는 용서받았으며 하나님이 우리를 있는 그대로 받아주신다는 것을 알지 못하는 걸까? 하나님의 조건 없는 사랑과 용납이 우리를 있는 모습 그대로 자유케 한다. 하나님의 사랑과 용납을 얻어 내려고 하는 사람은 완벽주의와 씨름하다가 실패를 인정하기가 어렵다는 것을 알게 될 것이다. 그러나 우리는 완전한 본이 될 수 없다. 인간인 우리는 완전하지 않기 때문이다. 우리는 다만 **성장하는** 본이 될 수 있다. 우리 주위에 있는 사람들은 우리가 그리스도를 닮아 가는 과정을 밟고 있는 사람들이라는 사실을 알아야 한다. 그들은 우리가 성공을 다루는 방법뿐 아니라 실패를 다루는 방법도 봐야 한다. 우리가 기독교 공동체에서 이처럼 정직한 본이 될 때, 속이는 자가 딛고 들어올 만한 발판을 크게 줄일 수 있다.

**죄가 없다고 말할 때, 우리는 자신을 속이는 것이다**(요일 1:8). 성경은 우리가 **죄인이라고** 말하지 않는다. 다만 우리가 죄를 지을 수 있는 존재이며, 죄가 우리 죽을 몸에 거할 수 있다고 말한다(롬 6:12). 우리는 죄 없는 성도(聖徒)가 아니다. 때때로 죄 짓는 성도다. 자신의 실패를 정직하게 인정하고 날마다 십자가를 지는 것이 중요하다. 그리스도 안에서 우리 신분과 우리가 하는 행동이 서로 맞지 않다는 것을 깨달을 때, 우리는 그것을 고백하고 해결해야 한다. 신분에 맞지 않는 삶을 자각하지 않고 그 삶을 계속 쌓아 가면서 자신을 속이는 사람은 더 큰 타락을 향해 가고 있는 것이다.

지진대에 살고 있는 사람들은 샌안드레아스 단층 지대에서 불가 피하게 일어나는 "대지진"에 대해 자주 듣는다. 그 지역 사람들은 진도가 낮은 지진에도 조금씩 놀랄 것이다. 그렇지만 피해는 거의 없다. 작은 지진은 오히려 좋은 징조다. 땅 밑에서 지구의 지층이 이동하고 있다는 뜻이기 때문이다. 천천히 증가하는 변화는 괜찮다. 이런 식으로 지층이 계속 움직이는 한, "대지진"은 결코 일어나지 않을 것이다.

우리에게도 마찬가지다. 우리가 "나는 아무 죄도 짓지 않아"라고 말하거나, 우리 약점을 인정하고 하나님이나 사람들과 생긴 문제를 풀지 않는다면, 머지않아 영적 "대지진"이 일어날 것이다. 우리는 스스로 낮아지기로 선택할 수 있다. 그러나 그러지 않는다면, 하나님이 그렇게 만드실 것이다. "하나님이 교만한 자를 물리치시고 겸손한 자에게 은혜를 주신다 하였느니라"(약 4:6). 건강과 가족, 직업, 친구들을 모두 잃을 때까지 자신에게 문제가 있다는 사실을 인정하지 않는 알코올 중독자를 보라. 의식하지 못하는 죄는 암 세포와 같다. 정기 검진을 통해 초기에 발견한다면, 완치할 수 있다. 그러나 발견하지 못한 채 자라도록 내버려둔다면, 치유할 수 없다. 빛 가운데 살면서 날마다 하나님 앞에서 책임 있게 행동한다면 큰 영적 위기를 예방할 수 있다.

**아무것도 아니면서 무엇이 된 것처럼 생각한다면, 우리는 자신을 속이는 것이다**(롬 12:3; 갈 6:3). 성경은 우리에게 마땅히 생각할 그 이상의 생각을 품지 말라고 가르친다. 우리는 이렇게 말한다. "그러나 나는 내가 누구인지 안다. 나는 하나님의 자녀이며, 그리스도와 함께 천국에 앉아 있고, 그리스도 안에서 모든 것을 할 수 있다. 그러므로 나는 아주 특별한 자다." 그렇다. 사실 우리는 하나님 보시기에 굉장히 특별한 존재다. 그러나 우리가 그렇게 된 것은 전적으로 하나님 은혜다(고전 15:10). 우리의 삶과 재능, 은사는 개인적인 공적이 아니라 하나님이 은혜로 주신 것이다. 하나님이 주신 것을 자신의 공로로 삼지 말라. 오히려 하나님을 영화롭게 해드리는 귀한 일들을 할 수 있음을 기뻐하라.

**이 세상에서 지혜 있는 줄로 생각할 때, 우리는 자신을 속이는 것이다**(고전 3:18, 19). 하나님의 계시 없이도 지혜로울 수 있다고 생각하는 것은 굉장한 지적 교만이다. "스스로 지혜 있다 하나 어리석게 되어"(롬 1:22). 때때로 우리는 우리의 지혜와 지식으로 이 세상의 신을 대항할 수 있다는 생각에 빠진다. 그러나 우리 육신으로는 그의 맞수가 될 수 없다. 우리 힘으로 사탄을 압도할 수 있다고 생각할 때마다, 사탄의 간계에 넘어가 잘못된 길로 갈 수 있다. 그러나 사탄은 하나님을 대항할 수 없다. 따라서 우리가 자신의 명철을 의지하지 않고, 모든 길에서 그분을 인정하는 것이 중요하다(잠 3:5, 6; 고전 2:16).

**스스로 경건하다고 생각하면서 자기 혀를 재갈 먹이지 않는다면, 우**

리는 자신을 속이는 것이다(약 1:26). 우리 혀로 다른 사람들을 세우는 대신 그들을 헐뜯는 것만큼 하나님을 슬프게 하는 일은 없다. 우리는 절대로 다른 사람들을 좌절시키는 데 우리 혀를 사용해서는 안 된다. 그 대신 우리가 하는 말로 서로 덕을 세워 그 말을 듣는 사람들에게 은혜를 끼쳐야 한다(엡 4:29, 30). 혀를 통제하지 못한다면, 스스로 영적 생활을 잘하고 있다고 자신을 속이는 것이다.

**심은 대로 거둘 것이라고 생각하지 않는다면, 우리는 자신을 속이는 것이다**(갈 6:7). 그리스도인은 때때로 자신이 이 원리에서 예외라고 생각한다. 그러나 그렇지 않다. 우리는 선한 것이든 악한 것이든, 우리 자신의 생각과 언행의 결과대로 살게 될 것이다.

**불의한 자가 하나님 나라를 유업으로 받으리라고 생각한다면, 우리는 자신을 속이는 것이다**(고전 6:9, 10). 우리 교회에서 실습하던 케이트가 하루는 절망적인 모습으로 내 사무실을 찾아왔다. 케이트는 자신을 그리스도께 인도한 큰언니가 하나님을 떠나 살고 있으며 동성연애자라는 사실을 얼마 전에 알게 된 것이다. "내 삶의 방식은 아무래도 괜찮아. 그래도 하나님은 나를 사랑하시고 용서해 주셔"라고 주장하는 언니를 보면서 케이트는 큰 혼란에 빠졌다.

　나는 케이트에게 고린도전서 6장을 펼쳐 보였다. "미혹을 받지 말라. 음행하는 자나 우상 숭배하는 자나 간음하는 자나 탐색하는 자나 남색하는 자나 …… 하나님의 나라를 유업으로 받지 못하리라"(9, 10절). 케이트의 언니나 그와 같은 사람들은 이 진리를 이해하지 못하고 무언가에 속고 있는 것이다. 죄에 대해 무감각한 삶을 살고 있다는 것은 그 사람이 하나님 앞에서 의롭지 못하다는 증거다. 이 것은 행위 복음에 대한 문제가 아니라, 열매를 보고 참된 제자를 구분하는 문제다. 우리 삶이 신앙 고백과 일치하지 않아도 된다고 믿는다면, 확실히 자신을 기만하고 있는 것이다.

**악한 친구와 계속 어울리면서 자신은 타락하지 않는다고 생각할 때, 우리는 자신을 속이는 것이다**(고전 15:33). 젊은 시절, 나는 "버번가 (Bourbon Street)의 설교가"라고 불리는 뉴올리언스의 한 전도자에 관한 테이프를 자주 들었다. 이 사람은 홍등가에 살면서 창녀와 불량배를 위해 사역했다. 그러나 고린도전서 15장 33절은 그런 환경에 오래 거하면 그 자신도 똑같은 문제에 빠진다고 말한다. 그리고 바로 그 일이 그 전도자에게 일어났다. 그는 버번가의 더러운 영역에 깊이 연루되어 끝내 사역을 그만두고 말았다.

그렇다면 우리는 부도덕한 사람들에게 복음을 전하지 말아야 하는가? 결코 그렇지 않다. 우리는 그들에게 그리스도를 전해야 한다. 그러나 그들의 환경에 몰두하다 보면, 우리 사역은 점점 약해져 결국 우리의 도덕성도 그 악(惡)에 영향을 받는다.


## 거짓 선지자와 거짓 교사를 경계하라

최근에 한 30대 남자가 다른 사람의 소개로 나를 찾아왔다. 앨빈은

심한 좌절과 낙심에 빠져 있었다. 여러 해 동안 그는 자신이 하나님에게 특별한 예언의 은사를 받았다고 믿어 왔다. 여러 교회에서 하나님의 예언을 전해 달라며 초청했고, 그는 독특한 방법으로 그 예언을 전했다. 그러나 지난 몇 달 동안 앨빈의 삶이 무너지기 시작했다. 끝내는 사회에서 정상적으로 생활할 수 없는 지경까지 이르러 사람들과 어울리지 않고 철저히 혼자 지내게 되었다. 그가 나를 만나러 왔을 때는, 2년 동안 직장도 없이 아버지께 경제적인 도움을 받으며 약에 의존하여 살아가고 있었다.

앨빈과 나는 함께 데살로니가전서 5장 19-21절을 읽었다. "성령을 소멸하지 말며 예언을 멸시하지 말고 범사에 헤아려 좋은 것을 취하고." 그리고 나는 이렇게 말했다. "앨빈, 성경은 예언의 은사가 있다고 말합니다. 그러나 사탄은 영적 은사를 위조해서 그것이 하나님에게 온 것처럼 우리를 속일 수 있습니다. 성경이 우리에게 범사에 헤아리라고 가르치는 것도 그 때문입니다."

거짓 선지자와 거짓 선생에 대하여 오랫동안 대화를 나누고 나서야 앨빈은 자신의 잘못을 인정했다. "내 문제는, 내게 임한 방언과 예언의 '은사들'이 거짓 교사에게서 온 것인지 하나님에게서 온 것인지 시험해 보지 않은 데서 시작된 것 같습니다. 나 자신도 속았을 뿐 아니라, 다른 사람도 속인 셈이네요."

"당신이 받은 방언의 은사를 시험해 보시겠습니까?" 이렇게 물으면서 나는 그를 시험하는 것이 아니라, 그에게 있는 영을 시험해 보는 것이라고 설명했다. 그도 동의했다. 나는 그에게 "영적인 언어"로 크게 기도하라고 했다. 앨빈이 스스로 방언이라고 생각하는 말로 기도하기 시작했을 때, 내가 이렇게 말했다. "예수 그리스도의 이름과 하나님 말씀에 순종하여 명하노니, 영아, 네 신분을 밝혀라!"

그 순간 앨빈은 "기도"를 멈추고 말했다. "나는 그다."

이런 일을 경험해 보지 못했거나 영적 분별력이 부족한 사람이라면 아마 이 상황에서 신발을 벗으려고 했을지도 모른다. 자신이 거룩한 곳에 서 있다고 생각했을 테니까. 그러나 나는 더 깊이 파고들었다. "너는 본디오 빌라도에 의하여 십자가에 못 박혀 장사되고 사흘 만에 부활하여 지금은 하나님 우편에 앉아 있는 그분이냐?"

그는 소리를 지르며 대답했다. "아니야, 그가 아니야!"

그 영은 확실히 잘못된 것이었다!

특정한 성령의 은사를 반대하는 사람들에게 바울의 가르침을 들려주라. "예언하기를 사모하며 방언 말하기를 금하지 말라"(고전 14:39). "성령을 소멸하지 말며 예언을 멸시하지 말고"(살전 5:19, 20). 그리고 분별력은 부족하지만 하나님으로 충만하길 바라는 사람에게는 이 가르침을 들려주라. "범사에 헤아려 좋은 것을 취하고 악은 어떤 모양이라도 버리라"(살전 5:21, 22). 그리스도인들이 영적으로 분별하지 않고 모든 사역을 받아들이기 때문에 오늘날 거짓 선지자와 교사가 넘쳐나는 것이다.

### 진짜와 가짜를 비교하라

구약에 등장하는 모든 하나님의 참 선지자는 본질적으로 전도자였다. 그들은 백성을 하나님과 그분의 말씀으로 돌아오게 했다. 참 선지자와 거짓 선지자를 구별하는 기준이 바로 의의 길로 돌아오라는 초청이다. 예레미야 선지자는 이렇게 기록했다. "만군의 여호와께서 이와 같이 말씀하시되 너희에게 예언하는 선지자들의 말을 듣지 말라. …… 이 선지자들은 내가 보내지 아니하였어도 달음질하며 내가 그들에게 이르지 아니하였어도 예언하였은즉 그들이 만일 나의 회의에 참여하였더라면 내 백성에게 내 말을 들려서 그들을 악한 길과 악한 행위에서 돌이키게 하였으리라"(23:16, 21, 22).

하나님은 예레미야 선지자를 통하여 참 선지자와 거짓 선지자를 구별하는 또 다른 기준을 계시하셨다. "내 이름으로 거짓을 예언하는 선지자들의 말에 내가 꿈을 꾸었다 꿈을 꾸었다고 말하는 것을 내가 들었노라. …… 꿈을 꾼 선지자는 꿈을 말할 것이요 내 말을 받은 자는 성실함으로 내 말을 말할 것이라. 겨가 어찌 알곡과 같겠느냐"(25, 28절). 하나님은 그분의 백성에게 하나님 말씀보다 그들의 꿈을 더 중시하는 선지자를 경고하신다.

성경에 나타나듯이 하나님은 종종 꿈을 통해 사람들에게 말씀하신다. 그러나 하나님 말씀이 영양분이 충분한 알곡이라면, 꿈은 그저 겨와 같다. 만일 소에게 겨만 먹인다면, 소는 죽을 것이다. 겨는 소가 깔고 잘 잠자리지 먹을거리가 아니다. 겨에는 영양소가 없기 때문이다. 마찬가지로 꿈도 나름의 가치가 있다. 그러나 꿈은 하나님 말씀과 동등하지 않으며, 우리 믿음의 뿌리로 섬길 수도 없다. 꿈이 하나님 말씀과 일치되어야 하는 것이지, 그 반대가 되어서는 안된다.

예레미야 선지자는 계속해서 이렇게 말한다. "여호와의 말씀이니라. 내 말이 불 같지 아니하냐. 바위를 쳐서 부스러뜨리는 방망이

같지 아니하냐"(23:29). 예배 시간에 예언하는 교회에 참석했을 때, 그 교회에 죄 가운데 살고 있는 성도가 있다면 "나의 자녀들아, 내가 너희를 사랑한다"라거나 "내가 곧 오리라"와 같은 예언을 기대하지 말라(그 말이 사실이라 할지라도 성경을 아는 자들은 이미 그 말을 알고 있을 것이다). 하나님의 영은 그분의 백성을 안심시켜 불의한 현 상태에 안주하도록 내버려두지 않으신다. 기억하라. 심판은 하나님의 집에서 시작된다(벧전 4:17).

예언의 말씀은 사람들이 의롭게 사는 동기가 되어야지, 그들이 죄 가운데서 살도록 달래는 것이 되어서는 안 된다. 바울에 따르면 예언의 은사는 그 마음의 숨은 일들을 드러내어 엎드려 하나님에게 경배하게 한다(고전 14:24, 25). 하나님은 교회 성장보다 교회의 정결에 더 관심을 기울이신다. 교회의 정결이 교회 성장의 근본적인 전제 조건이기 때문이다. 오직 의를 위해 핍박받고 고통당하는 사람들에게만 하나님의 위로가 임한다.

예레미야 선지자는 거짓 선지자에 대한 또 다른 증거를 제시한다. "여호와의 말씀이라. 그러므로 보라. 서로 내 말을 도둑질하는 선지자들을 내가 치리라"(렘 23:30). 즉, 표절이다. 하나님이 다른 사람에게 주신 말씀을 마치 자기 것인 양 취하는 것이다. "여호와의 말씀이니라. 보라. 그들이 혀를 놀려 여호와가 말씀하셨다 하는 선지자들을 내가 치리라"(31절).

하나님에게서 오지 않은 말씀을 하나님이 직접 하신 말씀이라고 선포하는 것은 하나님 앞에서 엄청난 범죄다. 하나님이 주신 말씀이라고 사람들을 속이는 것은 영적 학대다. 나는 이렇게 말하는 남편을 둔 몇몇 아내를 상담한 적 있다. "하나님이 우리가 결혼해야 한다고 나에게 말씀하셨어요." 예식장에서 내 딸의 손을 건네받을 남자라면 이런 권위를 내세우지 않고 더 정중하게 요청하는 것이 좋을 것이다.

우리가 의식해야 하는 또 다른 교묘한 속임의 예를 살펴보자. 어떤 사람이 다가와서 "하나님이 당신에게 이러이러한 말을 전하라고 내게 말씀하셨습니다"라고 한 적 있는가? 그럴 때 나라면 이렇게 대답할 것이다. "그럴 리가요, 하나님은 그렇게 말씀하시지 않았을 겁니다!" 하나님이 내게 무언가를 알리거나 행하게 하시고자 한다면, 왜 내게 직접 알리시지 않겠는가? 나는 모든 신자가 제사장이라고 믿는다. 물론 하나님은 다른 사람들을 통하여 우리를 격려하시고 그분의 말씀을 확증하실 수 있으며, 또 그렇게 하실 것이다. 예를 들면 또 다른 누군가가 내게 예언의 말씀을 주어 나를 하나님과 올바른 관계로 이끌 수 있다. 그런 식으로 하나님은 나를 인도하실 수 있다. 그러나 하나님이 그분의 자녀에게 말씀하실 때, "하나님은 한 분이시요 또 하나님과 사람 사이에 중보자도 한 분이시니 곧 사람이신 그리스도 예수"(딤전 2:5)시다. 어느 그리스도인도 무당의 역할을 할 수는 없다.

### 이적과 기사_누가 시험받고 있는가

예언이 성취되지 않을 때 거짓 선지자가 드러난다. 모세는 예언이 성취되지 않으면 그 선지자를 믿지 말라고 가르친다(신 18:22). 그러나 신명기 13장 1-3절은 거짓 선지자들의 이적과 기사가 **이루어지는**

11장. 속이는 영의 위험성

것을 우리에게 경고한다. "너희 중에 선지자나 꿈 꾸는 자가 일어나서 이적과 기사를 네게 보이고 그가 네게 말한 그 이적과 기사가 이루어지고 너희가 알지 못하던 다른 신들을 우리가 따라 섬기자고 말할지라도 너는 그 선지자나 꿈 꾸는 자의 말을 청종하지 말라. 이는 너희의 하나님 여호와께서 너희가 마음을 다하고 뜻을 다하여 너희의 하나님 여호와를 사랑하는 여부를 알려 하사 너희를 시험하심이니라"(마태복음 24장 4-11, 23-25절, 요한계시록 13장 11-14절도 참조하라).

모든 기적이 하나님에게서 온 것이라는 생각은 옳지 않다. 물론 하나님은 그분의 말씀을 분명히 하는 데 이적과 기사를 사용하실 수 있다. 그러나 성경은 또한 "거짓 그리스도들과 거짓 선지자들이 일어나서 이적과 기사를 행하여 할 수만 있으면 택하신 자들을 미혹하려 하리라"(막 13:22)고 경고한다. 사탄도 이적과 기사를 행할 수 있다. 그러나 그가 이적과 기사를 행하는 이유는 우리가 하나님을 경배하는 자리에서 떠나 그 자신을 섬기도록 하기 위해서다. 신명기 13장 5-11절은 사탄의 활동을 하나님 탓으로 돌리는 것의 심각성을 나타낸다. 그렇게 속이는 일에 참여한 자는 누구라도 예외 없이 처형당했다. 우리는 하나님을 사랑하고, 그분 말씀에 순종하며, 모든 이적과 기사, 꿈을 시험해야 한다.

## 교회 안의 가짜

"거짓 선지자"와 "거짓 교사"라는 말을 들으면 마음속에 무엇이 떠오르는가? 많은 사람이 동양의 신비주의나 구루(힌두교 지도자), 다른 종교의 대변인이나 역동적인 이교 지도자 등 주로 교회 테두리를 벗어난 세계에서 쉽게 찾아볼 수 있는 부류를 떠올린다. 그러나 베드로는 교회 **안에서** 활동하는 거짓 선지자와 거짓 교사에 대해 편지 한 장을 할애하여 설명하고 있다. "백성 가운데 또한 거짓 선지자들이 일어났었나니 이와 같이 너희 중에도 거짓 선생들이 있으리라. 그들은 멸망하게 할 이단을 가만히 끌어들여 자기들을 사신 주를 부인하고 임박한 멸망을 스스로 취하는 자들이라"(벧후 2:1). 의로운 일꾼으로 가장한 거짓 선지자와 거짓 교사는 오늘날 우리 교회에도 있을 수 있다.

거짓 교사가 어떠한 속임수로 우리를 유혹하는지 주목하라. "여럿이 그들의 호색하는 것을 따르리니 이로 말미암아 진리의 도가 비방을 받을 것이요"(2절). 우리는 진리보다 겉모습과 성과, 호감도, 개성을 높일 때 "호색하는 것을 따른다"고 말한다. "그는 아주 잘생겼어", "저 여자는 카리스마가 뛰어나", "그 사람은 진짜 달변가야", "저 사람은 참 다정하고 진실한 것 같아." 그러나 외형적인 매력이나 카리스마적인 성격이 사역이나 교사를 인증하는 성경적인 기준은 아니다. 그 기준은 **진리와 의**이며, 거짓 교사는 진리와 의를 모두 비방한다.

베드로는 교회 안에서 활동하는 거짓 선지자와 거짓 교사를 분별하는 두 가지 방법을 제시했다. 첫째, 그들은 "육체를 따라 더러운 정욕 가운데"(벧후 2:10) 행하며 언젠가는 부도덕한 삶을 드러낸다. 또는 그들은 하나님이 사랑과 은혜의 하나님이기 때문에 우리는 도덕적 절대 원칙에 머물지 않아도 된다고 주장하는 도덕률 폐기론자일 수도 있다. 그들의 부도덕함은 쉽게 나타나지 않을 수 있으나 결국에는 그들의 삶에서 드러날 것이다(고후 11:13-15).

둘째, 거짓 선지자와 교사는 "주관하는 이를 멸시하며" "당돌하고 자긍하는"(벧후 2:10) 자들이다. 이들은 아주 독립적이다. 그들은 자기 식대로 일하고 다른 사람에게 대답하려고 하지 않는다. 그들은 교단이나 위원회의 권위에 복종하지 않고, 자신들이 하고 싶은 일이면 무턱대고 도장을 찍어 주는 위원회를 선택할 것이다.

구약 성경에는 교회에서 기능적으로 동등한 세 가지 지도자 역할이 등장한다. 바로 선지자(설교와 가르침)와 제사장(목회), 왕(다스림)이다. 오직 예수만이 그분의 완전하심으로 이 세 가지 역할을 동시에 수행하실 수 있었다. 나는 이 세 가지 역할을 한 명 이상에게 분담하여 여러 교회 장로에게 점검받고 균형을 이루는 일이 필요하다고 믿는다. 절대 권력은 반드시 부패한다. 지도자 위치에 있는 헌신적인 그리스도인은 그에게 책임을 물을 성숙한 다른 신자들에게 자기 자신과 자기 생각을 점검받아야 한다. 만일 목회자가 권위에 복종하지 않거나 목자나 종의 마음을 지니지 않았다면, 그 교회를 떠나라.

## 속이는 영을 경계하라

자기기만, 거짓 선지자와 거짓 교사와 더불어 우리는 미혹하는 영을 따를 수 있다. "성령이 밝히 말씀하시기를 후일에 어떤 사람들이 믿음에서 떠나 미혹하는 영과 귀신의 가르침을 따르리라 하셨으니"

(딤전 4:1). 사도 요한도 적그리스도(요일 2:18)의 정체를 벗기기 위해서 영들을 시험하고, 진리의 영과 미혹하는 영을 분별하라고 하였다 (4:1-6). 사탄은 우리가 진리 안에서 행하지 못하도록 거짓말로 우리 마음을 어지럽히려고 한다. 한나 화이트홀 스미스(Hanna Whitehall Smith)는 이렇게 말한다.

> 더 높은 차원의 영적 생활을 추구하려는 사람들을 함정에 빠뜨리려고 기다리고 있는 사악하고 속이는 영들의 음성이 있다. 우리가 그리스도와 함께 천국에 앉아 있다고 말해 주는 서신서에서도 우리가 영적인 원수들과 싸워야 한다고 말한다. 그러나 그들이 누구든 무엇이든 간에 이 영적인 원수들은 우리의 영적 능력을 통하여 우리와 소통하려 하고, 마치 하나님의 음성처럼 들려주는 그들의 음성은 우리 영에 내적인 인상을 심어 준다. 그러므로 성령께서 우리를 향한 하나님 뜻을 우리에게 인상으로 전달하는 것처럼, 이 영적인 원수들도 (물론 그들의 이름을 내걸지는 않지만) 그들의 뜻을 우리에게 인상으로 전달한다.[16]

사탄의 본성 자체가 속이는 것이기 때문에, 사탄의 음성을 늘 객관적으로 구별하기는 힘들 수 있다. 다음 기도는 거짓 선지자와 거짓 교사, 미혹하는 영이 의심스러울 때마다 우리가 지녀야 할 태도를 보여 준다.

하나님 아버지, 저는 당신 뜻에 전적으로 저 자신을 맡깁니다. 기도하오니, 이 사람 또는 이 영의 진짜 본질을 제게 보여 주시옵소서. 만일 제가 어떤 방법으로든 사탄의 속임수에 넘어간다면, 제 눈을 열어주셔서 그것을 깨닫게 해주소서. 주 예수 그리스도의 이름으로 명하노니, 모든 속이는 영은 나를 떠날지어다. 그리고 모든 거짓 은사(또는 다른 영적 현상)를 포기하고 대적한다. 하나님, 만일 그것이 당신에게서 온 것이라면 복 주시고 자라게 하셔서 당신의 공동체가 그것을 통해 복 받고 덕을 세울 수 있게 해주시옵소서. 아멘.

## 영적 분별력

속임수에 대항하는 제1의 방어선이 영적 분별력이다. 성령은 모든 신자 안에 거하신다. 그리고 그분은 우리가 가짜를 만날 때 침묵하지 않으신다. 분별이란 무언가가 잘못되었을 때, 내부에서 울리는 경고 신호다. 예를 들면, 당신이 누군가의 집을 방문했다고 하자. 그 집 사람들은 모두 정중하며 겉으로 보이는 모든 것이 가지런하다. 그런데 뭔가 분위기가 섬뜩하다. 아무것도 눈에 보이지 않지만, 당신의 영은 뭔가 잘못되었다는 것을 감지한 것이다.

분별하는 영을 가지려면 먼저 우리 동기를 이해해야 한다. 열왕기상 3장에서 이스라엘 왕 솔로몬이 하나님에게 도움을 구했을 때, 하나님은 꿈에 그에게 나타나셔서 무엇을 원하느냐고 물으셨다. 이때 솔로몬은 "듣는 마음을 종에게 주사 주의 백성을 재판하여 선악을 분별하게 하옵소서"(9절)라고 청했다. 하나님은 이렇게 대답하셨다. "네가 이것을 구하도다. 자기를 위하여 장수하기를 구하지 아니하며 부도 구하지 아니하며 자기 원수의 생명을 멸하기도 구하지 아니하고 오직 송사를 듣고 분별하는 지혜를 구하였으니 내가 네 말대로 하여 네게 지혜롭고 총명한 마음을 주노니"(11, 12절).

참 분별의 동기는 절대로 자기 향상이나 개인적인 유익, 다른 사람, 심지어 원수들을 이용하여 이득을 취하려는 것이 아니다. 분별을 뜻하는 헬라어 디아크리노(διακρίνω)는 단순히 판단하거나 구별한다는 의미다. 분별의 기능은 오직 하나다. 옳은 것과 그른 것을 구별해서 옳은 것은 인정하고 그른 것은 없애는 것이다. 고린도전서 12장 10절은 분별이란 악한 영과 선한 영을 구별하는 거룩한 능력이라고 말한다. 그것은 성령을 나타내서서 교회에 덕을 세우려는 것이다.

영적 분별력은 마음의 기능이 아니다. 바로 성령의 기능이다. 우리가 하나님과 연합할 때 영을 분별할 수 있다. 우리는 마음속에서 진리의 말씀을 올바르게 가르지만, 성령께서 도우셔서 우리에게 객관적으로 입증될 수 없는 것을 알려 주신다. 우리는 무엇이 옳고 그른지 영적으로 분별할 수 있다. 그러나 그것이 무엇인지를 늘 객관적으로 입증하지는 못한다.

많은 상담을 하면서 나는 뭔가 잘못되었다거나, 진짜 문제가 표면으로 드러나 있지 않았다는 것을 영적으로 감지할 수 있었다. 때때로 나는 진짜 문제가 무엇인지를 "알" 때가 있다. 그러나 그것을 대놓고 말하는 대신 시험해 본다. 예를 들어 내담자가 동성애에 얽매여 있다고 분별해도 "당신은 동성애자군요, 그렇죠?"라고 말하지 않는 것이다. 그렇게 하면 판단이 될 수 있다. 그보다는 "당신은 동성애에 대한 생각이나 성향으로 고민해 본 적이 있습니까?"라고 물어보아 적절하게 내 직감을 시험한다. 내 분별이 내담자 안에 일하시는 성령의 가책과 통하면, 보통 그 문제는 표면으로 드러나 치유할 수 있게 된다.

사탄은 사람들에게 하나님이 영적 통찰력을 주셨다고 생각하게 만들어서 분별력을 위조할 수도 있다. 내가 상담한 라나라는 대학생은 사탄의 분별력에 속아 넘어갔다. 라나는 자신이 겪는 문제 때문에 오랫동안 상담자를 찾고 있었다. 나를 찾아왔을 때, 라나는 학교 캠퍼스를 걸어 다니면 마약이나 성(性) 문제를 가진 사람들을 집어낼 수 있다고 설명했다. 그는 사실이나 입증된 정보를 알고 있는 것이 아니었다. 그냥 "알았다." 그리고 내가 아는 한 라나의 분별은 정확했다. 그는 자신이 하나님에게 특별한 은사를 받았다고 생각했다. 그러면서 그러한 능력을 이용해서 자신의 상담자에게 그가 다음에 할 일이나 할 말을 말해 주어 심리전을 벌인 일도 이야기해 주었다.

라나의 이야기를 듣고 나서 나는 그의 영이 무언가 잘못되었다는 것을 알았다. "당신은 사람들 위에 군림하고 싶군요, 그렇죠?" 내가 거짓 영을 폭로하는 순간, 그 영은 내 사무실에서 그 정체를 드러냈다. 결국 라나는 그리스도 안에서 자유를 얻었고, 그 뒤 다른 사람의 죄를 알아내는 "능력"은 사라졌다. 오랫동안 마음을 어지럽혀 온 "동반자"(마귀)의 소음 없이 살아야 하는 것을 배워야 할 만큼 라나의 마음은 평온해졌다.

성령께서 그리스도인의 영역에서 역사하시는 것처럼, 악한 영들도 마귀의 영역에서 활동한다. 당신은 본인이 말하기도 전에 그 사람이 그리스도인인지 "안" 적 있는가? 다른 그리스도인과 영이 통하는 것을 느껴 본 적 있는가? 이것은 마술적인 것이 아니다. 성령이 임재하셔서 우리 영에 증거하는 것이다. 또 성령께서는 다른 사람을 통제하는 영은 교통하는 영이 아니라고 우리에게 경고한다.

우리가 교회나 가정에서 영적으로 더 민감해지는 법을 배운다면, 하나님이 많은 재난에서 우리를 지키실 것이다. 서구 세계에서 우리의 인지적인 좌뇌 성향은 영적 세계를 탐색하는 기본적인 안내자로서 분별력을 거의 인정하지 않는다. 그러나 히브리서 기자는 분별력을 지닌 사람을 인정했다. "단단한 음식은 장성한 자의 것이니 그들은 지각을 사용함으로 연단을 받아 선악을 분별하는 자들이니라"(5:14).

인간의 이성으로는 사탄의 속임수를 드러낼 수 없다. 오직 하나님의 영과 거룩한 계시만이 그 일을 할 수 있다. 예수께서는 이렇게 말씀하셨다. "너희가 내 말에 거하면 참으로 내 제자가 되고 진리를 알지니 진리가 너희를 자유롭게 하리라"(요 8:31, 32). 그리고 이렇게 기도하셨다. "그들을 진리로 거룩하게 하옵소서. 아버지의 말씀은 진리니이다"(요 17:17). 하나님의 전신갑주를 입을 때 진리의 허리띠로 시작하는 것은 매우 중요하다(엡 6:14). 진리의 빛만이 속임의 어둠을 대적하는 확실한 무기다.

사탄의 속임에 빠졌던 한 젊은 여성이 보내온 편지를 소개하여 당신을 격려하면서 이 장을 마치려 한다. 자유를 얻기 위한 여러 단계를 거쳐 이 여성은 예수 그리스도 안에서 자유로워질 수 있었다.

저는 박사님을 만나 상담받고 기도한 날을 잊을 수가 없습니다. 그날 이후로 저는 자유로워졌으니까요. 머릿속을 맴도는 목소리나 압박하는 느낌도 사라졌습니다. 육체적으로도 아주 평안합니다. 사탄이 옛 생각을 되살려서 다시 공격하려고 여러 번 찾아왔지만, 제 안에 있던 그의 요새는 완전히 깨어졌습니다.

박사님이 하신 말씀을 절대로 잊지 않겠습니다. 박사님은 하나님과 저 자신에 대한 부정적인 생각이 사탄이 제 마음에 심어 준 거짓말이라고 가르쳐 주셨지요. 또 예수 그리스도를 통해 사탄을 꾸짖고 모든 악한 생각을 제거할 권세를 제가 가지고 있다고 하셨습니다. 잠시 동안 이 사실을 전심으로 믿었는데, 최근에 저는 다시 마귀와 싸우기로 결심하였습니다. 그리고 마침내 승리하였습니다! 아주 맑은 정신으로 제 문제를 해결할 수 있다는 것이 매우 놀랍습니다.

# 12장

# 통제력을 잃는 위험성

한 번도 만나 보지 못한 한 여성에게서 다음과 같은 편지를 받았다. 어느 토요일, 쉴라는 그가 다니는 교회에서 주최한 개인적이고 영적인 갈등을 다룬 내 세미나에 참석했던 것이다. 다음 날인 주일, 그 교회 목회자가 내게 쉴라의 편지를 전해 주었다.

친애하는 앤더슨 목사님

저는 자유함을 얻었습니다. 주님을 찬양합니다! 어제 몇 년 만에 처음으로 제 안에서 들리던 목소리가 멈추었습니다. 이제 고요함을 느낄 수 있습니다. 찬양을 부르면, 제 노랫소리를 들을 수 있습니다.

저는 제게 사랑한다고 말해 주거나 제가 울 때 품에 안아 준 적이 한 번도 없는, 매우 침울한 어머니와 14년 동안 함께 살았습니다. 저는 사랑받아 보지도, 따뜻한 말 한 번 들어 보지도 못하고, 제가 누구인지도 모른 채 신체적으로나 정서적으로 학대받으며 살아왔습니다. 열다섯 살 때 3주 동안 계속된 EST(Erhard Seminar Training, 베르너 에르하르트가 개발한 통일 훈련)라는 집회에 참석했는데, 그 집회는 제 마음을 완전히 엉망으로 만들었습니다. 그다음 해부터 제 삶은 정말 지옥과도 같았습니다. 어머니에게 쫓겨나 다른 가족과 함께 살았는데, 나중에는 그 집에서도 쫓겨났습니다.

3년쯤 지나고 나서 저는 그리스도를 영접하였습니다. 예수님을 믿기로 결심한 이유는 제가 살면서 경험한 사탄과 악령의 힘이 무서웠기 때문입니다. 사탄이 나에 대한 소유권을 잃었다는 것은 알았지만, 제가 여전히 사탄의 속임수와 통제 앞에 얼마나 약한 사람인지는 잘 알지 못했습니다. 그리스도인이 된 뒤로도 2년 동안, 저는 죄의 멍에에 매여 있었습니다. 한번은 제 죄를 깨닫고 하나님에게 고백하여 용서받았으니 이제 사탄의 올무에서 완전히 벗어났다고 생각했습니다. 그때부터 싸움이 시작되었다는 것을 전혀 몰랐던 것입니다.

온몸에 원인을 설명할 수 없는 발진과 두드러기, 부은 자국 등이 생겨 고통당했습니다. 주님에게 가까이 나아가 누리던 기쁨도 잃어버렸습니다. 찬송을 부를 수도, 성경을 읽을 수도 없었습니다. 저는 마음의 안정을 찾기 위해 음식을 먹어대기 시작했습니다. 악령들이 선악에 대한 분별력을 공격하면서 저는 제 정체성을 찾고 사랑을 얻기 위해 부도덕한 생활을 하기 시작했습니다.

그러나 어제 제 삶을 통제하는 사탄의 힘을 거절하였을 때, 모든 것이 끝났습니다. 저는 주님에게 사랑받는 존재라는 것을 깨닫고 자유와 보호를 찾았습니다. 아직 이런 것을 깊이 깨달은 경지에 이른 것은 아닙니다. 그러나 저는 지금 맑은 정신과 영으로 차분하게 이 글을 쓰고 있습니다. 과거에 게걸스럽게 음식을 먹어낸 일이 갑자기 낯설어 보입니다.

저는 그리스도인이 사탄에게 통제당할 만큼 연약할 수 있다는 것을 알지 못했습니다. 사탄에게 속았던 것입니다. 그러나 이제는 자유합니다. 감사합니다, 예수님!

쉴라

쉴라는 많은 그리스도인이 말하기를 꺼려하는, 그리스도인의 영적 취약성을 잘 보여 주는 실례다. 모든 회복 사역은 삶에서 음식과 성, 약물과 음주, 도박을 통제하지 못하는 사람들을 돕는다. 쉴라도 점차 삶을 관리하지 못했다. 그리고 쉴라 같은 사람이 주변에 많다. 그는 식습관과 성적 행동을 통제하는 것처럼 보이지 않았다. 실제로 그는 그 부분을 통제할 수 있었지만, 어떻게 해야 하는지 알지 못했다. 그리스도인은 사탄의 유혹과 비난, 속임에 빠질 수 있다는 데 일반적으로 모두 동의한다. 그러나 어떤 이유 때문인지 일부러 마귀의 영향력에 굴복할 때 어떤 일이 일어나는지 생각하는 것은 주저한다.

죄는 결과가 있다. 그리고 영적 보호에 대한 책임은 일부 우리에게도 달려 있다. 우리는 "오직 주 예수 그리스도로 옷 입고 정욕을 위하여 육신의 일을 도모하지 말라"(롬 13:14)는 말씀을 듣는다. 그러나 우리가 육신의 일을 도모한다면 어떤 일이 일어날까? 우리는 "모든 생각을 사로잡아 그리스도에게 복종하게"(고후 10:5) 하라는 말씀도 듣는다. 그러나 우리가 그렇게 하지 않고 미혹하는 영이 하는 거짓말을 믿거나 그 영을 따르기로 한다면 무슨 일이 일어날까? 우리는 하나님의 전신갑주를 입고 견고히 서라는 말씀을 듣는다. 그러나 그러지 않는다면 어떻게 될까? 우리에게는 우리 죽을 몸을 죄가 지배하지 못하게 할 책임이 있다. 우리 지체를 불의의 무기로 내주지 않음으로 그 일을 할 수 있다(롬 6:12, 13). 그러나 우리가 우리 지체를 불의의 무기로 내준다면 어떤 일이 생길까? 우리는 하나님에게 복종하고 마귀를 대적하라는 말씀을 들었다(약 4:7). 그러나 하나님에게 헌신하지 않고 어둠의 왕국에 대항하지 않는다면 무슨 일이 벌어질까? 부정적인 결과 없는, 영적으로 중립적인 위치라는 것이 가능할까? 우리에게 일어날 부정적인 것을 말하지 않거나 사탄이 우리의 우유부단함이나 무분별한 행동을 이용하지 않을 거라는 것은 성경적으로 옳지 않다. 그것은 그리스도인에게 잘못된 희망을 심어준다.

이 장에서 우리는 그리스도인이 마귀의 유혹과 비난, 속임에 넘어갈 때 어떤 일이 일어나는지를 성경을 통해 살펴보려고 한다. 우리가 얼마나 연약한지 살펴보기 전에, 우선 모든 그리스도인은 하나님에게 속한 자라는 사실을 다시 한 번 강조하고 싶다. 우리는 하나님이 어린양의 피로 값 주고 산 존재들이며, 지옥의 권세도 우리를 하나님의 사랑에서 끊을 수 없다(롬 8:35-39; 벧전 1:17-19). 「성도를 향한 귀신들의 도전」(요단 역간)을 쓴 메릴 엉거(Merrill Unger)는 "마귀는 주인이나 손님, 또는 정당한 자격을 지닌 자가 아닌 불법 침입자로 그곳에 들어온다. 마귀는 침입자, 방해자, 원수로서 들어온다. 그러나 마귀는 심각하고 장기적인 죄 때문에 문이 열려 있다면, 그 문으로 들어올 것이다"[17]라고 말한다. 사탄은 우리를 소유할 수 없다는 사실을 알고 있다. 그러나 만일 사탄이 어떤 식으로든 우리 삶의 통제권을 양도하도록 우리를 속일 수 있다면, 우리의 영적 성장을 저해하고 그리스도를 증거하지 못하게 할 수 있다.

## 전쟁 중인 두 왕국

우리가 지금 다루고 있는 영적 취약함의 수준과 관련하여 흔히 있는 논쟁으로 악령과 성령이 공존할 수 없다는 주장이 있다. 나는 몇 가지 이유에서 그 주장이 옳지 않다고 생각한다. 먼저, 사탄은 이 세상의 신이며 "공중의 권세 잡은 자"(엡 2:2)다. 따라서 사탄과 그의 마귀들은 이 세상 공중에 존재한다. 그러나 성령은 어디에나 계신다. 이 말은 때로 이 둘이 공존한다는 뜻이다. 둘째, 사탄은 하늘에서 우리 아버지 앞에 다가간다. 즉 사탄과 성부 하나님도 잠시일지라도 함께 존재한다(공존)는 뜻이다. 셋째, 성령은 우리 영과 연합(공존)한다. 그러나 분명한 것은 우리 인간의 영은 완벽하지 않다는 것이다. 넷째, 공간적인 논쟁은 영적 영역에 적용되지 않는다. 영은 자연적인 경계나 육체적 경계가 전혀 없다. 그렇기 때문에 교회 건물을 성스러운 장소로 생각할 수 없는 것이다. 우리에게 유일한 성소는 어떤 물질적 피난처가 아니라 "그리스도 안에" 있는 것뿐이다. 다섯째, 누군가가 미혹하는 영을 따른다면, 그것은 외적일 수만은 없다. 그 전쟁은 마음속에서 벌어진다. 악령과 성령이 동시에 같은 공간에서 작용할 수 없다면, 하나님의 전신갑주를 입고 경계할 필요가 없다.

"귀신에게 잡히다"(demon-possessed)라는 단어도 교회에서 논쟁을 불러일으켰다. 논쟁은 "잡히다"(possessed)라는 단어에 집중되는데, 사실 이 단어는 헬라어에는 없는 단어다. "귀신에게 잡히다"는 "다이모니조마이"(δαιμονίζομαι, 동사) 또는 "다이모니조메노스"(δαιμονίζομενος, 분사)를 영어로 번역한 것으로 보통 "귀신 들리다"(demonized, 마 4:24; 9:32; 15:22; 막 5:15)라고 표현된다. 귀신 들렸다는 것은 하나 또는 그 이상의 귀신에게 조종당하고 있다는 뜻이다. 서신서에는 이 단어가 한 번도 등장하지 않는다. 그래서 우리는 초대교회 시대에 이 개념을 어떻게 적용했는지 명확하게 알 방법이 없다. 나는 그저 모든 신자가 성령에 잡혔다고 믿는다. 그렇게 해서 우리 안에 성령이 거하시는 것이다. 그분은 결코 우리를 떠나시지도, 버리시지도 않는다.

"귀신 들리다"를 뜻하는 또 다른 헬라어가 "에케인 다이모니온"(εκειν δαιμόνιον)인데, 이 말은 "귀신을 가지고 있다"라는 뜻이다. 예수 당시의 종교 지도자들은 세례 요한과 예수를 비난할 때에 이 단어를 사용했다(눅 7:33; 요 7:20).

사탄과 그의 귀신들이 신자에게 행사할 수 있는 영향력은 정도의 문제다. 우리는 사탄이 신으로 군림하는 세상에 살고 있기 때문에, 시험받고, 속임당하며, 비난받을 수 있는 가능성이 늘 존재한다. 만일 우리가 사탄의 속임수에 넘어간다면, 자신이 속고 있는 정도만큼 자신에 대한 통제력을 잃고 말 것이다. (우리의 연약함을 다룬 논의를 더 자세히 알고 싶다면, 클린턴 아놀드 박사가 쓴 「영적 전투에 관한 세 가지 주요 문제」[*Three Crucial Questions About Spiritual Warfare*]를 보라.)

내 책 「멍에에서 해방되다」(*Released from Bondage*)는 피해자의 관점에서 쓴 몇몇 사례 연구를 다루고 있다. 그들의 문제는 식이 장애부터 성적 학대와 성 중독에 이르기까지 다양했다. 모든 피해자는 표면적인 문제가 무엇인지와 상관없이 늘 문젯거리인 삶과 성, 사상과 투쟁하고 있었다. 그들 모두 그리스도인이라고 고백하며, 그중 두 명은 전임 사역자였다. 나는 기독교 공동체가 그들의 이야기에 귀 기울일 수 있길 바라며 그 책을 썼다. 많은 그리스도인이 이 사랑스러운 사람들을 쉽게 비그리스도인에게 넘기지만, 그들은 이들을 조금도 돕지 못하기 때문이다.

## 멍에에 매여 있는 성도

그리스도인은 마귀의 영향력에 스스로 취약하다는 사실을 알고 있어야만 한다. 그래야 그들이 직면한 상황이 어떠하든 적절한 성경적 대답을 내놓을 수 있기 때문이다. 바울은 사탄의 계책을 가볍게 보지 않았다(고후 2:11). 우리도 그래야 한다. 자신의 취약함을 이해하지 못하는 사람은 그들이 지닌 문제에 대해 자기 자신이나 하나님을 비난하기 쉽다. 우리가 스스로를 비난한다면, 절망하게 된다. 우리 힘으로는 그것을 멈출 수 없기 때문이다. 그리고 하나님을 비난한다면, 자비로우신 하나님에 대한 신뢰가 흔들리게 된다. 따라서 두 경우 모두 성경이 우리에게 약속한 승리를 얻을 수 없다. 그래서 서구세계에 속한 교회는 사탄의 활동을 육체 탓으로 돌리는 경향이 있다. 이러한 경향은 우리가 영적 갈등을 해결할 수 있는 방법이 없게 만든다. 다음은 사탄이 신자들에게 얼마나 파괴적일 수 있는지를 보여 주는 성경 구절들이다.

● **누가복음 13장 10-17절_** 예수께서 회당에서 가르치고 계시는 동안, "열여덟 해 동안이나 귀신 들려 앓으며 꼬부라져 조금도 펴지 못하는 한 여자"가 있었다(11절). 16절은 이 여자의 신체적인 무력함이 사탄에게 매여 있기 때문이라고 설명한다. 이 여자는 믿지 않는 자가 아니었다. 그는 "아브라함의 딸"(16절)이고 하나님을 두려워하는 믿음을 가졌으나 영적인 문제를 안고 있었던 것이다. 예수께서 멍에에서 풀어 주시는 순간, 여자는 치유되었다.

회당에 있었는데도 이 여자가 마귀의 통제에서 보호받지 못했다는 사실을 주목하라. 회당 벽도, 교회 벽도 마귀의 영향력을 막지 못한다. 물론 이 사건은 예수께서 십자가에 못 박히시기 전에 일어났다. 그러나 그것은 믿는 사람들이 마귀에게 지배받을 수 있음을 암시하고 있다.

● **누가복음 22장 31-34절_** 사도 베드로는 삶을 통제하지 못한 신자를 잘 보여 주는 인물이다. 예수께서는 그에게 "시몬아, 시몬아, 보라 사탄이 너희를 밀 까부르듯 하려고 요구하였으나"(31절)라고 말씀하셨다. 사탄이 그렇게 요구할 권리를 어떻게 가지고 있었는가? 베드로는 다른 제자들과 더불어 그들 가운데 누가 가장 크냐는 논쟁을 벌였을 때, 그의 교만으로 사탄에게 분명히 그 발판을 제공한 것이다(눅 22:24). 비록 베드로가 옥에도, 죽는 데에도 주와 함께 가겠

다고 각오하였으나(33절), 예수께서는 베드로가 그를 세 번 부인할 것이라고 예언하셨고(34절), 실제로 베드로는 그렇게 했다. 그러나 예수께서는 그 사건으로 베드로가 절망하지 않고 회복될 수 있도록 미리 기도하신 사실을 주목하라(32절).

● **에베소서 6장 10-17절_** 이 구절에는 믿는 자들에게 "마귀의 간계를 능히 대적하기 위하여 하나님의 전신갑주를 입으라"(11절)는 바울의 간곡한 권고가 포함되어 있다. 전신갑주를 입는 목적은 무엇인가? 원수의 화살이 군사의 몸을 뚫고 들어가거나 상처 입히는 것을 막기 위해서다. 사탄의 화살이 우리 목숨을 해칠 수 없다면, 우리는 전신갑주를 입지 않아도 된다. 전신갑주에 대한 가르침은 원수가 우리 몸을 뚫고 들어와 어느 정도 통제할 수 있다는 가능성을 보여 준다.

● **야고보서 3장 14-16절_** 야고보는 만일 우리가 시기나 이기적인 욕심에 무너지면, "땅 위의 것이요 정욕의 것이요 귀신의 것"(15절)인 세상 지혜에 지배당한다고 지적한다. 한번은 성경에 관한 논리를 완전히 혼란스러워하는 한 학생을 만났다. 그 학생은 정통적인 믿음을 가진 사람이었는데, 그의 믿음에 속속들이 도전한 한 창녀를 만나고서는 혼란에 빠진 것이다. 그 뒤 그는 모든 부분을 새로운 "통찰"로 바라보기 시작했다. 그러나 아무도 그를 이해할 수 없었다. 그의 주장은 메리 베이커 에디(크리스천 사이언스 설립자_ 편집자 주)가 쓴 책의 내용과 비슷해 보였는데, 어느 누구도 그의 주장에 동의하지 않았다. 내가 알기로는, 이 학생은 마귀의 논리에서 빠져나오지 못했다.

● **디모데전서 4장 1-3절_** 사도 바울은 "어떤 사람들이 믿음에서 떠나 미혹하는 영과 귀신의 가르침을 따르리라"(1절)고 기록했다. 바울은 영적 속임이 음식물과 결혼에 어떻게 영향을 끼칠 수 있는지를 보여 준다(3절). 그리스도인이 미혹하는 영을 따르지 않는다는 말은 순진한 소리다. 그런 일은 세계 곳곳에서 일어나고 있다. 지난 15년 동안 나는 사고 습관과 싸우고 있는 사람을 천여 명 정도 상담했다. 그들은 모두 그리스도인이라고 고백한 사람들이다. 어떤 사람은 기도하거나 성경을 읽는 데 어려워했다. 또 어떤 사람은 내면에서 목소리를 듣고 있었다. 이러한 것을 단순히 화학 불균형으로 치부하는 것은 사로잡힌 자들을 해방하는 사역에서 교회를 몰아내는 셈이다. 모든 부정적인 생각이 단지 육적인 형태라면, 이 신자들이 하나님에게 복종하고 마귀를 대적할 때 어째서 그러한 부정적인 생각들이 떠나겠는가? 육적인 형태들은 깊이 배어 있기 때문에 명령에 따라 즉시 사라지지는 않는다.

● **고린도전서 5장 1-13절_** 이 구절에는 아버지의 아내를 취한 고린도 교회의 한 남자에 대한 가르침이 담겨 있다(1절). 이 사람은 마귀의 유혹에 빠진 나머지 불의한 관계가 전 교회 앞에 버젓이 드러날 때까지 사탄에게 통제당했다. 그 문제에 대해 사도 바울은 준엄하게 판단했다. "이런 자를 사탄에게 내주었으니 이는 육신은 멸하고 영은 주 예수의 날에 구원을 받게 하려 함이라"(5절). 바울은 이 사람이 마침내 "나는 이제 족하다"라고 말하고 회개하기를 바라면서 한동안 사탄이 이 사람을 나름의 방식대로 처리하도록 내어줄 준비가 되

었던 것이다.

어떤 사람은 이 정도로 부도덕한 사람이 그리스도인일 수 있는지 회의를 품을 것이다. 그러나 이 사람이 그리스도인이 아니라면, 바울은 그를 징계하지 않았을 것이다. 교회는 성도로 있는 사람을 징계할 책임이 있기 때문이다. 이 사람은 스스로 부도덕이라는 덫에 걸린 신자였다(적어도 바울은 그를 신자로 대했다). 바울은 이 사람이 육신적인 죄의 결과를 경험하고 회개하여 멍에에서 자유로워지길 바랐다.

● **에베소서 4장 26, 27절_** 사도 바울은 이렇게 가르친다. "분을 내어도 죄를 짓지 말며 해가 지도록 분을 품지 말고 마귀에게 틈을 주지 말라." 여기에서 "틈"(foothold)이라는 단어는 "장소"를 뜻한다. 바울은 우리가 사랑으로 진실을 말하지 못하고 감정적으로 정직하지 못하면, 마귀에게 우리 삶에 들어올 수 있는 장소를 제공하게 된다고 말하는 것이다. 신랄한 비난과 용서하지 않는 마음으로 변하는 분노는 마귀를 공개적으로 초청하는 행동이다(고후 2:10, 11).

● **베드로전서 5장 6-9절_** 베드로는 이렇게 경고했다. "근신하라. 깨어라. 너희 대적 마귀가 우는 사자같이 두루 다니며 삼킬 자를 찾나니"(8절). "삼키다"라는 단어는 먹어 치우거나 목으로 넘겨 버린다는 뜻이다. 고린도전서 15장 54절도 같은 단어를 쓰고 있다. "사망을 삼키고 이기리라." 무언가에 완전히 삼켜진다는 것은 그것에 철저히 지배당한다는 뜻이다. 신자들이 사탄에게 통제당하는 경우가 없다

면, 베드로도 이런 가능성을 우리에게 경고하지 않았을 것이다.

베드로가 경고하는 맥락은 믿는 사람들을 취약하게 만들 만한 두 가지 조건을 제시한다. 6절에서 베드로는 하나님 앞에서 겸손하라고 권고한다. 아마도 마음속으로 자기를 높였을 때 겪은 뼈아픈 경험을 떠올리면서 베드로는 우리가 교만을 대적할 때마다 바로 사탄을 대적하는 것임을 지적하는지도 모른다. 7, 8절에서는 우리가 하나님에게 염려를 맡기는 것을 배우지 않으면 사탄의 먹이가 되기 쉽다는 것을 가르쳐 주고 있다.

● **사도행전 5장 1-11절**_ 이 구절은 아마도 믿는 사람들을 통제하는 사탄의 능력을 가장 완벽하게 보여 주는 구절일 것이다. 초기 예루살렘 교회 성도들은 자원하여 자기 재산을 팔아 복음 사역에 쓰라며 사도들에게 가져왔다(행 4장). "아나니아라 하는 사람이 그의 아내 삽비라와 더불어 소유를 팔아 그 값에서 얼마를 감추매 그 아내도 알더라. 얼마만 가져다가 사도들의 발 앞에 두니 베드로가 이르되 아나니아야 어찌하여 사탄이 네 마음에 가득하여 네가 성령을 속이고 땅 값 얼마를 감추었느냐. …… 사람에게 거짓말한 것이 아니요 하나님께로다"(1-4절).

문제는 아나니아와 삽비라가 땅값 얼마를 취한 것이 아니라 거짓말을 한 것이다. 그들은 그들이 바친 것이 땅값 전부라고 속였다. 이 부부는 죄 지은 결과 즉각적이고 준엄한 형벌을 받았다. 바로 그 자리에서 죽게 되었다(5, 10절).

믿는 사람들이 사탄에게 조종당할 수 있다는 사실을 믿기 힘들어

하는 사람들은 아나니아와 삽비라가 믿는 사람들이 아니었다고 주장한다. 그러나 나는 그 주장에 동의하지 않는다. 우선 사도행전 4장 32절은 이 사건이 분명 그리스도인 공동체에서 일어났음을 말해 주며, 아나니아와 삽비라도 그 공동체에 속해 있었다. 둘째, 사도행전 5장 11절은 "온 교회와 이 일을 듣는 사람들이 다 크게 두려워하니라"고 말한다. 만일 하나님이 교회 **밖** 사람들을 심판하신 것이라면, 왜 교회 **안**에 큰 두려움이 있겠는가? **믿는 사람들** 사이에 큰 두려움이 임한 것은 하나님이 거짓말하는 **믿는 사람들**에게 그분의 징계를 극적으로 나타내셨기 때문이다. 셋째, 형벌의 준엄성은 하나님이 믿는 사람들의 공동체가 중요하다는 것을 강조하신다는 사실을 나타낸다. 믿지 않는 사람들은 늘 거짓말한다. 그리고 그들은 보통 아나니아와 삽비라만큼 빠르고 철저하게 심판받지는 않는다. 나는 하나님이 교회에 강력한 메시지를 보내신 것이라고 믿는다. 그분은 사탄이 신자를 속일 수 있다면, 그가 신자의 삶도 통제할 수 있다는 사실을 아셨기 때문이다.

아나니아의 문제는 사탄의 속임이 들어오도록(통제하도록) 그 마음을 내버려둔 것이다. 사도행전 5장 3절에 "가득하여"(플레루 [πληρόω])라는 단어는 에베소서 5장 18절 "오직 성령으로 충만함을 받으라"에서 사용한 단어와 같다. 신자는 사탄의 속임수로 가득할 수도 있고, 성령으로 충만할 수도 있다. 어느 쪽에 굴복하느냐에 따라 우리는 그것으로 충만해질(즉 통제될) 것이다. 삶의 어느 영역에서 사탄의 속임수를 허용한다면, 우리는 그 영역에서 사탄의 통제에 취약해질 것이다.

# 마귀가 그렇게 만든 것이 아니다

아나니아와 삽비라의 죽음에 대한 책임이 전적으로 사탄에게만 있는 것이 아님을 깨달으려면, 우리는 이 두 신자가 죽음을 자초한 거짓말에 기꺼이 참여했다는 사실을 기억해야 한다. 베드로는 아나니아와 삽비라에게 각각 이렇게 말한다. "어찌하여 이 일을 네 마음에 두었느냐. …… 너희가 어찌 함께 꾀하여 주의 영을 시험하려 하느냐"(행 5:4, 9). 그렇다. 사탄은 그들의 마음을 거짓으로 가득 채워서 그들이 악행하도록 어느 정도의 통제력을 발휘하였을 뿐이다. 그러나 중요한 것은 아나니아와 삽비라가 사탄에게 어느 정도 그 문을 열었기 때문에 사탄이 그렇게 할 수 있었다는 것이다.

내게 도움 청하러 오는 사람들을 돕기 위해 나는 "마귀가 나를 그렇게 만들었어요"라는 변명을 받아들이지 않는다. 우리 자신의 태도와 행동에 대한 모든 책임은 우리에게 있다. 사탄은 우리가 준 기회를 이용한 것뿐이다. 우리는 그리스도 안에서 승리하는 삶을 살아가는 데 필요한 모든 자원과 보호를 갖추고 있다. 따라서 그렇게 살지 못하는 것은 우리가 선택한 일이다. 사탄의 시험이나 비난, 속임수를 거부하지 않고 문을 열어 두면, 사탄은 들어올 것이다. 그리고 사탄이 다가오는 것을 계속 허락한다면, 그는 불법 거주자의 권리를 내세울 것이다. 그렇게 되어도 구원을 잃지는 않지만, 날마다 승리하지는 못할 것이다.

전신갑주를 입지 않고 전쟁터에 나간다면 엄청난 피해를 입을 것이다! 하나님이 예비하신 전신갑주로 우리를 감싸지 않는다면, 무장

되지 않은 부분은 공격에 취약할 것이다. 엉거 박사는 이렇게 말한다.

> 그리스도인이 전신갑주를 이용하지 않는다면, 사탄이 믿는 자들의
> 요새를 침입하길 꺼리겠는가? 사탄이 침입한다면, 그 이유는 분명
> "사로잡힌 바 되어 그 뜻을 따르는"(딤후 2:26) 노예가 될지도 모르기
> 때문이다. 원수에게 공격받아 사로잡힌 그리스도인은 어떤 무기도
> 사용하지 못한다. 그 결과 싸움도 없고, 오직 복종과 비굴만 있을 뿐
> 이다.[18]

야고보서 4장 1절은 우리의 싸움과 갈등이 "지체 중에서 싸우는"
정욕에서 난다고 말한다. 사도 바울은 "너희는 죄가 너희 죽을 몸을
지배하지 못하게 하여 몸의 사욕에 순종하지 말고"(롬 6:12)라고 가
르친다. 세상과 육신, 마귀는 우리 안에 있는 성령의 생명과 끊임없
이 싸운다. 그러나 우리가 믿음 안에서 견고하게 서지 않는다면 어
떻게 될 것인가? 우리를 지배하려는 세상적인 기쁨과 정욕을 이길
수 있을 것인가?

진리를 택하고, 의롭게 살아가고, 하나님의 전신갑주를 입는 것
은 믿는 사람 각자의 책임이다. 나는 당신을 책임질 수 없고, 당신도
나를 책임질 수 없다. 나는 당신을 위해 기도하고, 믿음 안에서 당신
을 격려하며, 도울 수는 있다. 그러나 당신이 전신갑주도 입지 않고
전쟁터로 나간다면, 상처 입을 것이다. 내가 염려해야 하는 문제일
수는 있지만 나는 여전히 당신이 져야 할 책임을 결정해 줄 수는 없
다. 선택은 당신만의 몫이다. 그러나 당신에게는 선택권이 있다. 바

로 그것이 이 책 나머지 부분에서 말하려는 바다.

　마지막으로 내가 가장 좋아하는 간증 하나를 나누려고 한다. 이 여성이 들려주는 이야기를 들으며 스스로 물어보라. "이 여성이 묘사하는 것이 정상인가?" "이것은 단순히 누구나 해 봄직한 부정적인 '자기 대화'의 극단적인 예일 뿐일까?" "이 여성은 이중인격자인가?" "정신병 환자인가?" "이 여성은 다중 인격자이거나 내면의 어린이를 지니고 있는 것인가?" 상담자는 자신의 교육이나 경험에 따라 지금까지 이야기한 예측 가운데 하나로 진단할 것이다. 당신은 이 여성의 문제가 무엇이라고 생각하는가? 이제 이 여성의 간증을 들어보자.

## 침묵

　앉아서 생각할 때, 나는 많은 것을 떠올린다. 내 삶, 하고 싶은 일, 생각할 문제와 사람들. 나는 머릿속으로 나 자신과 대화를 나눈다. 나 자신에게 이야기하고, 나 자신에게 대답한다. 나는 내 가장 친한 친구다. 우리는 굉장히 잘 지낸다! 때로는 정말 많은 이야기를 나누어서 그날이 저물 무렵이면 꽤 피곤하기도 하다. 그렇지만 나를 지켜주고, 내가 일을 끝까지 해내도록 돕는다.

　가끔 나는 내가 두 사람처럼 생각된다. 날마다 일상을 보내는 나와, 바꾸고 싶은 나. 한 명은 자존감이 낮고 사람들 앞에 있는 그대로 보이길 두려워한다. 그리고 내 안에 또 다른 한 명이 있다. …… 내가 되고 싶은 자신감 넘치는 나, 그러나 몇 가지 이유로 그렇게 되지 못한다. 나는 내 일부를 "그"라고 부른다. 그는 "그"다. 보통 말하는 "그"를 뜻한다. 그는 용감하고, 모든 사람이 그를 좋아한다. 적어도 내가 그를 풀어 주면 그런 일이 일어날 것이라고 생각한다. 내가 나 자신일 수 있다면 …… 삶은 더 편안하고 행복해질 것이다.

그러나 그때까지 나는 내 안에 있는 그와 이야기한다. 우리는 오늘 무엇을 할지, 어디에서 식사할지, 무얼 입을지, 누구를 만날지 이야기한다. 때로 그는 굉장한 아이디어를 떠올리고, 나는 내가 그토록 똑똑하고 영리하다는 사실에 스스로 깊이 감명받는다. 이렇게 생각한다. '사람들이 진짜 내 모습을 안다면, 나를 정말 사랑할 텐데.' 가끔은 그가 내게 이치에 맞지 않는 소리를 하기도 한다. 그러면 이렇게 생각한다. "그렇게 하지 않아도 돼. 그건 그다지 좋지 않아. 그렇게 하면 누군가가 상처 입을 거야. 그건 정말 어리석은 짓이라고." 그 때만큼은 그의 말을 듣지 않는다. 그러나 괜찮다. 나는 그와 이야기하길 좋아하고, 계속 이야기하고 있다.

하루는 우리 사이가 달라졌다. 내 삶은 그럭저럭 괜찮았지만, 나는 하나님과 더 친밀하게 동행하고 싶었다. 과거에서 자유로워지고, 내가 마음 깊이 품어 온 고통을 치유받고 싶었다. 누군가가 내게 "그리스도 안에서 자유에 이르는 단계"라는 과정에 참가해 보라고 말해 주었다. 그래서 상담자와 약속을 잡았다. 그때 나는 내 안에 있는 친구에 대해서는 생각하고 있지 않았다. 그저 나 자신에 대해서만 생각하고 있었다.

상담받는 동안, 몇몇 기도문과 성경을 큰 소리로 읽어 보라는 요구를 받았다. 기도문과 성경을 읽는 동안 내 마음은 불분명해지고 집중할 수가 없었다. 무엇보다 내 마음속에 있는 그에게 이야기하려고 할 때마다 혼란스러워졌다. 그의 목소리를 명확하게 들을 수가 없었다. 나는 점점 두려워졌고, 심장이 빨리 뛰면서, 마음속으로 격분하기 시작했다. 충격이었다. 내 안에 있던 내 친구가 어디로 갔지? 왜 갑자기 그가 이상해진 걸까? 어떻게 된 일이지? 내가 뭔가 잘못된 걸까?

그러고 나서 깨달았다. 그는 내 친구가 아니었다. 그는 진짜 내가 아니다. 그는 내가 하나님과 좋은 관계를 맺는 걸 싫어했다. 이해되지 않았다. 이런 것들은 내가 원하는 것이기 때문이다. 나는 그가 내 옆에 있다고 생각했다. 그러나 아니었다. 나는 그에게 떠나라고 말해야 했다. 그것도 큰 소리로. 큰 소리로? 그가 내 생각을 읽을 수 없다고 말했을 때, 이상해 보였다. 그렇지만 이해되었다. 그는 하나님이 아니었다. 전지하지도 않았다. 그래서 나는 그에게 떠나라고 큰 소리로 말했다. 그리고 그는…… 떠나갔다.

그러고 나서 침묵이 흘렀다. 내 마음속에서는 더 이상 어떠한 대화도 없었다. 나는 그를 잃었다. 그러지 않아도 된다는 걸 알았지만, 나는 그렇게 했다. 그가 내게 유익하지 않다는 것을, 하나님이 내가 그가 아닌 그분과 대화하길 바란다는 것을 알았기 때문이다. 나는 그에게 이야기하지 않는다는 생각과 싸웠다. 침묵하며 지내기가 힘들었다. …… 외로웠다. 그는 다시 돌아오려고 했고, 다시 돌아왔을 때는 내게 잔뜩 겁을 주었다. 그는 화를 내며 적대적이었다. 나는 배신당한 기분이었다. 그러나 그 뒤, 나는 침묵했다. 하나님과 이야기하는 나를 떠올리고는 그렇게 했다. 그분은 그처럼 대답하지 않으셨다. 그의 목소리를 들을 때처럼 그분의 목소리를 들을 수는 없다. 그러나 그분과 이야기하는 것이 좋아지기 시작했다. 나는 정말 그분과 친밀하다고 느낀다. …… 그분이 나를 돌보시는 것처럼 말이다. 잠시 뒤, 나는 그 침묵을 잊어버렸다.

어느 정도 시간이 흐른 뒤, 나는 또다시 외로워졌다. 침묵을 잊고, 나도 모르는 새 대화하고 있는 나를 발견했다. 내 삶은 혼란스러웠고, 이유를 찾을 수도 없었다. 기도해야 했던 그날까지는 말이다. 나를 훈련해 온 내 친구가 나를 돕고 싶어 했고, 나도 도움이 필요했다. 그는 내 저항에 대해서, 그리고 하나님과 떨어져 지내는 삶을 어떻게 그쳐야 하는지에 대해서 이야기해 주었다. 그때 내 안의 목소리는 큰 목소리로 이렇게 말했다. "나는 하나님과 떨어져 있다." 무서웠다. 저게 나인가? 내가 정말 그렇게 느끼고 있나? 아니야, 그렇지 않아. 그가 돌아온 것이다. 나는 그를 돌아오게 한 것에 화가 났다. 그를 보내고 싶었지만, 나는 움직일 수도, 어떤 말을 할 수도 없었다. 내 친구가 나와 함께 기도했고, 나는 머리를 숙였다. 그 친구는 하나님의 보좌 곁에서 기둥의 빛이 밝게 빛나는 하늘의 모습을 들려주었다. 정말 그 모습이 보이는 듯싶더니 다시 평안해졌다. 그렇지만 그때 목소리가 외쳐댔다. "아니야! 아니야! 아니야!" 그래서 나는 눈을 뜨고 포기했다. 마음이 강퍅해지면서 나는 하나님에게 모든 것을 드리고 싶지 않았다. 여전히 통제하고 싶었다. 몇 가지는 포기하고 싶지 않았다.

그러나 내 마음속에서는 다시 침묵을 갈망했다. 나는 생각했다. "얼마나 역설적인지. 처음에 내가 좋아하지 않던 것이 내 자유가 되었어." 하나님에게 기도할지, 그분에게서 달아날지를 두고 마음속에서 얼마나 치열하게 싸웠는지. 달아나는 것도, 내가 지금 당장 바로잡을

12장. 통제력을 잃을 위험성

수 있는 것을 미루는 것도 무척 쉬웠다. 그러나 나는 회개한 것처럼 느껴지지 않았다. 내려놓은 것처럼 느껴지지 않았다. 그래야 하는 걸 알면서도 말이다. 나는 내가 또다시 그렇게 느낄지 궁금했다.

그때가 바로 "그리스도 안에서 자유에 이르는 단계"에서 글을 보았을 때다. 그 말은 금방 내 눈에 띄었다. "믿음은 우리가 하려고 결정하는 것이지, 하고 있는 것처럼 느끼는 것이 아니다." 그래서 나는 그렇게 했다.

그리고 이제 나는 놀라운 침묵 속에서 살고 있다.

3부

—

자유를 누려라

# 13장
# 그리스도 안에서 자유에 이르는 단계

그리스도께서 십자가에서 죄와 사망을 이기시고, 우리를 자유롭게 하셨다. 그러나 우리가 그 믿음 위에 굳게 서지 못하거나 고의로 죄를 범하면, 하나님과 올바른 관계를 회복하기 위해 무슨 일이든 해야 할 책임이 우리에게 있다. 우리의 궁극적인 운명이 위태로운 것은 아니지만, 날마다 승리하며 살지는 못할 것이다. 이 장을 건너뛰거나, 실천하지 않고 그저 읽기만 하고 지나치고 싶을지도 모른다. 그러나 당신을 위해서 그러지 않기를 기도한다.

이 장에서는 모든 그리스도인이 해결해야 하는 일곱 가지 특정 주제를 다루려고 한다. 몇 가지 주제는 이미 다루었을지도 모르지만, 모든 단계를 차근히 밟으며 아파한 경험은 없을 것이다. 그 밖에 어떤 문제도 해결하지 못하더라도, 우리는 다음 번 교회 성찬식에 참석할 수는 있을 것이다.

자유를 향해 각 단계를 밟는 동안, 사탄은 우리 생각을 따를 의무가 없다는 사실을 기억하자. 각 단계를 말로 소리 내어 따를 수 있도록 조용한 장소를 찾자. 이 일은 우리와 하나님의 관계에서 매우 중요하며, 훌륭한 상담자인 예수께서 우리 스스로 이 단계들을 따라갈 수 있도록 도우실 것이다. 물론 자기 힘만으로 각 단계를 밟아 가기 어려운 사람도 있을 것이다. 그럴 경우 목회자나 기독교 상담자에게 도움을 요청하자.

혹시 문제의 원인이 여기서 다루는 것과 다르더라도 손해 볼 것은 없다. 하나님에게 복종하고 마귀를 대적하는 문제를 전반적으로 다루기 때문이다(약 4:7). 악한 영이 관여한 문제든 아니든 마찬가지다. 하나님과 우리 관계가 가장 중요하며, 이 주제들 중 어떤 문제든 해결하지 않으면, 그 관계에 영향을 끼칠 것이다.

단계별로 당신이 무엇을 해야 하는지 알 수 있게 자세히 설명해 놓았다. 어떤 방해에 부딪히면, 멈추고 기도하자. 하고 싶지 않다는 생각이 든다면, 그저 무시해 버리자. 그냥 생각일 뿐이기 때문에, 우리가 그 생각을 믿지 않으면 우리를 지배하지 못한다. 모든 과정 내내 하나님이 우리를 이끌어 주시도록 기도해야 한다. 그분만이 우리를 회개로 이끄시고, 진리를 알려 주시며, 자유롭게 하실 수 있다(딤후 2:24-26). 다음을 따라 기도하고 선포하며 단계를 시작해 보자. (괄호 안 내용은 부연 설명이므로 읽지 않아도 된다.)

# 기도

하나님 아버지, 지금 이곳과 제 삶에 아버지께서 임재하심을 믿습니다. 아버지만이 전지하시고(모든 것을 아시고), 전능하시고(모든 것을 하실 수 있고), 무소부재하신(항상 어디든 계신) 하나님입니다. 저는 아버지를 떠나 아무것도 할 수 없기 때문에 아버지를 의지합니다. 하나님이 부활하신 그리스도께 하늘과 땅의 모든 권세를 주셨음을 굳게 믿으며, 제가 그 그리스도 안에 있기에 저도 그 권세로 제자 삼고, 갇힌 자를 자유롭게 할 수 있음을 믿습니다. 주의 성령으로 저를 채워 주셔서 진리로 이끌어 주십시오. 저를 온전히 보호하시고, 인도해 주십시오. 예수님의 이름으로 기도합니다, 아멘.

# 선포

예수 그리스도의 이름과 권세로 사탄과 모든 악한 영에게 명령하노니, 이제 나는 하나님의 뜻을 알고 그 뜻을 따르며 자유롭게 살 것이니 나를 놓을지어다. 하늘 보좌에 그리스도와 함께 앉은 하나님의 자녀로서 모든 악한 영에게 명하노니 내게서 떠나라. 나는 하나님의 소유이므로 악한 자가 나를 만지지 못한다.

# 1단계_가짜냐 진짜냐

그리스도 안에서 자유를 누리는 삶을 향한 첫걸음은 과거와 현재에 참여한 모든 주술적 행위, 이교적 가르침과 의식 등 기독교가 아닌 종교와 관련된 모든 것을 소리 내어 거절하고 끊는 것이다.

우리는 예수 그리스도를 부인하는 모든 활동과 모임, 성경의 진리가 아닌 다른 것으로 인도하는 모든 행위를 완전히 끊어야 한다. 어둡고 은밀하게 어떤 의식에 참여시키거나 협약을 맺게 하는 모든 모임도 떠나야 한다. 큰 소리로 다음과 같이 기도하면서 첫 단계를 시작하자.

> 하나님 아버지, 제가 알게 모르게 참여한 주술적인 행위, 비기독교적
> 인 가르침과 활동들을 모조리 생각나게 해주십시오. 지금 당장 그런
> 것들을 끊어 버리고, 아버지께서 주시는 자유를 누리고 싶습니다. 예
> 수님의 이름으로 기도합니다, 아멘.

혹 재미나 장난 삼아 그런 생각이나 활동에 참여했더라도 그 영향력을 끊는 기도를 해야 한다. 사탄은 우리 삶에서 취할 수 있는 모든 것을 이용해 먹을 만큼 영리하다. 다른 사람이 그 행위를 하는 동안 그저 지켜보기만 했더라도, 수동적으로 참여한 것과 마찬가지니 그 영향력을 끊어야 한다. 당시에는 그 일이 악한 것임을 깨닫지 못했을 수도 있다. 그렇다 하더라도 우선 그 영향력을 끊고, 다음 단계로 나아가야 한다.

무슨 일을 했는지 분명하게 떠오르지 않는다면, 성령께서 가르쳐 주시리라 믿고 기도하자. 그리고 그 영향력들을 끊고, 계속 전진하자.

다음 "비기독교적인 영적 체험 목록"을 참고하자. 이 목록에는 흔하게 일어나는 초자연적인 주술, 사이비 종교나 비기독교적인 종교 집단과 활동이 실려 있다. 모두 소개하지는 못했다. 개인적으로 참여했던 다른 모임이나 활동을 자유롭게 추가해도 된다.

목록을 살펴본 후 끊어 버려야 할 것이 더 있는지 알 수 있도록 몇 가지 질문을 덧붙였다. 그다음에는 고백과 포기를 선언하는 짤막한 기도문을 소개한다. 빈칸에 당신이 참여한 모임이나 거짓 교리, 실천한 것들을 적고 큰 소리로 기도하자. 자신을 돌아볼 때 어떤 것을 끊어야 하는지 성령께서 생각나게 하실 것이다.


## 비기독교적인 영적 체험 목록

(참여한 것에 모두 표시하시오.)

☐ 유체 이탈

☐ 점술

☐ 피 흘리는 메리(서양 문화에서 전승되는 유령)

☐ 영적인 힘으로 물건 들어올리기(또는 초자연적인 속임수들)

☐ 강령술(降靈術)에서 영과 교신할 때 탁자가 저절로 움직이는 현상

☐ 오늘의 운세

□ 주문이나 저주

□ 독심술, 다른 사람의 정신을 통제하는 행위

□ 자동기술(記述)

□ 무아지경

□ 신접술

□ 점치기(화투 점, 카드 점 등)

□ 타로 점

□ 공중 부양

□ 마술 모임

□ 사악한 요술

□ 사탄 숭배

□ 손금 보기

□ 별점 · 점성술

□ 최면술(비전문가에 의해서나 스스로 빠져든 경우)

□ 교령회(交靈會, 산 사람들이 죽은 이의 혼령과 교류를 시도하는 모임)

□ 흑마술, 백마술

□ 던전스 앤드 드래곤스(미국의 롤플레잉 게임)와 같은 전투 수행
   역할 게임

□ 혈맹(血盟), 고의로 자해하는 행위

□ 물신 숭배, 수정 구슬, 행운의 부적

□ 성적으로 음란한 영들

□ 신비주의 무술 또는 무술 전수자에게 지도받는 것

□ 각종 미신

13장. 그리스도 안에서 자유에 이르는 단계

☐ 모르몬교(말일성도교회)

☐ 여호와의 증인(파수대)

☐ 뉴에이지(책, 관련 물건, 강좌, 의술)

☐ 프리메이슨(비밀스런 세계 박애주의 단체로 이교적 특성을 띰)

☐ 크리스천 사이언스(기독교 교파의 하나. 물질세계는 실재가 아니
며 기도만으로 병을 치유할 수 있다고 믿음)

☐ 심령 과학 숭배

☐ 더웨이인터내셔널(The Way International, 분파와 빛을 극단적으
로 막는 기독교 이단)

☐ 통일교

☐ 각종 자기 계발 프로그램(The Forum[심신 통일 훈련])

☐ 살아 있는 말씀의 교회(Church of the Living Word)

☐ 하나님의 자녀(1968년 미국에서 창설된 예수 운동[Jesus Movement]
의 일파)

☐ 사이언톨로지(과학적, 심령학적 여덟 단계를 통해 죽음에서 벗어
날 수 있다고 믿는 신흥 종교)

☐ 유니테리언, 유니버설리즘(그리스도의 신성을 부인)

☐ 로이 메스터즈(Roy Masters, 명상을 통해 내면의 문제를 해결하는
것이 하나님의 구원 사역이라고 주장하는 방송인)

☐ 실바(Jose Silva 박사) 정신 조종법

☐ 초월 명상(TM)

☐ 요가

☐ 하레크리슈나교(힌두교 종파)

□ 바하이교

□ 아메리카 원주민 정령 숭배

□ 이슬람교

□ 힌두교

□ 불교(선[禪])

□ 흑인 무슬림 비밀 결사단

□ 장미십자회(반가톨릭 신비주의 비밀 결사단)

□ 기타 비기독교적인 종교나 광신 집단

□ 초자연적이거나 폭력적인 비디오나 컴퓨터 오락

□ 하나님이 생각나게 하시는 영화, 텔레비전 쇼, 음악, 책, 잡지, 만화책(특히 두려움과 악몽을 조장하는 사탄 숭배는 소름끼치게 폭력적이며 육신적 충동을 자극한다) 등 더 있으면 적어 보라.

끊어야 할 것들이 생각나도록 추가로 질문해 보자.

1. 내 방에서 영적 존재를 보거나, 듣거나, 느낀 적이 있는가?

2. 거듭 악몽에 시달린 적이 있는가? 그로 인해 어떤 두려움에 사로잡혔는지 구체적으로 말하여 끊어 버리라.

3. 내게 조언해 주는 상상 속 친구나 영적 존재, "수호신"을 둔 적이 있는가? 이름이 있다면, 이름을 부르며 끊어 버리라.

4. "나는 바보야", "형편없어", "아무도 나를 사랑하지 않아", "난 제대로 하는 게 하나도 없어." 이런 생각이 계속 나를 괴롭히는가? 속으로 내내 이런 대화를 계속하고 있는가? 구체적으로 어

떤 생각들이 맴도는지 써 보자.

5. 영매, 심령술사, 신접한 자에게 조언을 구한 적이 있는가?

6. 외계인이라고 여긴 존재를 보거나 만난 적이 있는가?

7. 비밀 맹세나 협약을 맺은 적이 있는가?

8. 사탄 숭배 의식이나 사탄을 주제로 한 음악회에 참석한 적이 있는가?

9. 사악하고, 혼란스러우며, 무시무시한 다른 영적 경험들이 있는가?

위 목록과 질문을 모두 점검했다면, 당신이 경험한 영적인 문제들을 **하나씩** 고백하고, 다음과 같이 **큰 소리로** 기도하며 그것을 끊어 버리자.

주님, 저는 _____에 참여한 적이 있습니다. 그것이 주님 보시기에 악하고 역겨운 행위임을 깨달았습니다. 저를 용서해 주셔서 고맙습니다. ____과 관련된 모든 것을 이제 끊어 버립니다. 그리고 이런 활동으로 제 삶에 침투한 모든 악한 영의 영향력을 무효화시킵니다. 예수님의 이름으로 기도합니다, 아멘.

## 잘못된 우선순위를 단념하다

우리는 우리에게 가장 중요한 사람이나 대상을 예배한다. 우리 생각과 애정, 헌신, 숭배, 순종이 다른 모든 것을 넘어서서 이 예배 대상을 향한다. 그런데 실제로 이 예배 대상이 되는 것은 결국 하나님 아니면 다른 영(들)이다.

우리는 참되고 살아 계신 하나님을 예배하도록 창조되었다. 실제로 아버지께서는 영과 진리로 그분을 예배할 자들을 찾으신다(요 4:23). 우리는 하나님의 자녀이기 때문에 "하나님의 아들이 이르러 우리에게 지각을 주사 우리로 참된 자를 알게 하신 것과 또한 우리가 참된 자 곧 그의 아들 예수 그리스도 안에 있는 것이니 그는 참하나님이시요 영생"(요일 5:20)이심을 안다.

사도 요한은 이어서 다음과 같이 경고한다. "자녀들아 너희 자신을 지켜 우상에게서 멀리하라"(요일 5:21). 우상은 참된 하나님 외에 예배 대상이 되는 거짓 신을 말한다. 신상 앞에 절하지는 않지만, 오늘날 우리는 이 세상의 사람들과 대상을 교묘하게 주님보다 중요하게 여기는 경향이 있다. 다음과 같이 기도하여 "주 너의 하나님께 경배하고 다만 그를 섬기기"(마 4:10)로 결단하자.

주 하나님, 제가 얼마나 쉽게 주님 외에 다른 사람이나 대상을 더 중요하게 여기게 되는지 잘 압니다. "나 외에 다른 신을 네게 있게 말라"고 명하신 거룩하신 주님이 보시기에 이것이 얼마나 역겨운 일인지도 잘 압니다.

제가 마음과 영혼과 뜻을 다해 주님을 사랑하지 않았음을 고백합니다. 그래서 주님이 명하신 가장 크고 첫째 되는 계명을 어기는 죄를 범하였습니다. 이 죄를 회개하고 우상 숭배에서 돌아서서, 주 예수 그리스도만 가장 사랑하기로 결단합니다.

제 삶에 있던 모든 우상을 지금 생각나게 해주십시오. 그 모든 것을 각각 끊어 버리고, 우상 숭배로 내 삶에 영향력을 행사하던 사탄의 모든 근거를 완전히 끊어 버리기 원합니다. 참 하나님이신 예수님의 이름으로 기도합니다, 아멘.

(출 20:3; 마 22:37; 계 2:4, 5 참고)

다음 목록을 살펴보면 우리가 참되신 하나님, 예수 그리스도보다 더욱 소중하게 여기던 것이 무엇인지 더 잘 깨달을 수 있을 것이다. 대부분 그 자체로는 악한 것이 아님을 기억하자. 그러나 우리 삶의 주인이신 하나님이 마땅히 차지해야 할 자리를 빼앗을 수 있는 것들이다.

- 야망
- 음식이나 약물
- 돈, 소유물
- 컴퓨터, 게임, 소프트웨어
- 재정적인 안정
- 록 스타, 유명 인사, 운동선수
- 교회 활동
- 텔레비전, 영화, 음악, 기타 대중 매체
- 스포츠나 체력 단련
- 재미, 여흥
- 사역
- 외모, 이미지
- 일

- 분주함, 활동
- 친구들
- 권력, 지배욕
- 이성 친구
- 인기, 평판
- 배우자
- 지식, 올바른 판단력
- 자녀
- 취미
- 부모

우상이나 잘못된 우선순위를 두고 있는 것이 무엇인지 생각나게 해주셔서 그것들을 끊어 버릴 수 있게 해달라고 성령께 다음과 같이 기도하자.

> 참되시고 살아 계신 하나님, 예수 그리스도의 이름으로 나는 (우상의 이름)라는 거짓된 우상을 더 이상 숭배하지 않겠습니다. 주님만 예배하기로 결단합니다. 아버지, 제가 (우상의 이름)의 영역을 제 삶에서 적절한 순위에 두도록 도와주세요.

만약 당신이 사탄 숭배 의식이나 심각한 주술 행위에 참여한 적이 있어서 기억력 장애, 끔찍한 악몽이 반복되는 경험, 성적인 멍에나 성기능 장애에 시달리는 것 같다면, 큰 소리로 "사탄 숭배 의식의 영향력을 끊는 기도"를 해야만 한다. "어둠의 영역" 첫 번째 항목을 끊는 기도를 한 후, "빛의 왕국"에 속한 첫 진리를 선포하는 방식으로 아래 표를 하나씩 쭉 훑어 읽어 보자.

더불어 주님이 생각나게 하시는 다른 모든 사탄 숭배 의식과 서약, 임무들을 구체적으로 끊어야 한다.

사탄 숭배 의식에 사로잡힌 사람 가운데 어떤 이는 고통을 이겨 내려다가 성격이 변하거나 다중 인격적 특성을 보이기도 한다. 당신이 만약 이런 상태라면 영적 전투를 잘 이해하면서 이 문제를 헤쳐 나갈 수 있는 적절한 조력자를 찾아야 한다. 이제부터 "그리스도 안에서 자유에 이르는 단계" 나머지 부분을 최선을 다해 밟아 가자. 성품을 진실하고 원만하게 가꾸려면 먼저 우리 삶에 있는 악한 영의 요새들을 제거해야 한다. 만약 당신이 악한 영의 영향으로 성격이 달라졌다면 그것을 인정하고, 분명히 직면하여, 원인이 된 문제들을 해결해야 할 것이다. 그러면 진짜 성품들이 그리스도 안에서 서로 통합되어 갈 것이다.

#### 사탄 숭배 의식의 영향력을 끊는 기도

| 어둠의 영역 | 빛의 왕국 |
|---|---|
| 1. 내가 서명했거나, 내 이름이 서명되어 사탄에게 넘겨진 모든 것의 영향력을 끊는다. | 1. 내 이름은 이제 어린양의 생명책에 기록되었음을 선포한다. |
| 2. 사탄과 접한 모든 의식의 영향력을 끊는다. | 2. 나는 그리스도의 신부가 되었음을 선포한다. |

| | |
|---|---|
| 3. 사탄과 맺은 모든 계약이나 동의서, 약속을 끊는다. | 3. 전에 맺은 다른 모든 계약 대신 예수 그리스도와 새로운 언약을 맺었음을 선포한다. |
| 4. 직업, 결혼, 자녀와 관련해 사탄이 내게 부과한 임무들을 거부한다. | 4. 나는 하나님의 뜻을 알고 행하는 일에만 헌신하고, 그분이 내 인생을 이끄시는 대로 따르기로 선포한다. |
| 5. 내게 배정된 모든 영의 인도를 거부한다. | 5. 나는 성령의 인도만 받을 것을 선포한다. |
| 6. 사탄 숭배 의식에서 내 피를 바치지 않는다. | 6. 나는 나의 주 예수 그리스도께서 흘리신 보혈만 의지한다. |
| 7. 사탄 숭배 의식에서 고기를 먹고 피를 마신 것의 영향력을 끊는다. | 7. 믿음으로 나는 성찬에 참여하여 주 예수의 살과 피를 먹고 마신다. |
| 8. 내게 배정된 사탄 숭배 사역자들과 끊는다. | 8. 하나님이 내 아버지이며, 나는 성령으로 인 친 바 되었고 성령의 인도받음을 선포한다. |
| 9. 사탄과 합하여 세례받은 것의 영향력을 끊는다. | 9. 나는 그리스도와 함께 세례받아 이제 그분 안에서 정체성을 확립했음을 선포한다. |
| 10. 내가 사탄의 소유라는 뜻으로 바친 모든 희생 제물의 영향력을 끊는다. | 10. 내게 필요한 것은 그리스도의 희생밖에 없음을 선포한다. 나는 그분의 것이다. 그분이 나를 어린양의 피로 사셨다. |

## 2단계_속임수냐 진리냐

하나님의 말씀은 진리이므로 우리 속사람의 가장 깊은 중심으로 그 진리를 받아들여야 한다(시 51:6). 그것이 참이라고 **느껴지든 아니든**, 그것이 진리임을 **믿어야** 한다! 예수님은 진리이시고, 성령님은 진리의 영이시며, 하나님의 말씀도 진리이기 때문에 우리는 사랑 안에서 진리를 선포해야 한다(요 14:6; 16:13; 17:17; 엡 4:15 참고).

그리스도 안에 거하는 성도는 거짓말, "선의의" 거짓말, 아첨하는 말, 진리를 과장하거나 거짓과 관련된 어떤 말로도 다른 사람들을 속여서는 안 된다. 거짓의 아비 사탄은 속임수로 사람들을 속박하려 하지만, 그리스도 안에 있는 진리는 우리를 해방시킨다(요 8:32-36, 44; 딤후 2:26; 계 12:9 참고). 우리가 거짓 삶을 버리고 진리의 빛 가운데 거하면, 우리 삶은 참된 기쁨과 자유로 가득할 것이다. 다윗은 자신의 죄를 고백한 후, "마음에 간사함이 없고 여호와께 정죄를 당하지 아니하는 자는 복이 있도다"(시 32:2) 하고 노래했다.

우리는 어떻게 빛 가운데 행할 힘을 얻는가?(요일 1:7) 하나님이 우리를 사랑하시고 용납하신다는 사실을 확신할 때, 우리는 죄를 순순히 자백하며, 고통스러운 상황에서 달아나지 않고 현실을 직면할 수 있다.

다음 기도문을 큰 소리로 읽으면서 이번 단계를 시작하자. '이것은 시간 낭비야', '나도 이것을 믿고 싶지만, 잘 안 될 걸' 하는 생각들이 기도를 방해해서 우리가 진리 편에 서지 못하도록 내버려두지 말자. 어렵더라도 이 단계를 밟으며 묵묵히 우리 길을 가자. 하나님이 그분을 의지하는 자에게 힘주실 것이다.

> 하나님 아버지, 아버지께서 제가 진리를 알고, 믿고, 말하며, 그대로 살기 원한다는 것을 저는 잘 압니다. 진리가 저를 자유롭게 할 것이니 고맙습니다. 저는 거짓의 아비 사탄에게 여러 모양으로 속아서 나 자신조차 속이며 살았습니다.
>
> 아버지, 예수 그리스도의 이름으로, 그분의 보혈과 부활의 능력으로 기도하오니 나를 속이는 모든 사탄의 졸개들을 꾸짖어 주십시오.
>
> 예수님을 통해서 제가 구원받았고, 이제 아버지의 용서받은 자녀라는 것을 믿습니다. 그리스도 안에 저를 있는 그대로 받으셨기 때문에 저는 도망치지 않고, 죄를 직면하여 그 죄에서 벗어날 수 있습니다. 성령님, 저를 모든 진리로 인도해 주십시오. "오, 하나님이여, 저를 살피사 제 마음을 아시며 저를 시험하사 제 뜻을 아옵소서. 또 제게 무슨 악한 행위가 있나 보시고, 저를 영원한 길로 인도하소서." 진리이신 예수님의 이름으로 기도합니다. 아멘.
>
> (시 139:23, 24 참고)

"이 세상 신" 사탄은 온갖 방법으로 우리를 속이려 한다. 하와를 유혹한 것처럼 마귀는 우리가 우리 자신을 신뢰하고 우리에게 필요한 것을 세상에 속한 것으로 충족시키게 하려고 설득하여, 하늘에 계신 우리 아버지께서 채우실 것을 신뢰하지 못하게 만든다.

다음 목록을 점검하면 우리가 그동안 세상의 가치관에 어떻게 속았는지 알게 될 것이다. 각 속임수에 대해 하나님이 생각나게 하시면 표시하고 고백한 후, 목록 아래에 소개한 기도문으로 기도하자.


우리를 속이는 세상의 속임수들

- 돈과 물질을 얻으면 영원히 행복할 수 있다는 믿음(마 13:22; 딤전 6:10)
- 음식을 먹고 술에 취하면 행복할 거라는 믿음(잠 20:1; 23:19-21)
- 멋진 몸매와 성격을 갖추면 내가 원하는 것을 얻을 수 있다는 믿음(잠 31:10; 벧전 3:3, 4)
- 성욕을 충족시키면 영원한 만족을 얻을 수 있다는 믿음(엡 4:22; 벧전 2:11)
- 죄를 지을 수도 있지만, 처벌만 모면하면 내게 별 영향을 끼치지 않을 거라는 믿음(히 3:12, 13)
- 하나님이 그리스도 안에서 주신 것 말고도 더 많은 것이 내게 필요하다는 믿음(고후 11:2-4; 13-15)
- 나는 하고 싶은 것을 무엇이든 할 수 있고, 아무도 내게 간섭할 수 없다는 믿음(잠 16:18; 욥 1:3; 벧전 5:5)
- 그리스도를 믿지 않는 불의한 사람도 어떻게든 하늘나라에 갈 수 있다는 믿음(고전 6:9-11)
- 나쁜 친구들과 어울려도 타락하지 않을 수 있다는 믿음(고전 15:33, 34)
- 죄를 지어도 이생에서 그에 대한 책임이 없을 거라는 믿음(갈 6:7, 8)
- 특정인들에게 인정받아야 행복하다는 믿음(갈 1:10)

- 기분이 좋아지려면 특정 기준에 도달해야 한다는 믿음(갈 3:2, 3; 5:1)

> 주님, 저는 _____에 속고 살았음을 고백합니다. 저를 용서해 주셔서 고맙습니다. 이제 저는 주님의 진리만 믿고 따르겠습니다. 예수님의 이름으로 기도합니다, 아멘.

이 세상과 거짓 교사, 미혹하는 영들도 우리를 속이지만, 우리는 스스로도 자신을 속일 수 있다는 사실을 알아야 한다. 그러나 이제 우리는 그리스도 안에서 생명을 얻어 완전히 용서받고 용납되었기 때문에 예전처럼 자신을 방어하지 않아도 된다는 사실도 기억하자. 이제부터 그리스도께서 우리를 방어하신다. 우리가 자신을 속이거나, 다음 목록에 나온 잘못된 방법으로 자신을 방어한 적이 있는지 하나님이 보여 주시기를 구하고, 고백하며 기도하자.

자신을 속이는 방법들
- 하나님의 말씀을 듣고도 순종하지 않는 것(약 1:22)
- 내게 죄가 없다고 말하는 것(요일 1:8)
- 아무것도 아닌 사람이 뭐라도 된 것처럼 생각하는 것(갈 6:3)
- 자신이 이 세상에서 지혜로운 자라고 생각하는 것(고전 3:18, 19)
- 자신이 참으로 경건하다 생각하며 혀를 다스리지 않고 속이는 것(약 1:26)

13장. 그리스도 안에서 자유에 이르는 단계

주님, 저는 _____하면서 자신을 속였음을 고백합니다. 저를 용서해 주시니 고맙습니다. 이제 주님의 진리만 믿고 따르겠습니다. 예수님의 이름으로 기도합니다, 아멘.

## 자신을 방어하는 잘못된 방법들

- 의식적으로든 무의식적으로든 현실을 부인하는 것
- 백일몽, 텔레비전, 영화, 음악, 컴퓨터, 게임, 약물, 술에 의지해 공상하며 현실에서 도피하는 것
- 거절당하지 않으려고 사람들을 만나지 않거나 거리를 유지하며 감정을 차단하는 것
- 덜 위협적인 시기로 거슬러 퇴행하려는 것
- 자신의 좌절감을 엉뚱하게 아무 잘못도 없는 사람에게 덮어씌워 분노를 분출하는 것
- 자기 문제인데 다른 사람을 비난하여 투사하는 것
- 형편없는 행동에 대해 핑계 대며 합리화하려는 것

주님, 제가 _____라는 잘못된 방식으로 저 자신을 방어했음을 고백합니다. 이런 저를 용서하시니 고맙습니다. 이제 주님만이 저를 방어하시고 보호하심을 신뢰합니다. 예수님의 이름으로 기도합니다, 아멘.

수년간 거짓을 믿으며 살았으니 진리를 택하기가 쉽지 않을 것이다. 삶에 대처하려고 의존해 온 모든 방어 기제를 뿌리 뽑기 위해 계

속 상담을 받아야 할 수도 있다. 그리스도인은 누구나 그리스도께서 우리를 방어해 주신다는 것을 배워야 한다. 그리스도를 통해 하나님이 우리를 이미 용서하고 용납하셨다는 사실을 깨달으면 그분만 전적으로 의지하는 자유를 누리게 될 것이다.

믿음은 진리에 대한 성경적 반응으로, 우리는 모두 하나님이 말씀하신 것을 믿기로 선택할 수 있다. 만약 "저는 하나님을 믿고 싶지만 잘 안 돼요" 하고 말한다면, 당신은 속고 있는 것이다. 하나님이 말씀하신 것은 항상 진리이기 때문에 당신도 분명 하나님을 믿을 수 있다.

간혹 우리는 하나님 아버지에 대해 잘못 알아서 믿음의 삶에 큰 장애를 겪기도 한다. 우리는 하나님의 거룩과 권능, 임재에 대해 건강한 두려움을 지녀야 하지만 그분을 무서워할 필요는 없다. 로마서 8장 15절은 "너희는 다시 무서워하는 종의 영을 받지 아니하고 양자의 영을 받았으므로 우리가 아빠 아버지라고 부르짖느니라"라고 말한다. 280, 281쪽 표를 실천하면 거짓의 사슬들을 끊는 데 도움될 것이다. 그리고 하나님을 "아빠"로 부를 수 있는 친밀한 관계를 누리게 될 것이다.

이 표에 소개한 항목들을 왼쪽 하나, 오른쪽 하나, 이런 식으로 하나씩 훑어 내려가자. 각 항목마다 맨 위에 있는 굵은 글씨 문장으로 시작하자. 그렇게 각 항목을 **큰 소리로** 읽으며 전체를 훑자.

거짓을 거절하고 진리대로 행하려면 반드시 우리를 괴롭히는 두려움들을 적절히 다루어야 한다. 베드로전서 5장 8절은 우리의 대적 마귀가 우는 사자같이 두루 다니며 삼킬 자를 찾는다고 했다. 사자가 으르렁거리는 소리를 들으면 두려움에 휩싸이는 것처럼 사탄은 두려움으로 그리스도인을 마비시키려 든다. 그는 우리에게서 하나님을 향한 믿음을 빼앗아가려고 위협하고, 술수를 부려서 우리가 세상이나 육신의 방법으로 필요한 것을 얻게 하려고 충동한다.

| 나는 하나님 아버지가 ……이라는 거짓말을 거부한다. | 나는 하나님 아버지가 ……이라는 진리를 기꺼이 믿는다. |
|---|---|
| 1. 멀리 계시며 무관심하신 분 | 1. 친밀하고 가까우신 분(시 139:1-18) |
| 2. 무심하고 나를 돌보시지 않는 분 | 2. 친절하고 긍휼이 많으신 분 (시 103:8-14) |
| 3. 엄격하고 요구가 많으신 분 | 3. 우리를 기꺼이 용납하시고 사랑하시는 분 (습 3:17; 롬 15:7) |
| 4. 비관적이고 쌀쌀맞으신 분 | 4. 따뜻하고 애정이 많으신 분(사 40:11; 호 11:3, 4) |
| 5. 매우 바빠서 내 곁에 계시지 못하는 분 | 5. 항상 함께하시고 내 곁에 있기 원하시는 분 (렘 31:20; 겔 34:11-16; 히 13:5) |
| 6. 내가 무엇을 해도 만족하지 못하시고 쉽게 화내시는 분 | 6. 오래 참으시고 쉽게 화내시지 않는 분(출 34:6; 벧후 3:9) |
| 7. 비열하고, 잔인하고, 학대를 일삼으시는 분 | 7. 나를 사랑하시고 온화하게 대하시며 지켜주시는 분(시 18:2; 렘 31:3; 사 42:3) |
| 8. 인생에서 갖가지 쾌락을 추구하시는 분 | 8. 믿음직하고, 내게 풍성한 생명을 주시기 원하며, 그 뜻이 선하고, 완전하여, 기꺼이 따를 만한 분(애 3:22, 23; 요 10:10; 롬 12:1, 2) |

| | |
|---|---|
| 9. 통제하고 지배하려 드는 분 | 9. 은혜와 자비가 충만하신 분, 실패할 자유도 허락하시는 분(눅 15:11-16; 히 4:15,16) |
| 10. 비난하기 좋아하고 용서하시지 않는 분 | 10. 마음이 온유하고 너그럽게 용서하시는 분, 항상 내게 열린 마음으로 팔 벌려 주시는 분(시 130:1-4; 눅 15:17-24) |
| 11. 빈틈없고, 트집 잡기 좋아하는 완벽주의자이신 분 | 11. 내가 성장하도록 헌신적으로 돌보시고, 성숙해 가는 자녀를 자랑스러워하시는 분(롬 8:28, 29; 고후 7:4; 히 12:5-11) |

나는 그분에게 눈동자와 같은 존재다!(신 32:10)

두려움은 우리를 약하게 하고, 자신에게 집중하게 만들며, 지각을 흐리게 하여 우리가 겁먹을 만한 것에 대해서만 생각하게 만든다. 단, 우리가 그렇게 내버려둘 때에만 두려움은 우리를 지배할 수 있다.

그러나 하나님은 두려움이나 다른 어떤 것에도 우리가 지배당하지 않기를 원하신다(고전 6:12). 예수 그리스도만이 우리를 다스리시는 분이다(요 13:13; 딤후 2:21). 두려움의 속박에서 벗어나 자유를 누리고, 하나님을 믿으며 살려면 진심을 담아 다음과 같이 기도하자.

하나님 아버지, 저는 마귀의 으르렁거리는 소리에 귀 기울이고, 두려움이 나를 지배하도록 허락했음을 고백합니다. 아버지를 믿는 믿음대로 살지 못하고, 늘 제 감정과 상황에 집중했습니다. 제 불신을 용서해 주시니 고맙습니다. 이제 두려움의 영을 끊고, 대신 아버지께서 제게 능력과 사랑과 근신하는 마음을 주셨다는 진리의 말씀을 붙듭니다. 이제껏 저를 지배한 모든 두려움을 보여 주셔서 그것들을 끊고, 아버지를 믿으며, 자유로워질 수 있도록 도와주세요.

제게 두려움 대신 믿음으로 살아갈 수 있는 자유를 주시니 고맙습니다. 능력의 이름, 예수님의 이름으로 기도합니다, 아멘.

(고후 4:16-18; 5:7; 딤후 1:7 참고)


다음 목록을 살펴보면 마귀가 어떤 두려움을 우리에게 주어 믿음으로 살지 못하게 방해했는지 알 수 있을 것이다. 우리 삶에 영향을 끼친 것에 표시하자. 성령께서 생각나게 하시는 것이 있다면 더 기록하자. 그런 후, 목록 아래에 있는 포기 선언 기도문을 활용해서 우리를 두렵게 한 것들을 하나씩 큰 소리로 끊어 버리자.


- 죽음에 대한 두려움
- 사탄에 대한 두려움
- 실패에 대한 두려움
- 사람에게 거절당할 것에 대한 두려움
- 인정받지 못할 것에 대한 두려움
- 동성애자가 될지 모른다는 두려움
- 재정적 어려움에 대한 두려움
- 결혼하지 못할 것에 대한 두려움
- 사랑하는 사람이 죽을지 모른다는 두려움
- 절망적인 상황을 겪을지 모른다는 두려움

- 구원을 잃어버릴지 모른다는 두려움

- 용서받을 수 없는 죄를 지었다는 두려움

- 하나님의 사랑을 받을 수 없을지 모른다는 두려움

- 다른 사람에게 사랑받거나 다른 이를 사랑하지 못할 것에 대한 두려움

- 난처한 상황에 대한 두려움

- 범죄의 희생자가 될지 모른다는 두려움

- 결혼에 대한 두려움

- 이혼에 대한 두려움

- 정신 이상자가 될지 모른다는 두려움

- 고통과 질병에 대한 두려움

- 미래에 대한 두려움

- 대립에 대한 두려움

- 특정 인물에 대한 두려움(명단 작성)

- 지금 마음에 떠오르는 다른 두려움들 :

하나님이 제게 두려워하는 마음을 주지 않으셨으므로, (두려움의 이름)을 끊어 버립니다. 하나님을 믿고 살아갈 때 저를 보호해 주시고 제게 필요한 것은 무엇이든 채우겠다고 약속하신 하나님을 믿기로 결단합니다.

(시 27:1; 마 6:33, 34; 딤후 1:7 참고)

우리를 지배하도록 허용한 두려움들을 구체적으로 모두 끊어 버

렸다면, 이제 다음과 같이 기도하자.

> 하나님 아버지, 아버지는 신뢰할 만한 분이시니 정말 고맙습니다. 제가 두려움을 느끼고 상황이 저를 두렵게 하더라도, 이제 저는 아버지를 믿기로 결단합니다. 아버지는 두려워하지 말라고, 저와 함께하겠다고, 아버지가 제 하나님이시니 근심하지 말라고 명하셨습니다. 저를 강건하게 하시고 도우셔서 아버지의 의로운 오른손을 꼭 붙잡게 해주소서. 제 주님이신 예수님의 이름으로 기도합니다, 아멘.
>
> (사 41:10 참고)

(주님을 경외하는 것이 어떻게 지혜의 근본이 되고 다른 모든 두려움을 내쫓을 수 있는지 더 알고 싶다면, 리치 밀러와 내가 함께 쓴 「두려움에서 벗어나다」를 참고하라.)

뉴에이지 운동은 우리가 믿는 것이 곧 진리라고 가르쳐서 믿음에 대한 개념을 왜곡했다. 그러나 우리 생각으로는 실재를 창조할 수 없다. 하나님만이 하실 수 있다. 우리는 우리 생각을 통해 단지 실재를 **직면할** 수 있을 뿐이다. 믿음이란 감정과 상황에 상관없이 하나님이 말씀하신 것을 믿고, 그대로 행하기로 결단하는 것이다. 우리가 어떤 것을 믿는다고 그것이 진리는 아니다. **어떤 것이 진리이기 때문에 우리가 그것을 믿기로 결단하는 것이다.**

"믿음을 갖는 것"만으로는 충분하지 않다. 우리가 믿는 대상이 신뢰할 만한지 아닌지가 관건이다. 우리가 믿는 대상이 신뢰할 만하지 않다면, 믿음이 아무리 크다 해도 아무것도 달라지지 않는다. 따라서 우리는 견고한 반석이신 하나님과 그분의 말씀을 믿어야만 한다. 그럴 때 우리는 책임감 있고 열매 맺는 삶을 살 수 있다. 반면 우리가 참되지 않은 것을 믿는다면 결국 올바르지 않은 삶을 살게 될 것이다.

여러 세대를 거치면서 그리스도인들은 우리가 무엇을 믿는지 공공연하게 선포하는 것이 얼마나 중요한지 알게 되었다. 다음 "진리 선언문"을 큰 소리로 읽으며 그 의미를 잘 생각해 보라. 몇 주간 날마다 반복해서 읽으면 우리가 믿던 모든 거짓이 진리로 대체되면서 마음이 새로워지는 경험을 하게 될 것이다.

## 진리 선언문

1. 나는 성부, 성자, 성령, 삼위일체 하나님만이 참되고 살아 계신 분임을 인정한다. 그분은 만유를 창조하시고 조화롭게 붙들고 계신 분으로, 존귀와 찬양과 영광을 받으시기에 합당하다(출 20:2, 3; 골 1:16, 17 참고).

2. 나는 예수 그리스도가 구원자이고, 말씀이 육신이 되어 우리 가운데 거하신 분임을 인정한다. 그분은 마귀의 일을 멸하시고, 통치자들과 권세들을 무력화시켜 공공연히 드러내어 구경거리로 삼으시고, 십자가로 그들을 이기신 분이다(요 1:1; 14; 골 2:15; 요일 3:8 참고).

3. 내가 아직 죄인이었을 때 그리스도께서 나를 위해 죽으심으로

하나님이 그분의 사랑을 나타내셨음을 믿는다. 그분이 나를 어둠에서 그분의 나라로 옮기셨고, 이제 나는 그리스도 안에서 용서받고 구원받았음을 믿는다(롬 5:8; 골 1:13, 14 참고).

4. 이제 나는 하나님의 자녀로, 그리스도와 함께 하늘에 앉아 있다는 것을 믿는다. 믿음으로 말미암아 하나님의 은혜로 내가 구원받았으며, 이것은 내 노력의 결과가 아니라 선물로 받은 것임을 믿는다(엡 2:6, 8, 9; 요일 3:1-3 참고).

5. 나는 주 안에서 그 힘의 능력으로 강건하게 서기로 결단한다. 우리의 싸움은 혈과 육에 속한 것이 아니고, 오직 어떤 견고한 진도 무너뜨리는 하나님의 능력이 우리 무기이기에 나는 육신을 신뢰하지 않는다. 나는 하나님의 전신갑주를 입는다. 믿음으로 굳게 서서 악한 자를 대적하기로 다짐한다(고후 10:4; 엡 6:10-20; 빌 3:3 참고).

6. 그리스도 없이 나는 아무것도 할 수 없다고 믿기 때문에 그분을 전적으로 의지할 것이다. 나는 그리스도 안에 거하여 많은 열매를 맺고, 아버지를 영화롭게 하기로 결단한다. 예수님이 내 주인임을 사탄 앞에서 선언한다. 내 인생에서 모든 거짓 은사와 사탄의 역사를 거절한다(요 15:5, 8; 고전 12:3 참고).

7. 나는 예수님이 진리이고, 그 진리가 나를 자유롭게 할 것을 믿는다. 그분이 나를 자유롭게 한다면, 나는 정말 자유로워질 것이다. 내가 빛 가운데 행할 때만 하나님과 사람과 참된 교제를 나눌 수 있음을 인정한다. 따라서 나는 모든 생각을 사로잡아 그리스도께 복종하여 사탄의 모든 속임수에 맞설 것이다. 성경만이

진리와 인생의 권위 있는 기준임을 선포한다(요 8:32, 36; 14:6; 고후 10:5; 딤후 3:15-17; 요일 1:3-7 참고).

8. 나는 내 몸을 하나님에게 거룩한 산 제물로 드려서 내 지체를 의의 도구로 바치기로 결단한다. 하나님의 살아 있는 말씀으로 내마음을 새롭게 하여 그분의 뜻은 선하고, 만족스럽고, 온전하다는 것을 증명하기로 결단한다. 악한 일을 행하던 옛 사람을 벗어버리고, 새 사람을 입는다. 나는 그리스도 안에서 새로운 피조물임을 선포한다(롬 6:13; 12:1, 2; 고후 5:17; 골 3:9, 10 참고).

9. 나를 모든 진리로 인도하실 성령으로 충만할 것을 믿음으로 결단한다. 육신의 정욕을 좇지 않고, 성령을 따라 살겠다(요 16:13; 갈 5:16; 엡 5:18 참고).

10. 모든 이기적인 목표를 거부하고, 궁극적으로 사랑을 지향하기로 결단한다. 나는 두 가지 가장 큰 계명에 순종하여 온 마음과 영혼과 생각과 힘을 다해 주 나의 하나님을 사랑하고, 이웃을 내 몸같이 사랑하겠다(마 22:37-39; 딤전 1:5 참고).

11. 주 예수님이 하늘과 땅의 모든 권세를 지니고, 모든 통치자와 권세 있는 자를 다스리는 분임을 믿는다. 나는 그분 안에서 온전하다. 나는 그리스도의 몸에 속하기 때문에 사탄과 그의 졸개들은 내게 복종한다는 사실을 믿는다. 따라서 나는 하나님에게 순복하고 마귀를 대적하라는 명령을 지키고, 예수 그리스도의 이름으로 사탄에게 내 앞에서 떠날 것을 명한다(마 28:18; 엡 1:19-23; 골 2:10; 약 4:7 참고).

13장. 그리스도 안에서 자유에 이르는 단계

## 3단계_원통함이냐 용서냐

우리가 다른 이를 용서해야 사탄이 우리를 이용하지 못한다(고후 2:10, 11). 하나님은 우리에게 삶 속에서 모든 쓴 뿌리를 뽑아 버리고, 우리가 용서받은 것처럼 다른 사람도 용서하라고 명하셨다(엡 4:31, 32). 다음 기도문을 큰 소리로 읽으면서 우리가 용서해야 할 사람을 떠오르게 해주시기를 구하자.

> 하나님 아버지, 저를 친절하게 대해 주시고 용납해 주시며 오래 참으시고 인내해 주셔서 고맙습니다. 주님의 친절함이 저를 회개로 이끄신 것을 압니다. 저를 아프게 한 사람들을 저는 그런 친절과 인내로 대하지 못했습니다. 그들에게 계속 화내고, 원통한 마음을 품고, 분개했습니다. 지금껏 용서하지 못하고, 그렇게 대한 사람들을 생각나게 해주세요. 예수님의 이름으로 기도합니다, 아멘.
>
> (롬 2:4 참고)

떠오르는 이름을 다른 종이에 써 보자. 지금은 그들을 용서해야 하는지, 안 해도 되는지 묻지 말자. 어떤 이름이 떠오르면, 그냥 쓰자.

우리는 과거에 잘못된 선택을 한 자신을 비난하고 벌하기도 한다. 명단 맨 아래에 "나 자신"도 써 넣어 우리 자신도 용서해야 한다. 우리 자신을 용서하는 것은 하나님이 그리스도 안에서 이미 우리를 용서하셨다는 진리를 인정하는 것이다. 하나님이 우리를 용서하신다면 우리도 자신을 용서할 수 있다!

또 "하나님을 향한 원망"도 덧붙이자. 분명 하나님은 우리에게 용서받으실 만한 잘못을 범하신 적이 없다. 그러나 우리는 종종 우리가 원하는 대로 해주지 않으셨다는 이유로 하나님에게 분노를 품기도 한다. 하나님에게 화내고 분개하는 감정이 우리와 그분 사이를 가로막을 수 있기 때문에 그 마음을 버려야 한다.

명단에 있는 사람들을 용서하는 작업을 하기 전에, 무엇이 용서고 무엇이 용서가 아닌지 잠시 살펴보자.

**용서는 잊어버리는 것이 아니다.** 우리에게 일어난 모든 일을 잊고 싶어도 결국 그럴 수 없다는 것을 알게 된다. 어느 날 단번에 고통이 사라지기를 바라면서, 우리에게 상처 준 사람을 용서하는 일을 미루지 말자. 일단 용서하기로 **결단하면,** 그리스도께서 찾아오셔서 우리 상처를 치유하기 시작하신다. 먼저 우리가 용서해야만 비로소 상처가 회복되기 시작할 것이다.

**용서는 의지적 결단이자 선택이다.** 하나님이 우리에게 용서하라고 명하셨기 때문에 우리는 용서할 수 있다. 우리를 고통스럽게 한 일에 대해 복수하고 싶은 마음이 자연히 들기 때문에 누군가를 용서하기가 때때로 매우 어렵다. 옳고 정당한 것에 대한 생각이 우리가 용서하지 못하도록 막기도 한다. 그래서 사람들이 우리를 고통스럽게 했다는 이유로 거듭 그들을 벌하면서 우리의 분노를 계속 간직하려고 한다.

그러나 하나님은 우리가 친히 원수를 갚지 말라고 명하신다(롬

12:19). 그 사람을 하나님에게 맡기자. 누군가를 용서하지 않는 한, 우리는 그 사람에게 매여 있는 것이다. 그 사람들을 놓아 주자. 그렇지 않으면 우리는 여전히 과거의 원통함에 묶여 있게 된다. 용서를 통해 우리가 다른 사람을 자유롭게 놓아 주더라도, 하나님은 그 사람을 죄 없다 하지 않으신다. 우리는 할 수 없지만, 하나님이 그들을 공정하고 정당하게 다루실 것을 믿어야 한다.

"그렇지만 이 사람이 나를 얼마나 아프게 했는지 당신은 모르잖아요!" 하고 말할지도 모른다. 그렇다. 나는 모른다. 그러나 예수께서는 아신다. 그분이 용서하라고 명하신다. 그러니 용서해야 하지 않을까? 우리가 분노와 미움을 떠나보내기 전까지 그 사람은 계속 우리를 아프게 할 것이다. 시간을 되돌려 과거를 바꿀 수 없지만 과거에서 벗어날 수는 있다. 고통을 멎게 할 유일한 길은 바로 용서하는 것이다.

**상대방을 용서하면 우리가 자유로워진다.** 용서는 하나님에게 순종하는 문제다. 하나님은 우리가 자유로워지기를 원하신다. 다른 길은 없다.

**용서는 상대방의 죄가 초래한 결과들을 감수하기로 뜻을 정하는 것이다.** 좋아하든 그렇지 않든, 우리는 그 결과들을 감내하며 살아야 할 것이다. 우리는 **원통함의 굴레**에 묶여 살 것인지, **용서가 주는 자유** 가운데 살 것인지 둘 중 하나만 선택할 수 있기 때문이다. 상대방의 죄 때문에 겪는 고통을 감내해야만 진정으로 그를 용서할 수 있다. 이런 상황이 몹시 부당해 보이고 정의가 대체 어디에 있는지 궁금할 것이다. 정의는 십자가에서 찾을 수 있다. 십자가는 용서하는 것이 율법으로나 도덕적으로 옳다고 말한다.

예수께서 죄의 **영원한** 결과들을 담당하셨다. "하나님이 죄를 알지도 못하신 이를 우리를 대신하여 죄로 삼으신 것은 우리로 하여금 그 안에서 하나님의 의가 되게 하려 하심이라"(고후 5:21). 그러나 우리는 상대방이 범한 죄의 결과 때문에 일시적으로 고통을 겪는다. 이것은 모든 사람이 직면해야 할 냉혹한 현실이다.

**상대방이 당신에게 용서 구할 때까지 기다리지 말자.** 예수께서는 자신을 십자가에 처형한 자들이 용서 구할 때까지 기다리지 않으셨다. 먼저 그들을 용서하셨다. 그들이 예수를 조롱하고 무시할 때도 "아버지 저들을 사하여 주옵소서. 자기들이 하는 것을 알지 못함이니이다"(눅 23:34) 하고 기도하셨다.

**마음에서 우러나오는 용서를 하자.** 나를 아프게 한 사람들에게 느끼는 감정이 드러나게 해달라고 하나님에게 구하자. 감정의 중심부와 닿지 않은 용서는 온전하지 않다. 우리는 고통을 몹시 두려워해서 마음 깊은 곳에 묻어 버리려 한다. 하나님이 그 감정들을 드러내셔서 상한 감정들을 치유하시도록 하자.

**용서란 죄 지은 사람을 더 이상 원망하거나 비난하지 않기로 결단하는 것이다.** 원통한 마음을 품은 사람들은 그들을 아프게 한 사람들이 저지른 과거 일들을 자꾸 떠올린다. 그리고 그 사람들에 대해 기분 나빠한다. 그러나 과거를 흘려보내고, 앙갚음하려는 생각을 거절하기로 결단해야 한다. 그렇다고 앞으로 다른 사람들이 지을 죄도 계속 용인해야 한다는 뜻은 아니다. 하나님은 죄를 용인하지 않으시므로, 우리도 그래서는 안 된다. 다른 사람들이 계속 우리를 괴롭히도록 허용해서는 안 된다. 우리를 아프게 한 사람들에게 관용을 베풀며 용서하는 훈련을 계속하면서 죄에 대해서는 맞서야 한다. 더 큰 해를 입지 않기 위해 자신을 보호할 경계선과 방어벽을 세울 수 있도록 믿을 만한 친구나 상담자, 목회자에게 도움을 요청해야 한다.

**용서할 마음이 생길 때까지 기다리지 말자.** 그런 마음은 결코 생기지 않을 것이다. 용서하고 싶지 않더라도 용서하기로 굳게 결단하자. 일단 용서하기로 결심하면 사탄은 그 일에 대해 우리를 지배할 힘을 잃을 것이며, 하나님은 치유하시기 시작할 것이다. 용서하는 즉시 자유를 얻게 되지만, 곧바로 감정 변화를 느끼지 못할 수도 있다.

이제 용서할 준비가 되었다. 당신이 작성한 명단 맨 처음에 있는 사람부터 시작해서 떠오르는 모든 고통스런 기억과 관련된 사람들을 용서하기로 결단하자. 고통스러운 기억을 모두 다루었다고 확신할 때까지 한 사람씩 충분히 생각하며 용서하자. 그런 식으로 명단 전체를 훑어 내려가자.

우리가 그들을 용서하기 시작하면, 까맣게 잊은 고통스러운 기억을 하나님이 생각나게 할런지도 모른다. 나를 아프게 하는 기억일지라도 그분이 들추어내시도록 허락하자. 하나님은 우리가 자유로워지기를 바라신다. 자유에 이르는 유일한 길은 그 사람들을 용서하는 것이다. 나와 아주 가까운 사람일지라도 잘못된 행동을 감싸려고 하지 말자.

"주님, 제발 용서하도록 도와주세요"라고 말하지 말자. 그분은 이미 우리를 돕고 계시며, 이 모든 과정 동안 우리 곁에 계실 것이다. 어려운 결정을 내리는 것을 비껴가기 위해서 "주님, 용서하고 싶지만……"이라고 말하지도 말자. "주님, 용서하기로 결단합니다"라고 말하자.

명단에 적은 각 사람에 대한 고통스러운 기억이 떠오를 때마다 다음과 같이 큰 소리로 기도하자.

> 주님, 저는 (이름)가 (잘못한 일, 하지 않았던 일)을 해서 (고통스러운 감정들)을 느꼈지만, 이제 그를 용서하기로 결정합니다.

각 사람이 저지른 잘못을 떠올리며 그들을 용서하고 어떤 감정을 느끼는지 정직하게 표현한 후, 다음과 같이 큰 소리로 기도하면서 끝맺자.

> 주님, 저는 계속 분개하지 않기로 결단합니다. 원통함의 굴레에서 저를 벗어나게 해주셔서 고맙습니다. 보복할 권리를 포기하니, 주님이 제 상한 감정들을 치유해 주시옵소서. 제게 상처 준 그 사람을 축복해 주옵소서. 예수님의 이름으로 기도합니다, 아멘.

# 4단계_반역이냐 순종이냐

우리는 반항적인 시대를 살고 있다. 많은 사람이 그들에게 유리한 법과 권위에만 복종한다. 일반적으로 사람들은 정치인을 별로 존경하지 않으며, 그리스도인들도 종종 비판적이고 반역적인 영을 부추긴다는 점에서 비그리스도인과 마찬가지로 그에 대한 책임이 있다. 분명 우리는 성경을 위반하는 지도자의 정책에 동의할 필요는 없지만, "뭇 사람을 공경하며 형제를 사랑하며 하나님을 두려워하며 왕을 존대"(벧전 2:17)해야 한다.

높은 지위에 있는 자들이 우리 자유를 빼앗기만 하려 든다고 잘못 생각하기 쉽다. 그러나 하나님이 그들을 그 자리에 두셨고, 그들에게 우리를 보호하고 우리 자유를 존중할 책임을 부여하셨다. 하나님과 그분이 세우신 권력자들에게 반역하는 것은 매우 심각한 죄라서 사탄이 공격할 수 있는 문이 활짝 열리게 된다. 순종이 유일한 해법이다. 그러나 하나님은 겉으로 순종하는 척하기만을 원하지 않으시고 더 많은 것을 요구하신다. 우리를 다스리는 자들에게 진심으로 순종하길 바라신다. 하나님과, 그분이 우리 위에 세우신 자들의 권위에 순복하면, 마귀에게 공격당할 위험을 차단할 수 있다.

성경은 우리가 권세 있는 자들에게 지닌 두 가지 중요한 책임을 분명히 알려 준다. 그들을 위해 기도하고, 그들에게 순종하는 것이다(롬 13:1-7; 딤전 2:1, 2). 그런 경건한 삶의 방식에 헌신하면서 다음과 같이 큰 소리로 기도하자.

하나님 아버지, 아버지께서는 성경에 반역하는 것이 점치는 죄나 우상 숭배와 같다고 말씀하셨습니다. 제가 이 말씀에 순종하지 않았고, 아버지와 아버지께서 저를 다스리는 자리에 세우신 자들에게 반역했음을 인정합니다. 제 반역죄를 용서하시니 고맙습니다. 제가 반역했기 때문에 제 삶에 침투한 모든 악한 영의 활동 근거가 주 예수 그리스도께서 흘리신 보혈로 모두 무력해질 것입니다. 제가 어떤 식으로 반역했는지 모두 보여 주옵소서. 이제 순종의 영과 종의 마음을 취하기로 결단합니다. 존귀한 예수님의 이름으로 기도합니다, 아멘. (삼상 15:23 참고)

권위에 순종하는 것은 분명 믿음의 행위다! 권세 있는 자들이 우리에게 혹독하고 불친절하게 대하며, 원치 않는 일을 시킬 때도 하나님이 그들을 통해 일하실 것을 신뢰하기 때문에 그들의 권위에 복종하는 것이다. 힘 있는 자들이 자신의 권력을 남용하고, 하나님이 무고한 백성을 보호하시려고 제정하신 법을 깨뜨리는 모습을 볼 때도 있을 것이다. 그럴 때 우리는 **더 높은 권위자**이신 하나님에게 우리를 보호해 주시도록 간구해야 한다. 권력 남용 사실을 경찰이나 다른 정부 기관에 신고해야 할 수도 있다. 우리 주변에서 신체적, 정신적, 감정적, 성적 학대가 계속 자행된다면, 그 상황을 적절히 다룰 수 있는 또 다른 조력자가 필요할지도 모른다.

권세 있는 자가 자신의 지위를 이용해서 우리에게 하나님의 법을 어기거나 그분을 향한 헌신을 타협하도록 요구한다면, 우리는 그 사람이 아닌 하나님에게 순종해야 한다(행 4:19, 20). 그래도 주의하자.

우리가 하고 싶지 않은 일을 시킨다는 이유로 그들이 하나님의 말씀을 위반한다고 생각하지 않도록 조심하자. 우리는 모두 그리스도를 경외함으로 피차 겸손히 복종하는 마음을 지녀야 한다(엡 5:21). 하나님은 우리를 보호하시고 우리 일상에 질서를 부여하시려고, 구체적인 명령 체계를 세워 놓으셨다.

기도하는 마음으로 다음 항목들을 살펴보고, 우리를 다스리는 자에게 불순종한 **구체적인** 모습을 떠올려 주시도록 기도하자. 그런 후, 하나님이 떠오르게 하신 죄를 구체적으로 고백하며 기도하자.

- 교통 법규, 세법, 공무원을 대하는 태도와 관련된 민정(民政)(롬 13:1-7; 딤전 2:1-4; 벧전 2:13-17)
- 친부모, 양부모, 기타 법적인 보호자(엡 6:1-3)
- 교사, 코치, 교직원(롬 13:1-4)
- 과거나 현재의 고용주(벧전 2:18-23)
- 남편(벧전 3:1-4. *남편들에게_아내를 충분히 사랑하지 못해서 아내에게 불순종의 영이 싹튼 것은 아닌지 잠시 하나님에게 여쭈어 보자. 그랬다면, 에베소서 5장 22, 33절 말씀을 어겼음을 당장 고백하자.)
- 교회 지도자(히 13:7)
- 하나님(단 9:5, 9)

우리가 누구에게 불순종했는지 성령께서 보여 주시는 모습에 대해 다음과 같이 죄를 고백하며 기도하자.

주님, 제가 (이름)에게 (구체적인 행위)로 불순종했음을 고백합니다. 제 불순종을 용서하시니 고맙습니다. 이제 주님 말씀을 따르며 복종하겠습니다. 예수님의 이름으로 기도합니다, 아멘.


## 5단계_교만이냐 겸손이냐

교만은 생명을 앗아간다. 교만한 사람은 "내게는 하나님이나 다른 사람의 도움이 필요 없어. 혼자 힘으로 해결할 수 있어"라고 말한다. 오, 저런, 우리는 그럴 수 없다! 우리는 하나님의 도움이 꼭 필요하고, 다른 사람과 서로서로 도와야 살 수 있다. 사도 바울은 "하나님의 성령으로 봉사하며 그리스도 예수로 자랑하고 **육체를 신뢰하지 아니**"(빌 3:3)해야 한다고 지혜롭게 권면했다. 이것이 바로 겸손의 바른 정의다. 육체를 신뢰하지 않는 것, 즉 우리 자신을 신뢰하지 않고 "주 안에서와 그 힘의 능력으로 강건하여지는"(엡 6:10) 것이 겸손이다. 겸손한 사람은 하나님을 적절하게 신뢰한다.

잠언 3장 5-7절에서도 똑같이 표현한다. "너는 마음을 다하여 여호와를 신뢰하고 네 명철을 의지하지 말라. 너는 범사에 그를 인정하라. 그리하면 네 길을 지도하시리라. 스스로 지혜롭게 여기지 말지어다. 여호와를 경외하며 악을 떠날지어다." (야고보서 4장 6-10절, 베드로전서 5장 1-10절도 우리가 교만하면 영적으로 심각한 문제를 겪을 것이라고 경고한다.) 다음과 같이 기도하며 하나님 앞에서 겸손히 살기로 헌신하자.

하나님 아버지, 아버지께서 교만은 패망의 선봉이고 넘어짐의 앞잡이라고 말씀하셨습니다. 제가 주로 나 자신을 생각하느라, 다른 사람은 별로 돌아보지 않았음을 고백합니다. 자신을 부인하고, 날마다 내 십자가를 지고, 아버지를 따르며 살지 않았습니다. 그래서 제 삶에 마귀가 역사할 틈을 내어 주었습니다. 혼자 힘으로 행복하게 성공적으로 살 수 있다고 믿는 죄를 범했습니다. 제 의지를 주님 뜻보다 앞세우고, 아버지가 아니라 나를 중심에 두었습니다.

제 교만함과 이기심을 회개하고, 대적들이 역사할 모든 근거를 주 예수 그리스도의 이름으로 제거합니다. 이기심이나 공허한 자만심을 좇아 살지 않고, 성령의 권능과 인도하심만 따르겠습니다. 겸손한 마음으로 나보다 다른 사람을 낫게 여기겠습니다. 제 삶에서 주님을 가장 중요하게 여기겠습니다.

제 교만한 모습을 구체적으로 보여 주옵소서. 사랑으로 이웃을 섬기고, 다른 이를 존중하도록 도와주세요. 온유하고 겸손하신 내 주 예수님의 이름으로 기도합니다, 아멘.

(잠 16:18; 마 6:33; 16:24; 롬 12:10; 빌 2:3 참고)


하나님에게 헌신하는 기도를 했다면, 이제 우리의 교만한 삶의 모습을 구체적으로 보여 달라고 요청하자. 다음 항목들이 도움이 될 것이다. 어떤 면에서 교만하게 살았는지 떠오르면, 299, 300쪽에 있는 기도문으로 죄를 고백하자.


● 하나님 뜻보다 내 뜻대로 행하기를 더 강렬하게 원하는 것

- 기도하고 말씀을 읽으며 하나님의 인도하심을 찾기보다 내 경험과 지식을 더 의지하는 것
- 성령의 능력을 의지하지 않고 내 힘과 능력을 믿는 것
- 나를 절제하기보다 다른 사람을 통제하는 일에 더 힘을 쏟는 것
- "중요한 일"을 처리하느라 바빠서 다른 사람을 위해 거의 시간을 쓰지 않는 것
- 필요한 것이 없다고 생각하는 경향
- 내 잘못을 인정하기 어려워하는 것
- 하나님보다 사람을 더 기쁘게 하려고 애쓰는 것
- 나는 마땅히 인정받아야 한다고 생각하면서 인정받으려고 애쓰는 것
- 다른 사람보다 내가 더 겸손하고, 영적이고, 종교적이고, 헌신적이라고 생각하는 것
- 학위나 직함, 지위를 쟁취해서 인정받으려고 애쓰는 것
- 다른 사람의 필요보다 내 필요가 더 중요하다고 느끼는 것
- 학문, 예술, 운동 실력이나 기량이 탁월하기 때문에 자신이 다른 사람보다 뛰어나다고 여기는 것
- 자신을 실제보다 높게 여기는 기타 여러 생각

이 항목에서 해당하는 것에 대해 각각 다음과 같이 큰 소리로 기도하자.

주님, 제가 (구체적인 영역)에 있어서 교만했음을 인정합니다. 교만

한 저를 용서해 주시니 고맙습니다. 이제부터 주님과 다른 사람 앞에서 저를 겸손히 낮추겠습니다. 제 육체를 신뢰하지 않고 오직 주님만 신뢰하겠습니다. 예수님의 이름으로 기도합니다, 아멘.

## 극심한 편견을 극복하다

교만은 루시퍼가 가장 먼저 범한 죄다. 교만하면 다른 사람이나 집단에 등 돌리게 된다. 사탄은 늘 분열시키고 정복하려고 꾀를 부리지만, 하나님은 우리에게 화목하게 하는 임무를 맡기셨다(고후 5:19). 유대인과 이방인의 해묵은 인종 편견의 장벽을 깨뜨리신 그리스도의 사역을 잠시 묵상하자.

> 그리스도는 우리의 평화이십니다. 그리스도께서는 유대 사람과 이방 사람이 양쪽으로 갈라져 있는 것을 하나로 만드신 분이십니다. 그분은 유대 사람과 이방 사람 사이를 가르는 담을 자기 몸으로 허무셔서, 원수 된 것을 없애시고, 여러 가지 조문으로 된 계명의 율법을 폐하셨습니다. 그분은 이 둘을 자기 안에서 하나의 새 사람으로 만들어서 평화를 이루시고, 원수 된 것을 십자가로 소멸하시고 이 둘을 한 몸으로 만드셔서, 하나님과 화해시키셨습니다. 그분은 오셔서 멀리 떨어져 있는 여러분에게 평화를 전하셨으며, 가까이 있는 사람들에게도 평화를 전하셨습니다. 이방 사람과 유대 사람 양쪽 모두, 그리스도를 통하여 한 성령 안에서 아버지께 나아가게 되었습니다(엡 2:14-18, 새번역).

우리는 자주 우리에게 편견이 있다는 사실을 부정하지만 "지으신 것이 하나도 그 앞에 나타나지 않음이 없고 우리의 결산을 받으실 이의 눈앞에 만물이 벌거벗은 것같이 드러날"(히 4:13) 것이다. 하나님이 우리 마음에 그분의 빛을 비추셔서, 편견에 사로잡혀 교만한 마음을 모두 드러내 주시도록 다음과 같이 기도하자.

> 하나님 아버지, 아버지께서는 모든 사람을 똑같이 사랑하고, 편애하시지 않는 분임을 압니다. 아버지를 경외하고 의롭게 행하는 열방의 모든 족속을 기꺼이 품으십니다. 피부색이나 인종, 경제적 지위, 종족 배경, 성, 교단 선호도 등 그 어떤 세상의 기준으로 사람들을 판단하지 않으십니다. 그러나 저는 이런 기준으로 나를 우월하게 여기면서 다른 이들을 몹시 성급하게 판단했습니다. 화평케 하는 자의 임무를 성실히 수행하지 못하고, 태도나 말투, 행실로 분열을 조장했습니다. 증오에 찬 편견과 교만한 선입관을 모두 회개하오니, 제 마음과 생각을 더럽힌 교만한 모습들을 구체적으로 보여 주옵소서. 예수님의 이름으로 기도합니다, 아멘.
>
> (행 10:34; 고후 5:16 참고)

내게 있는 선입관, 우월감, 편견이 떠오르면, 각각에 대해서 다음과 같이 진심을 담아 큰 소리로 기도하자.

> 저는 선입관을 품고 (집단/공동체 이름)를 대한, 교만한 죄를 고백하며 끊어 버립니다. 주님, 저를 용서하시니 고맙습니다. 이제 제 마음

을 바꾸셔서 (집단/공동체 이름)과 화해하는 사랑의 대사가 되게 하옵소서. 예수님의 이름으로 기도합니다, 아멘.

## 6단계_멍에냐 자유냐

우리는 "죄를 짓고 자백하고, 또 죄를 짓고 자백하는" 악순환이 끝없이 되풀이되는 것을 자주 경험한다. 매우 낙심해서 끝내 포기하고 육신의 죄에 나를 맡겨 버리기도 한다. 자유를 누리려면 야고보서 4장 7절 말씀에 순종해야 한다. "그런즉 너희는 하나님께 복종할지어다. 마귀를 대적하라. 그리하면 너희를 피하리라." 우리는 죄를 고백하고 회개하여 죄에서 돌아서서 하나님에게 복종해야 한다. 마귀의 거짓말에 맞서야 한다. 진리로 행하고, 하나님의 전신갑주를 덧입어야 한다(엡 6:10-20).

몸에 밴 죄에서 벗어나려면, 그리스도 안에서 신뢰하는 형제자매에게 도움을 받아야 할 수도 있다. 야고보서 5장 16절은 "그러므로 너희 죄를 서로 고백하며 병이 낫기를 위하여 서로 기도하라. 의인의 간구는 역사하는 힘이 큼이니라"라고 말한다. 물론 요한일서 1장 9절 말씀을 확신하는 것으로 충분할 때도 있다. "만일 우리가 우리 죄를 자백하면 그는 미쁘시고 의로우사 우리 죄를 사하시며 우리를 모든 불의에서 깨끗하게 하실 것이요."

죄를 고백하는 것은 "죄송해요"라고 말하는 것이 아니라 "제가 그랬어요"라고 솔직하게 인정하는 것임을 기억하자. 누군가의 도움이 필요한 상황이든, 단지 하나님 앞에서 빛의 자녀로 책임감 있게 행하면 되는 상황이든, 다음과 같이 큰 소리로 기도하자.

> 하나님 아버지, 아버지께서는 제게 육신의 정욕을 따르지 말고, 그리스도로 옷 입으라고 명하셨습니다. 저는 제 영혼을 거슬러 싸우려는 육체의 정욕에 항복했었습니다. 그리스도 안에서 제 죄를 이미 용서하셔서 고맙습니다. 그러나 제가 아버지의 거룩한 법을 어겼기 때문에 마귀에게 제 속에서 분쟁을 일으킬 틈을 내어 주고 말았습니다. 이제 이 모든 육신의 죄를 고백하고 끊어 버리니 저를 깨끗하게 하시고, 죄의 굴레에서 벗어나게 해주옵소서. 지금 제가 범한 모든 육신의 죄, 거룩하신 성령님을 슬프게 한 일들을 떠오르게 해주소서. 예수님의 거룩한 이름으로 기도합니다, 아멘.
>
> (잠 28:13; 롬 6:12, 13; 13:14; 고후 4:2, 벧전 2:11; 5:8 참고)

우리를 지배하려 드는 육신적인 죄는 여러 가지다. 다음 목록에 그것들을 모아 놓기는 했지만, 마가복음 7장 20-23절, 갈라디아서 5장 19-21절, 에베소서 4장 25-31절 등 여러 말씀을 기도하는 마음으로 자세히 읽으면 훨씬 적나라하게 죄를 깨달을 것이다. 다음 목록과 소개한 성경 구절들을 쭉 훑어 보고, 우리가 무슨 죄를 고백해야 하는지 알려 달라고 성령께 간구하자. 그분이 다른 것도 떠오르게 해주실 것이다. 생각나는 죄들을 진심을 담아 하나씩 고백하며 기도하자. 목록 아래에 기도문의 예를 소개한다. (성적인 죄, 이혼, 섭식 장애, 약물 중독, 낙태, 자살 충동, 완벽주의는 다음 단계에서 다룰 것이다. 이런 경우 더 전문적인 도움을 받아야 완전히 치유되고 자유를 찾을 수 있을 것이다.)

- 도둑질
- 분쟁과 다툼
- 시기와 질투
- 불평과 비판
- 음란한 행동
- 수군거림과 비방
- 욕설
- 무관심과 게으름
- 거짓말
- 미움
- 분노
- 음란한 생각
- 술 취함
- 속임수
- 미루는 버릇
- 탐욕과 물질주의
- 기타 :

주님, 제가 (죄명)을 범했음을 고백합니다. 저를 용서하시고 깨끗하게 하시니 고맙습니다. 이제 이 죄에서 돌이켜 주님에게 나아갑니다.

성령으로 저를 강건케 하셔서 주님에게 순종하게 하소서. 예수님의 이름으로 기도합니다, 아멘.

우리는 죄가 우리 몸을 지배하도록 내버려두지 않을 책임이 있다. 우리 몸이나 다른 사람의 육체를 불의의 도구로 사용해서는 안 된다(롬 6:12, 13). 성적으로 부도덕하게 행하는 것은 성령의 전인 우리 몸을 해하는 것이다(고전 6:18, 19). 성적인 죄의 굴레에서 벗어나고 싶다면 다음과 같이 기도하자.

주님, 제 몸을 불의하게 성적인 도구로 사용한 적이 있다면 모두 생각나게 하셔서, 지금 그 모든 죄를 끊을 수 있도록 도와주소서. 예수님의 이름으로 기도합니다, 아멘.

우리 몸을 성적으로 잘못 사용한 것을 주님이 생각나게 해주시면, 피해를 입었든(강간, 근친상간, 성희롱), 자의로 행했든(포르노, 자위행위, 문란한 성행위) 그 모든 것을 끊어 버리자.

주님, 제가 (관련 인물의 이름)으로 인해 (육체로 범한 구체적 죄명)을 범했습니다. 이제 이것들을 끊어 버립니다. (죄명)의 사악한 결박을 끊어 주옵소서.

마지막으로 우리 몸을 주님에게 헌신하는 뜻으로 다음과 같이 기도하자.

주님, 제가 자의로 이 모든 죄를 범했음을 인정하고, 불의의 도구로 제 몸을 잘못 사용한 모든 죄를 끊습니다. 제 눈과 입, 생각과 마음, 손과 발, 성기를 이제 주님에게 의의 도구로 드립니다. 제 온몸을 거룩하고, 받으실 만한 산 제물로 바칩니다. 제 육체를 혼인 관계 안에서만 성적으로 사용하겠습니다.

과거에 범한 성적인 죄 때문에 제 몸이 순결하지 않고, 더러워서 주님이 받지 않을 것이라는 마귀의 거짓말을 거부합니다. 주님, 저를 완전히 씻으시고 용서하셔서 있는 모습 그대로 받으시고 사랑하시니 고맙습니다. 주님이 저와 제 몸을 깨끗하게 여기시고 받으시니, 이제 저도 그러겠습니다. 예수님의 이름으로 기도합니다, 아멘.

(히 13:4 참고)

## 특정 문제에 대한 기도

### 이혼

주님, 이혼을 초래한 제 온갖 죄를 고백합니다. 그 죄들을 구체적으로 보여 주옵소서. 저를 용서하시니 고맙습니다. 저도 자신을 용서하겠습니다. 저는 이제 "이혼한 사람"일 뿐이라고 속삭이는 거짓말을 거부합니다. 저는 하나님의 자녀입니다. 이혼한 그리스도인은 열등한 성도라고 말하는 거짓말도 거부합니다. 저는 무가치하고, 사랑할 만하지 않으며, 제 인생은 공허하고 무의미하다는 속임수도 거부합니다. 저를 있는 모습 그대로 용납하시고 사랑하시는 그리스도 안에서 저는 온전합니다. 제게 상처 준 사람들을 용서하기로 결심하고, 제 삶의 모든 상처를 주님에게 맡기오니 치유해 주옵소서. 제 앞날을 주님 손에 맡기고, 주님을 신뢰하오니 교회를 통해서, 또는 주님 뜻이라면 또 다른 배우자를 만나서 인간적인 우정을 누릴 수 있게 해주소서. 이 모든 것을 나의 구원자이자 치료자, 가장 좋은 친구이신 주 예수님의 이름으로 기도합니다, 아멘.

## 동성애

주님, 주님이 저나 다른 사람을 동성애자로 만드셨다는 거짓말을 거부하고, 분명히 주님이 동성애 행위를 금하고 있다는 성경 말씀에 동의합니다. 저 자신을 하나님의 자녀로 여기고, 주님이 저를 남자(여자)로 만드신 것에 감사합니다. 모든 동성애적인 생각과 욕구, 충동과 행동을 거절하고, 이것으로 제 모든 관계를 왜곡시키려던 사탄의 시도를 모조리 무력화합니다. 저는 그리스도 안에서 이성이나 동성의 사람들과 주님이 의도하신 대로 바른 관계를 맺는 자유를 누리겠습니다. 예수님의 이름으로 기도합니다, 아멘.

## 낙태

주님, 주님이 제게 맡기신 생명을 올바르게 지키고 돌보지 못했음을 고백합니다. 저를 용서하시니 고맙습니다. 그래서 저도 자신을 용서할 수 있습니다. 그 아이가 영원토록 주님의 보살핌 가운데 있음을 깨닫습니다. 예수님의 이름으로 기도합니다, 아멘.

## 자살 충동

주님, 자살을 생각하거나 시도하여 자신을 해하려 한 모든 행동을 이제 멈춥니다. 삶에 소망이 없다고 생각하고, 스스로 목숨을 끊으면 평화와 자유를 찾을 것이라는 거짓말을 거부합니다. 사탄은 빼앗고, 죽이고, 파괴하려고 오는 도둑입니다. 제게 생명을 주시고 풍성히 누리게 하시는 그리스도 안에서 살겠습니다. 저를 용서하시고, 또 제가 자신을 용서하게 하시니 고맙습니다. 그리스도 안에 언제나 소망이 있음을 믿습니다. 예수님의 이름으로 기도합니다, 아멘.

(요 10:10 참고)


## 극심한 완벽주의

주님, 일을 얼마나 잘 해내는지에 따라 제 가치가 달라진다는 거짓말을 거부합니다. 제 정체성과 가치는 주님의 자녀라는 진리에 기초함을 선포합니다. 다른 사람에게 인정과 용납을 받으려고 애쓰지 않겠습니다. 그리스도께서 저를 위해 죽으시고 부활하셨기 때문에, 그 안에서 저는 이미 인정받고, 용납되었음을 믿습니다. 의로운 행위가 아니라 주님의 자비로 구원받았다는 진리를 믿습니다. 그리스도께서 저를 위해 대신 저주당하셨기 때문에 저는 더 이상 율법의 저주 아래 있지 않다고 믿습니다. 그리스도 안에서 생명을 거저 받았으니, 이제 그분 안에 거하기로 결단합니다. 율법 아래에서 완벽해지려고 애쓰지 않겠습니다. 하나님 아버지의 은혜를 의지하여, 이제부터 성령의 능력으로 진리의 말씀을 믿고 따르겠습니다. 예수님의 이름으로 기도합니다, 아멘.

## 섭식 장애와 자해

주님, 외모나 능력에 따라 내 인간적 가치가 달라진다는 거짓을 거부합니다. 자신을 칼로 베거나 학대하고, 먹은 것을 토하고, 완하제를 복용해서 변으로 내보내고, 체중을 조절하기 위해 억지로 굶거나 외모를 고치고, 악한 것을 씻어 내려고 발버둥 치던 모든 일을 이제 그만두겠습니다. 그리스도의 보혈만이 제 죄를 깨끗하게 할 수 있음을 선포합니다. 제 몸은 주님이 값을 치르고 사신 성령의 전으로, 하나님의 것임을 깨달았습니다. 그래서 이제 제 몸으로 하나님을 영화롭게 하겠습니다. 제가 또는 제 몸의 어떤 부분이 악하다는 거짓말을 거절합니다. 저를 그리스도 안에서 있는 모습 그대로 받아 주시니 고맙습니다. 예수님의 이름으로 기도합니다, 아멘.

## 약물 중독

주님, 제가 술, 담배, 음식, 처방약이나 불법 약물을 쾌락을 위해, 현실에서 벗어나기 위해, 어려움을 극복하기 위해 잘못 사용했음을 고백합니다. 제 몸을 학대하고, 제 마음을 해롭게 길들였음을 고백합니다. 그래서 성령을 소멸하였습니다. 이런 저를 용서하시니 고맙습니다. 음식이나 화학 약품을 잘못 사용해서 사탄이 제 삶에 틈타고 들어와 영향 끼친 모든 일을 당장 끊습니다. 저를 사랑하시는 그리스도께 제 모든 염려를 맡깁니다. 이제부터 약물에 항복하지 않고, 나를 다스리고 힘주시는 성령님을 따르겠습니다. 예수님의 이름으로 기도합니다, 아멘.

생각난 죄를 모두 고백한 후, 다음과 같이 기도하자.

주님, 이제 이 모든 죄를 고백하며, 저를 용서하시고 깨끗케 하시는 주 예수 그리스도의 보혈을 의지합니다. 제가 고의로 지은 죄 때문에 악한 영들이 제 삶에서 얻은 모든 활동 근거를 제거합니다. 놀라운 저의 구원자이신 주 예수 그리스도의 이름으로 기도합니다, 아멘.

## 7단계_저주냐 축복이냐

자유에 이르기 위한 마지막 단계는 조상의 죄, 악한 영이나 속이는 영을 따르는 사람이나 종교 집단이 우리에게 건 모든 저주를 끊는 것이다. 십계명을 주시면서 하나님은 다음과 같이 말씀하셨다.

너를 위하여 새긴 우상을 만들지 말고 또 위로 하늘에 있는 것이나 아래로 땅에 있는 것이나 땅 아래 물속에 있는 것의 어떤 형상도 만들지 말며 그것들에게 절하지 말며 그것들을 섬기지 말라. 나 네 하나님 여호와는 질투하는 하나님인즉 나를 미워하는 자의 죄를 갚되 아버지로부터 아들에게로 삼사 대까지 이르게 하거니와 나를 사랑하고 내 계명을 지키는 자에게는 천 대까지 은혜를 베푸느니라(출 20:4-6).

조상의 죄를 끊어 버리고, 그리스도 안에서 새로운 영적 유산을 붙잡지 않으면 부당한 영적 영향력이 다음 세대까지 이어질 수 있다. 우리에게 조상의 죄에 대한 혐의가 있기 때문이 아니라, 조상들의 죄 때문에 우리가 사탄의 공격에 노출될 수 있다는 뜻이다.

인류의 타락 때문에 우리는 유전적으로 어떤 점에는 강하고, 어떤 부분은 약한 경향이 있으며, 우리가 자란 물리적, 영적 환경에도 영향받는다. 이 때문에 각 사람이 특정한 죄와 씨름하게 된다. 주님이 우리 가계의 특징적인 죄가 무엇인지 구체적으로 보여 주시도록 다음과 같이 기도하자.

> 하나님 아버지, 가계를 통해 전해 오는 조상의 죄를 지금 모두 생각나게 해주십시오. 그 영향에서 벗어나 하나님의 자녀라는 새로운 정체성에 걸맞게 살고 싶습니다. 예수님의 이름으로 기도합니다, 아멘.

하나님이 우리 가계의 죄를 떠오르게 하시면, 다음 목록에 쓰자. 그래야 다음에 그 죄를 구체적으로 끊을 수 있다.

1. _____
2. _____
3. _____
4. _____
5. _____
6. _____
7. _____

8. _____

9. _____

10. _____

조상의 죄 때문에 우리를 공격하는 모든 저주나 영적인 짐에서 자유로워지려면, 다음 선언문을 따라 읽고, 다음과 같이 큰 소리로 기도하자. 그리스도 안에 있는 우리에게는 이 모든 악한 영의 영향력에 맞설 수 있는 권세가 이미 주어졌고 온전히 보호받고 있음을 기억하자.

## 저주를 끊는 선포

지금 당장 저는 조상의 모든 죄를 거부하고 끊어 버립니다. 구체적으로 (하나님이 생각나게 하신 우리 가계의 죄들)을 끊어 버립니다. 어둠의 통치권에서 하나님 아들의 나라로 옮겨진 자로서, 저는 우리 가계를 통해 제게 전해 온 모든 마귀의 영향력을 무효화합니다. 예수 그리스도와 함께 십자가에 못 박히고, 다시 살아나서, 하늘에서 그분 옆에 앉은 자로서, 저는 제 삶과 사역에 영향 끼치려는 모든 사탄의 궤계를 거부합니다. 사탄과 그 졸개들이 제게 건 모든 저주를 무효화합니다. 그리스도께서 제 죄를 지고 저 대신 십자가에서 죽으셨음을 사탄과 그의 졸개들 앞에 선포합니다. 온갖 방법으로 제가 사탄의 것이라고 주장하려 드는 모든 궤계를 거부합니다. 주 예수 그리스도께서 저를 피 값으로 사셨기에 저는 그분의 것입니다. 사탄이 저를 주장하기 위해 요구하는 모든 피의 희생을 거부합니다. 저는 자신을 완전히, 영원히 주 예수 그리스도께 양도하고 바쳤음을 선포합니다. 그리스도 안에 있는 내 권세로 모든 대적 마귀에게 명하노니 내게서 완전히 떠나갈지어다. 저는 이제부터 영원히 하나님 아버지의 뜻을 이루는 일에 저를 바칩니다.

(갈 3:13 참고)

## 기도

하나님 아버지, 주 예수 그리스도의 피로 죄의 노예에서 아버지의 자녀가 되어 아버지께 나아갑니다. 아버지는 우주 만물의 주인이시자 제 삶의 주인이십니다. 내 몸을 의의 도구로 아버지께 드리고, 아버지를 영화롭게 할 거룩한 산 제물로 드립니다. 나를 향한 아버지의 선하고, 기뻐할 만하고, 온전하신 뜻을 나타내기 위해 제 마음을 새롭게 할 것을 다짐합니다. 부활하신 주 예수 그리스도의 이름으로 기도합니다, 아멘.


## 계속 자유를 누리다

이 일곱 단계를 거쳐 그리스도 안에서 자유를 얻은 후에도 마귀는 이제나저제나 우리 마음을 다시 틈타 공격할 것이다. 마귀가 공격하도록 내버려두어서는 안 된다. 겸손히 하나님에게 순복하여 살아가고 마귀를 대적하면 그는 도망칠 것이다(약 4:7).

마귀는 파리가 쓰레기통에 꼬이듯 죄에 꼬인다. 쓰레기를 치워 버리면 파리는 더 고약한 냄새가 나는 다른 곳으로 가 버릴 것이다. 마찬가지로 모든 죄를 고백하고, 우리에게 상처 준 사람들을 용서하고, 진리 안에 살면 마귀는 우리 삶에 둥지를 틀지 못할 것이다.

한 번 승리한 걸로 싸움이 끝났다고 생각하지 말자. 계속 자유를 부여잡아야만 한다. 어떤 자매가 일곱 단계를 완수하고 자유를 얻은 후 행복한 표정으로 "제가 언제까지나 이렇게 행복할 수 있을까요?" 하고 물었다. 그래서 나는 하나님과 올바른 관계를 누리는 한 자유로울 수 있을 것이라고 대답했다. "실족하고 죄를 짓기도 하겠지만, 당신은 하나님과 다시 바른 관계를 회복하는 방법을 알고 있습니다" 라는 격려도 잊지 않았다.

끔찍한 일을 겪은 한 사람이 다음과 같은 예화를 나누었다.

마치 험악한 인상을 한 낯선 사람과 내 집에서 억지로 시합을 하는 것 같았어요. 계속 져서 그만두려 해도 그 험상궂은 사람은 멈추지 않지요. 참다못한 나는 경찰(더 높은 권위를 가진 사람)을 불렀고, 그들이 와서 그 침입자를 끌고 나갔어요. 다시 들어오려고 그가 문을 두드렸지만, 이제는 그의 목소리를 알아채고, 못 들어오게 했어요.

그리스도 안에서 자유를 얻어 누리는 삶을 얼마나 멋지게 그려 냈는지! 최고 권위자인 예수님을 부르면, 그분이 우리 영혼의 적을 끌고 나가신다.

## 어떻게 계속 자유를 누릴 것인가

우리는 계속 자유를 누려야 한다. 아무리 강조해도 지나치지 않다. 우리는 앞으로 계속 벌어질 전투에서 결정적인 승리를 거두었다. 우리가 그리스도의 힘 안에 견고히 서서 늘 진리를 붙들면 계속 이 자유를 누릴 수 있다. 거짓을 믿고 있다는 사실을 알아차리면 그것을 거절하고, 진리를 택하자. 고통스러운 기억이 다시 떠오르면 우리를 아프게 한 사람을 용서하자. 주님이 우리 삶의 다른 죄를 보여 주시면 얼른 잘못을 시인하자. 하나님이 우리에게 일러 주시는 것들을 적절히 다루도록 이 책이 계속 도울 것이다. 어떤 사람들은 "그리스도 안에서 자유에 이르는 단계"를 반복해서 밟아 나가는 것이 꽤 유익하다는 사실을 경험한다. 그러려면 지시 사항에 주의를 기울이자.

당신이 성장하도록 격려하기 위해 「내가 누구인지 이제 알았습니다」 또는 청소년용 「어둠을 박차고 나오다」(*Stomping Out the Darkness*), 「자유를 향한 발걸음」(*Walking in Freedom*, 21일 묵상), 「그리스도 안에서 자유함을 얻었습니다」(은성 역간)도 읽기를 권한다. 그리스도 안에서 계속 자유를 누리며 살려면 다음과 같이 할 것을 강권한다.

1. 진리의 말씀을 은혜롭게 배우고, 다른 사람들과 진솔한 교제를 나눌 수 있는 사랑의 공동체의 보살핌을 받자.
2. 날마다 성경을 읽고 묵상하자. "그리스도 안에서 자유에 이르는 단계"에 나오는 핵심 구절들을 외우자. "진리 선언문"(2단계를 보라)을 날마다 큰 소리로 읽고, 관련 성구들을 연구하는 것도 좋다.

3. 모든 생각을 사로잡아 그리스도께 복종하는 법을 훈련하자. 우리 사고 습관을 책임지자. 수동적으로 생각에 끌려 다니지 말자. 모든 거짓을 거절하고 진리에 초점 맞추기로 결단하여 그리스도 안에서 하나님의 자녀라는 참된 정체성 위에 견고히 서자.

4. 생각과 감정, 행동의 옛 습관에 휩쓸려 되돌아가지 말자. 영적으로, 정신적으로 게을러지면 그러기가 아주 쉽다. 진리 안에 살려고 씨름하고 있다면, 우리를 위해 기도하면서 견고히 설 수 있도록 격려하는 듬직한 친구에게 어려움들을 솔직하게 나누자.

5. 그렇다고 해서 다른 사람이 나 대신 그 싸움을 싸워 주리라 기대해서는 안 된다. 그들은 우리를 도울 수는 있어도 우리를 대신해서 생각하고, 기도하고, 말씀 읽고, 진리를 선택해 줄 수는 없다.

6. 날마다 기도에 힘쓰자. 하나님을 신뢰하고 의지하는 삶은 기도하는 삶으로 나타난다. 확신을 갖고 다음과 같이 자주 기도하자. 입술뿐 아니라 마음으로 구하라. 기도하면서 자유롭게 바꾸어도 좋다.

## 매일 기도와 선포

하나님 아버지, 내 주님인 아버지를 찬양하며 높입니다. 주님이 모든 것을 다스리십니다. 항상 제 곁에 계시고, 결코 저를 떠나지도, 버리지도 않으시니 고맙습니다. 아버지는 전능하시고, 가장 지혜로우신 유일하신 하나님입니다. 모든 일을 친절과 사랑으로 행하십니다. 아버지를 사랑합니다. 그리스도와 연합하여 그 안에서 제가 영적으로 살게 하시니 정말 고맙습니다. 저는 세상이나 세상에 있는 것들을 사랑하지 않고, 육신과 모든 야망을 십자가에 못 박습니다.

이제 제가 그리스도 안에 살게 하시니 고맙습니다. 성령으로 저를 채워 주셔서 죄에 대해서는 죽고 그리스도께 대해서는 살게 하소서. 주님을 전적으로 신뢰하고, 사탄과 그의 모든 거짓에 대해서는 맞서겠습니다. 제 감정과 상관없이 하나님의 진리의 말씀만 믿겠습니다. 하나님이 제 모든 소망이시니 낙심하지 않겠습니다. 아버지께는 어려운 일이 하나도 없습니다. 주님 말씀에 따라 살려고 애쓸 때, 제게 필요한 모든 것을 주님이 채우실 것을 신뢰합니다. 저를 강하게 하시는 그리스도로 인해 만족하고, 책임감 있게 살게 하시니 고맙습니다.

이제 저는 사탄을 대적하고, 그와 그의 졸개에게 나를 떠나라고 명합니다. 마귀의 모든 궤계를 능히 대적하기 위해 하나님의 전신갑주를 입습니다. 하나님에게 제 몸을 거룩하고 산 제물로 드리고, 살아 있는 주의 말씀으로 제 마음을 새롭게 하겠습니다. 그렇게 행할 때, 저는 하나님의 선하시고, 기뻐하시고, 온전하신 뜻을 나타낼 수 있습니다. 나를 구원하신 주 예수 그리스도의 이름으로 기도합니다, 아멘.

## 자기 전 기도

주님, 저를 주님의 자녀 삼으셔서 그리스도 안에서 하늘의 모든 신령한 복으로 축복하시니 고맙습니다. 잠자는 동안 저를 새롭게 하시고 회복시켜 주시니 고맙습니다. 아버지의 자녀에게 베푸시는 이 복을 받아 누리고, 자는 동안 주님이 제 몸과 마음을 지켜 주실 것을 믿습니다.

깨어 있을 때에 주님과 주님 말씀을 생각한 것처럼, 잘 때에도 선한 것들이 내 마음에 머물게 하겠습니다. 자는 동안 사탄과 그의 졸개들이 저를 공격할 때에 저를 지켜 주시기를 구합니다. 악몽을 꾸지 않도록 지켜 주세요. 모든 두려움을 끊어 버리고, 염려를 주님에게 맡깁니다. 제 반석이고, 요새이며, 견고한 산성이신 주님에게 저를 맡깁니다. 지금 이 잠자리를 주님의 평강으로 덮어 주소서. 강하신 주 예수 그리스도의 이름으로 기도합니다, 아멘.

## 집과 방을 정결하게 하는 기도

우상 숭배와 관련된 모든 물건을 싹 치운 후, 필요하다면 각 방에서 다음과 같이 큰 소리로 기도하자.

하나님 아버지, 아버지께서는 하늘과 땅의 주인이십니다. 아버지의 주권적인 능력과 사랑으로 제게 모든 것을 누리게 하셨습니다. 거처를 주셔서 고맙습니다. 우리 집이 우리 가족을 안전하게 보호해 주는 곳이 되게 하시고, 모든 적의 공격에서 우리를 지켜 주소서. 우리는 하나님의 자녀로 그리스도와 함께 하늘에서 앉고 서는 자들이니 모든 악한 영은 내게서 떠나고, 과거든 현재든 이 집에 있는 모든 너희의 활동 근거가 되는 공간에서 완전히 떠나서 다시 돌아오지 말지어다. 이 집에 대해 걸린 모든 저주와 주문을 끊습니다. 하나님 아버지, 거룩한 천군 천사들을 이곳에 보내서서 나와 우리 가족을 향한 아버지의 목적이 이루어지지 못하게 방해하는 모든 적에게서 우리를 지켜 주소서. 이 모든 것에 응답하실 주님에게 감사드리며, 주 예수 그리스도의 이름으로 기도합니다, 아멘.

우상 숭배 하는 지역에서 살게 되었을 때 하는 기도

모든 우상 숭배와 관련된 물건들을 제하여 버린 후, 우리가 사는 그 공간에서 다음과 같이 큰 소리로 기도하자.

> 하나님 아버지, 자고 쉬며 생활할 수 있는 공간을 주셔서 고맙습니다. 제 방(또는 방의 일부분)을 저를 영적으로 지켜 주는 곳으로 삼아 주소서. 이곳에 살던 사람들이 우상과 악한 영들을 섬긴 것으로 인한 모든 영향력을 끊습니다. 저를 포함하여 이 방에 머물던 사람들이 사탄에게 틈을 준 모든 근거를 제하여 버립니다. 하나님의 자녀요, 하늘과 땅의 모든 권세를 가지신 그리스도와 공동 상속자로서 내가 모든 악한 영에게 명하노니, 이곳에서 떠나서 다시 돌아오지 말지어다. 하나님 아버지의 거룩한 천군 천사를 보내셔서 이곳에 사는 동안 저를 지켜 주소서. 예수님의 권능의 이름으로 기도합니다, 아멘.

우리가 그리스도 안에 있다는 참된 정체성과 가치를 붙잡고, 진리를 따라 살자. 우리의 **안전과 삶의 의미, 인정**이 그리스도 안에만 있다는 진리로 마음을 새롭게 하자.

앞으로 몇 주간 날마다 다음 진리를 묵상하고, 아침저녁 큰 소리로 전체 목록 읽기를 권한다. 읽고 묵상하면서 우리 마음이 진리 안에서 기뻐하도록 하자.

그리스도 안에서

나는 그리스도 안에서 완전히 용납되었으므로 버려졌고, 사랑스럽

지 않고, 더럽고, 부끄러운 존재라는 거짓말을 거부한다. 하나님이 말씀하신 것처럼,

나는 하나님의 자녀다(요 1:12).

나는 그리스도의 친구다(요 15:15).

나는 의롭게 되었다(롬 5:1).

나는 주님과 연합하여 한 영이 되었다(고전 6:17).

나는 값을 치르고 사신 바 되었다. 나는 하나님에게 속하였다(고전 6:19, 20).

나는 그리스도의 몸의 한 지체다(고전 12:27).

나는 성도요, 거룩한 자다(엡 1:1).

나는 하나님의 자녀로 입양되었다(엡 1:5).

나는 성령을 통하여 하나님에게 직접 나아갈 수 있다(엡 2:18).

나는 속량(구속)되었고, 내 모든 죄를 용서받았다(골 1:14).

나는 그리스도 안에서 충만함을 받았다(골 2:10).

나는 그리스도 안에서 항상 안전하기 때문에 죄가 있고, 보호받지 못하며, 혼자이고, 버려졌다는 거짓말을 거부한다. 하나님이 말씀하신 대로,

나는 모든 정죄를 벗어났다(롬 8:1, 2).

나는 모든 일이 합력하여 선을 이룰 것을 확신한다(롬 8:28).

나는 나에 대한 모든 송사에서 자유하다(롬 8:31-34).

나는 하나님의 사랑에서 분리될 수 없다(롬 8:35-39).

나는 하나님에 의해 세워졌고, 기름 부음 받고, 인 치심을 받았다(고후 1:21, 22).

나는 하나님이 내 속에 시작하신 착한 일이 완성될 것을 확신한다(빌 1:6).

나는 천국의 시민이다(빌 3:20).

나는 그리스도와 함께 하나님 안에 감추어져 있다(골 3:3).

나는 두려워하는 영이 아니라 능력과 사랑과 건강한 마음을 받았다(딤후 1:7).

나는 필요할 때 은혜와 자비를 얻을 수 있다(히 4:16).

나는 하나님에게서 나서 악한 자가 나를 건드리지 못한다(요일 5:18).


나는 그리스도 안에서 매우 의미 있는 존재이기 때문에 내가 무가치하고, 부적절하고, 속수무책이고, 소망이 없다는 거짓말을 거부한다. 하나님이 말씀하신 대로,


나는 세상의 빛과 소금이다(마 5:13, 14).

나는 참 포도나무의 가지요, 하나님의 생명의 통로다(요 15:1, 5)

나는 택함받아 열매 맺도록 지정되었다(요 15:16).

나는 그리스도를 인격적으로 증거하는 사람이다(행 1:8).

나는 하나님의 성전이다(고전 3:16).

나는 사람들을 하나님과 화목하게 하는 직책을 맡았다(고후 5:17-21).

나는 하나님의 동역자다(고후 6:1).

나는 그리스도와 함께 하늘에 앉아 있다(엡 2:6).

나는 선한 일을 위해 창조된 하나님의 걸작품이다(엡 2:10).

나는 자유와 확신으로 하나님에게 나아갈 수 있다(엡 3:12).

나는 내게 힘 주시는 그리스도 안에서 모든 것을 할 수 있다(빌 4:13).

**내가 대단해서가 아니라, 나의 나 된 것은 오로지 주의 은혜다.**

(출 3:14; 요 8:24, 28, 58; 고전 15:10 참고)

## 상대방에게 용서 구하기

그러므로 예물을 제단에 드리려다가 거기서 네 형제에게 원망 들을
만한 일이 있는 것이 생각나거든 예물을 제단 앞에 두고 먼저 가서
형제와 화목하고 그 후에 와서 예물을 드리라. 너를 고발하는 자와
함께 길에 있을 때에 급히 사화하라. 그 고발하는 자가 너를 재판관
에게 내어 주고 재판관이 옥리에게 내어 주어 옥에 가둘까 염려하라.
진실로 네게 이르노니 네가 한 푼이라도 남김이 없이 다 갚기 전에는
결코 거기서 나오지 못하리라(마 5:23-26).

## 용서를 구해야 하는 이유

마태복음 5장 23-26절은 용서에 대한 핵심 구절이다. 이 구절들에는
몇 가지 강조점이 있다. 하나님에게 예배하려고 예물을 들고 나아갈
때, 누군가가 자신과 등지고 있다는 사실이 **떠오른다.** 성령님이 우
리 마음에 잘못된 일들을 생각나게 하시기 때문이다.

다른 사람에게 상처 준 경우에만 그 사람에게 고백하라. 만약 어떤 사람에 대해 질투하고 분노하며 정욕을 품은 적이 있는데, 상대방이 그것을 모를 경우에는 하나님에게만 고백하면 된다.

배상해야 할 경우는 다르다. 물건을 훔치거나 파손한 경우, 다른 사람의 명성에 흠집을 낸 경우에는 우리가 무슨 일을 했는지 상대방이 모르더라도 그 사람을 만나서 상황을 바로잡고 배상해야 한다.

용서를 구하는 과정

1. 내가 잘못한 일과 그 일을 행한 이유를 적어 보자.

2. 상대방이 내게 무슨 짓을 했든 그것에 대해서 먼저 용서하자.

3. 어떻게 용서를 구할지 정확하게 생각을 정리하자.

   1) 내 행동이 잘못된 것임을 인정하자.

   2) 구체적으로 무슨 일을 저질렀는지 시인하자.

   3) 방어하거나 핑계 대지 말자.

   4) 다른 사람을 비난하지 말자. 그들이 내게 용서 구하기를 기대하거나 요구하지 말자.

   5) 잘못을 고백한 후 곧바로 "저를 용서해 주시겠습니까?" 하고 질문하자.

4. 기분이 상한 사람과 대화할 적절한 장소와 시간을 찾자.

5. 상대방을 직접 만나서 용서를 구하자. 단, 안전을 위협받을 것 같은 경우에는 **혼자 가지 말자.**

6. 의사소통할 수 있는 다른 방법이 없는 경우를 제외하고, 되도록 **편지는 쓰지 말자.** 편지 내용을 오해할 수 있기 때문이다. 또

잘못이나 고백과 전혀 관련 없는 사람이 읽을 수도 있다. 일이 다 해결된 후에 편지를 말끔히 없애 버려야 하는데 그때까지 편지가 남아 있을 수도 있다.

7. 진심으로 용서를 구했다면 상대방이 나를 용서하든 안 하든 자유하자(롬 12:18).

8. 용서받은 후, 하나님을 예배하자(마 5:24).

# 14장

# 그리스도 안에서
# 자유에 이르도록 돕는 길

그리스도 안에서 자유를 찾은 사람들의 간증을 나눈 뒤에, 한 여성이 내게 이렇게 물었다. "당신은 귀신을 내쫓는 사람입니까?"

"아닙니다. 저는 귀신을 내쫓는 일 같은 것이 있다고 생각하지 않습니다. 그런 은사도 믿지 않습니다." 나는 이렇게 대답했다.

감사하게도 나는 수년 동안 수많은 사람이 그리스도 안에서 자유를 발견하는 것을 보는 특권을 누렸다. 개인적이고 영적인 갈등을 해결하도록 내가 다른 사람을 돕는 것처럼 모든 신실한 그리스도인, 특히 목회자나 상담자 역시 똑같이 도울 수 있다고 믿는다. 그리스도 안에서 자유에 이르도록 돕는 일은 특별한 은사가 필요한 사역이 아니다. 단순히 진리를 적용하는 일이다.

이 사역을 통해 전 세계에 걸쳐 수많은 그리스도인을 훈련했다. 당신이 목회자나 상담자와 같은 "전문" 조력자든, 개인적인 사역에 헌신되어 기꺼이 하나님에게 쓰임받을 준비가 된 그리스도인이든 간에 이 장에서는 우리가 어떻게 다른 사람을 도울 수 있는지를 간략하게 설명하려고 한다. 내가 알고 있는 교회 가운데 "자유 사역"(그리스도 안에서 자유에 이르도록 수백 명을 인도하는 사역)을 하고 있는 한 교회는 사역 대부분을 훈련된 평신도가 담당하고 있다. 당신이 어떤 자리에 있든, 다음 내용을 통해 당신은 사역에 관한 실제적이고 기본적인 지침을 얻을 수 있을 것이다.

## 영적 갈등을 해결하는 원칙

사람들의 삶은 집과 같다. 한 가족이 여러 달 동안 집에서 쓰레기를 내다 버리지 않았다고 해 보자. 그 집은 청소도 하지 않은 채 음식과 음료로 온통 어지럽혀져 있다. 그렇다면 당연히 파리가 들끓을 것이다. 이 문제를 해결하기 위해 파리가 날아다니는 형태를 연구하거나 파리의 이름을 결정하거나 곤충계의 구조를 분류할 필요는 없다. 물론 그렇게 하는 것에도 내가 알아채지 못한 어떤 가치가 있을지 모른다. 그러나 파리에 대한 지식을 얻거나 단순히 파리를 내쫓는다고 해서 문제가 해결되는 것은 아니다. 마찬가지로 우리 삶에서 "파리에 초점을 두는 것"은 마귀가 우리 문제를 좌우해서 우리가 진짜 문제, 즉 쓰레기 치우는 일에 집중하지 못하게 한다. 회개하고 하나님을 믿는 것이 오늘날 교회에 필요한 해답이며, 앞으로도 그럴 것이다.

　개인적이고 영적인 갈등을 해결하기 위해서는 하나님이 "놀라우신 조언자"이며, 전인적으로 사역하시고 모든 현실을 고려하신다는 것을 이해해야 한다. 설령 그리스도인이 단순한 영적 문제나 단순한 심리적 문제를 가지고 있다 하더라도 말이다. 하나님은 전인적으로 우리와 관계하시며, 모든 현실을 염두에 두신다.

영적인 측면에서 갈등을 해결하고자 한다면 다음 원칙을 따라 보길 제안한다.

## 1. 우리는 어둠의 왕국을 다루는 방법론을 복음서와 사도행전보다는 주로 서신서에서 얻어야 한다.

사람들이 복음서와 사도행전에서 마귀를 내쫓는 방법론을 얻는 이유는 쉽게 알 수 있다. 복음서와 사도행전에 마귀를 내쫓는 믿을 만한 실례들이 등장하기 때문이다. 예수와 제자들의 예를 따라해 보면 어떤가? 그 예들에서는 어둠의 왕국과 하나님 나라의 전투가 명백하게 드러나며, 예수께서 "마귀의 일을 멸하려"(요일 3:8) 오셨다는 것을 증명한다. 그러나 복음서는 예수께서 십자가 사건 이전에 행하신 사역과 삶을 기록한 것이다. "하늘과 땅의" 모든 권세(마 28:18)가 아직 예수께 주어지기 전이라는 뜻이다. 따라서 사탄과 그의 마귀들에 맞서기 위해서는 특별히 권위를 부여받은 대리인이 필요했다. 그렇기 때문에 예수께서 "열두 제자를 불러 모으사 모든 귀신을 제어하며 병을 고치는 능력과 권위를" 주신 것이다(눅 9:1).

보수적인 조직 신학(율법뿐 아니라 언약에서도)에서는 옛 언약(율법) 아래 살아가는 삶과 새 언약(은혜) 아래 살아가는 삶이 명확하게 구분된다고 가르친다. 역사적으로 그리스도께서는 율법 아래 살아

가셨다. 새 언약은 그분이 죽으시고 부활하시기 전까지는 아무 효력이 없었기 때문이다. 이것은 율법 아래 태어나신 그리스도께서는 마찬가지로 율법 아래 살아가셔야만 했다는 뜻이다. 예수께서는 "내가 율법이나 선지자를 폐하러 온 줄로 생각하지 말라. 폐하러 온 것이 아니요 완전하게 하려 함이라"(마 5:17)고 말씀하셨다.

예를 들면, 어느 부자가 영생을 얻기 위하여 무엇을 해야 하느냐고 묻는다면, 당신은 그에게 계명을 지키라고 말하겠는가? 예수께서는 젊은 부자 관원에게 그렇게 가르치셨다(마 19:16, 17). 십자가 사건 이전 율법 아래에서 하나님의 언약 백성은 율법을 따르는 삶으로 하나님을 향한 믿음을 증명해 보였다. 그러나 십자가 사건 이후 은혜 아래에서 우리는 그러한 사람에게 복음을 선포할 것이다. 우리가 복음 전도에 접근하는 방식은 오순절 이후 분명히 달라졌다. 그리고 영적 갈등을 해결하는 접근법 역시 마찬가지다.

사도행전은 십자가 사건과 정경(正經)의 완성 사이의 과도기를 역사적으로 설명한다. 이 중요한 책에서 우리가 얼마나 많은 방법과 신학을 따와야 하는지는 그리스도인들 사이에서도 논란이 있다. 그래서 나는 사도행전에 나타난 귀신 축출 실례들을 절대적인 방법론으로 해석하는 데 주의하라고 강조한다. 형식은 기능에서 나온다. 그러나 우리가 형식에서 기능을 얻을 때 문제가 일어난다. 사도행전은 십자가 사건 이후에도 사탄과의 싸움이 계속되고 있으며, 악한 세력들이 교회 성장을 방해하여 계속 존재한다는 사실을 분명히 보여 준다. 그러나 이 역사책은 그런 세력들을 다루는 최종적인 결론으로 여겨지지는 않는다.

**2. 서신서에 귀신을 쫓아내는 것에 대한 가르침이 없다는 것이 그리스도인은 영적인 문제가 있을 수 없다는 뜻은 아니다. 그것은 그리스도 안에서 자유롭게 살아가는 삶에 대한 책임이 특별히 권위를 부여받은 대리인에서 개인 성도로 바뀌었다는 뜻이다.**

율법 아래 있는 개별적인 신자들은 어둠의 왕국을 다스릴 권위가 없다. 이제 하나님의 은혜로 거듭난 모든 신자는 그리스도와 함께 하늘에 앉아 있다. 신자들이 누리는 자유는 이미 그리스도가 행하신 일과 신자들이 개인적으로 회개와 믿음으로 그분에게 어떻게 반응하느냐에 기반한다. 서신서 곳곳에는 그리스도 안에서 자유로운 삶과 귀신을 다루는 것에 대한 가르침이 있지만, 궁극적으로 책임을 지닌 자는 개별 신자이지, 외부에 있는 대리인이 아니다. 나는 당신을 대신해 회개하거나 믿어 줄 수 없다. 당신 대신 하나님에게 복종하고 마귀를 대적할 수도 없다. 그렇지만 그렇게 할 수 있도록 당신을 **도울** 수는 있다. 이러한 관점에서 문제를 바라볼 때, 우리에게 서로를 어떻게 돕는지 가르쳐 주는 가장 완벽한 목회 서신 본문을 찾을 수 있다.

> 주의 종은 마땅히 다투지 아니하고 모든 사람에 대하여 온유하며 가르치기를 잘하며 참으며 거역하는 자를 온유함으로 훈계할지니 혹 하나님이 그들에게 회개함을 주사 진리를 알게 하실까 하며 그들로 깨어 마귀의 올무에서 벗어나 하나님께 사로잡힌 바 되어 그 뜻을 따르게 하실까 함이라(딤후 2:24-26).

이 본문은 진리가 사람들을 자유롭게 하며 회개를 허락하는 분은 하나님이라는 사실을 명확하게 가르쳐 준다. 기독교 상담은 우리가 배우는 몇 가지 기술 그 이상이다. 그것은 하나님을 만나는 것이다. 그분은 놀라우신 조언자다. 오직 하나님만이 깨진 마음을 다시 이어 주고 사로잡힌 자를 자유롭게 하실 수 있다. 그러나 하나님은 전적으로 그분을 의존하는 그분의 종을 통해 일하신다.

만일 사탄의 영향력 아래 있는 사람의 자발적인 참여 없이 그 사람에게서 사탄을 쫓는 데 성공했다면, 우리가 떠난 후 사탄이 다시 그 사람에게 돌아올 때는 어떻게 할 것인가? 그 사람이 자신의 자유를 책임지지 않는다면, 끝내 그 사람은 한 마귀에게 괴롭힘당하다가 나중에 일곱 마귀가 침입하여 더욱 비참해진 사람의 경우처럼 될 수 있다(마 12:43-45).

내가 졸업한 신학교는 영적으로 억압당하는 사람들을 돕는 가르침이 거의 없는 학교였다. 그래서 나는 영적으로 괴로워하는 사람들을 도울 준비를 제대로 갖추지 못했다. 내가 아는 유일한 방법은 귀신을 불러내어 이름을 알아내고 서열을 매긴 다음 쫓아내는 것이다. 이런 접근으로 보면 목회자나 상담자는 구원자이고, 그들은 귀신에게서 정보를 얻어 내는 것이다. 당신은 왜 귀신을 믿는가? 그들은 모두 거짓말쟁이다. "거짓을 말할 때마다 제 것으로 말하나니 이는 그가 거짓말쟁이요 거짓의 아비가 되었음이라"(요 8:44).

나는 서신서가 다른 그림을 그리고 있다고 생각한다. 먼저 구원자는 그리스도이시며, 그분은 이미 오셨다. 둘째, 우리는 하나님 말씀과 성령에게서 정보를 얻어야 한다. 하나님 말씀과 성령이 우리를 온전한 진리로 인도하며, 그 진리가 우리를 자유케 할 것이다.

나는 몇 년 동안 "마귀를 내쫓는 일"을 하지 않고 있다. 그런데도 수많은 사람이 그리스도 안에서 자유에 이르는 모습을 볼 수 있었다. 그들이 진정으로 회개하고 하나님을 믿어 개인적이고 영적인 갈등을 해결하도록 도와주었기 때문이다. 이제는 더 이상 귀신들을 직접 상대하거나 그들과 대화하지 않는다. 내가 상담하는 기간에 모습을 드러내는 것도 허용하지 않는다. 나는 그저 그 사람이 하나님에게 복종하고 마귀를 대적할(약 4:7) 책임을 감당하도록 도와주는 것으로 사역할 뿐이다.

나는 경험을 통해 우리가 먼저 하나님에게 복종하지 않고 마귀를 대적하려고 한다면 난투를 벌이게 된다는 것을 배웠다. 반면, 우리는 마귀를 대적하지 않고 하나님에게 복종하여 멍에에 여전히 매여 있을 수도 있다. 안타깝게도 대부분의 회복 사역은 둘 중 하나를 하지 않고 있다.

**3. 귀신을 다루는 사역은 능력 대결이 아닌 진리 대결로 여겨야 한다.**
진리가 사람들을 자유롭게 한다(요 8:32). 성경은 어디에서도 우리에게 능력을 추구하라고 가르치지 않는다. 신자인 우리는 이미 그리스도 안에서 우리에게 필요한 능력을 모두 받았기 때문이다(엡 1:18, 19). 그리스도인으로 살아가는 능력은 진리 안에서 찾을 수 있다. 반면 사탄의 능력은 거짓에 있다. 사탄은 우리가 그리스도 안에 있는 신자로서 우리가 지닌 능력과 권위를 알기를 바라지 않는다. 사탄의 능력은 오직 어둠 속에서만 발휘되기 때문이다. 그리고 세상에 있는 어떤 어둠도 작은 양초 불빛조차 끄지 못한다. 그리스도인은 진리를 추구한다. 이미 하나님의 뜻을 행할 능력과 권위를 받았기 때문이다. 진리는 사탄과의 대결에서 승리를 보장한다. 사탄의 주요 전략은 속임수이기 때문이다. 사탄의 공포 전략은 두려움을 불러일으키기 위한 것이다. 두려움이 신자를 지배하고 있을 때에는 성령이 아니라 사탄이 우세해진다. 원수에 대한 두려움과 하나님에 대한 믿음은 서로 배타적이다.

사탄은 무엇보다도 정체가 탄로 나는 것을 두려워한다. 진리의 빛이 비칠 때마다 사탄과 그의 귀신들은 마치 바퀴벌레처럼 어둠 속으로 도망간다. 나는 귀신들린 사람들에게 그들 속에 있는 귀신들이 나를 무서워한다는 말을 자주 들었다. 누군가를 돕고 싶다면, 그런 거짓말을 머릿속에 담아 두지 말라. 귀신들이 진짜 두려워하는 것은 **하나님과 진리**에 노출되는 것이다. 나는 귀신 들린 사람들에게서 그들 속에 있는 귀신들이 나를 조롱한다는 말도 들었다. 그들은 내 나약한 수고를 놀리는 것이다! 이것은 우리가 방어적인 태도를 취하고 우리 수고를 좌절시키려는 귀신들의 위협 전략이다. 우리가 그 전략을 폭로하는 순간, 조롱은 중지된다.

나는 능력 대결을 통해 자신을 과시하고 영화롭게 하려는 사탄을 막을 수 있다면 무슨 일이든 할 것이다. 우리는 **하나님의** 임재를 드러내어 **그분을** 영화롭게 해야 한다. 하나님은 모든 것을 "품위 있고 질서 있게" 하신다(고전 14:40). 우리가 모든 과정을 통제한다면 하나님이 영광받으실 것이다. 그러나 통제력을 잃는다면, 사탄이 영광받을 것이다.

**4. 다른 사람이 자유로워지도록 돕는 주요 전제 조건은 거룩한 성품과 가르치는 능력이다.**

때때로 교회는 은사나 부르심, 교회에서 공적 지위를 갖는 것이 다른 사람을 돕는 자격이 된다고 여긴다. 디모데후서 2장 24-26절에 따르면 주요 자격 조건은 "주의 종"이 되는 것이다. 하나님이 사용하시는 도구가 되기 위해서는 전적으로 그분을 의존해야 한다. 이 요구를 넘어 주의 종은 온유하고, 인내하며, 친절하고, 가르치기를 잘해야 한다. 다른 말로 하자면, 우리는 사랑 안에서 진리를 말해야 한다. 진리가 우리를 자유롭게 하기 때문이다. 나는 사람들이 멍에에 매여 있는 것이 과거에 겪은 충격적인 경험 때문이 아니라 그 경험에서 얻은 결과로서 그들이 믿고 있는 **거짓** 때문이라는 사실을 깨닫는 데 오랜 시간이 걸렸다.

개인적이고 영적인 갈등을 **진리 대결**로 보는 해결책에는 특정한 강점이 있다. 첫째, 사역자가 영적인 세계의 실존(實存)을 무시하는 정신 치료에만 치중거나, 심리적 문제와 개인적 책임을 소홀히 하는 구원 사역에만 중점을 두는 양극화에 빠지지 않게 도와준다. 둘째, 특이한 은사나 부르심에 의존하지 않기 때문에 해결 수단을 다양하게 바꿀 수 있다. 셋째, 결과가 지속된다. 목회자나 상담자가 그들을 위해 해주던 것을 거절하고 상담받는 사람이 직접 결정을 내리고 개인적인 책임을 지기 때문이다.

# 자유에 이르도록 돕기 위한 지침

진리 대결은 다른 상담 과정처럼 개인적 기술이 필요하다. 상담자는 친절하고, 비판적인 태도를 취하지 않으며, 내담자를 이해해야 한다. 또한 말하기보다 많이 듣고 공감할 수 있어야 한다. 솔로몬은 "사연을 듣기 전에 대답하는 자는 미련하여 욕을 당하느니라"(잠 18:13)고 말했다. 따라서 상담자는 문제를 풀려고 애쓰기 전에 우선 이야기를 들어야 한다. 문제가 무엇인지 알지 못한다면, 해결책도 찾을 수 없다.

## 1. 정보를 입수하라

가능하다면 상담에 앞서 당신이 도우려는 사람에게 "개인 신상 자료"(이 책의 부록을 보라)를 작성하게 하라. 교회에서는 상담자보다는 "격려자"(encourager), 상담보다는 "자유 약속"이라고 표현하는 것을 더 좋아한다. "개인 신상 자료" 형식은 그대로 사용하거나 각자 상황에 맞게 바꾸어 활용할 수 있다. 그렇더라도 대부분은 특정 개인 정보를 종이에 기록하여 밝히지는 않을 것이다.

먼저 내담자의 간략한 가족사를 들어야 한다. 그의 부모나 조부모는 어떤 종교적 경험을 가지고 있는가? 마술적인 행위나 가짜 종교에 연루되지는 않았는가? 집안 분위기는 화목한가? 이혼한 사람이나 부정한 남녀 관계에 빠진 식구는 없는가? 역기능 가정은 잘못된 믿음을 낳기도 한다. 예를 들면, 자신 때문에 부모가 이혼했다는 잘못된 생각을 지닌 자녀가 많다. 또 집에서 일어난 특정한 사건 때문에 오랫동안 부모에게 원망을 품고 있는 사람도 있다.

가족이 알코올 의존증이나 마약 남용, 성 중독과 같은 문제가 있는지도 알고 싶을 것이다. 혹시 정신 질환을 앓은 가족이 있지는 않은가? 어떤 운동과 식습관이 그 가정의 특색인가? 그 가정의 도덕성은 어떠한가?

그들의 이야기를 듣기 위해서 나는 내가 돕고 있는 사람들에게 어린 시절과 학창 시절 이야기를 들려달라고 부탁한다. 그들의 개인사와 가족사를 듣는 것만으로는 문제를 해결하기 힘들다. 그렇게 하는 목적은 그들이 겪은 일이 무엇인지, 그들에게 특정한 믿음을 심어 준 것이 무엇인지를 이해하기 위해서다. 그들을 "그리스도 안에서 자유에 이르는 단계"로 인도할 때, 사적인 이야기를 얻을 수 있다. 개인 신상 자료 역시 그들의 신체적, 정신적, 정서적, 영적 삶과 관련된 중요한 정보를 제공할 것이다.

## 2. 거짓 믿음을 밝혀내라

영적 싸움을 하고 있는 많은 사람이 하나님을 왜곡하여 알고 있다. 336쪽의 그림을 보면 왼쪽에 나열된 하나님에 관한 올바른 개념이 부정적인 경험을 통하여 하나님에 관한 잘못된 개념으로 바뀌는 것을 알 수 있다.

한번은 어느 목회자 부인이 나를 찾아와 자신이 자라 온 가정에 대해 들려주었다. 그가 자란 가정은 잔소리가 심한 어머니가 주도권을 쥔 아주 완고한 가정이었다. 아버지는 무력한 사람었고, 딸들에게 잔소리하는 아내를 말리는 행동은 전혀 하지 않았다. 상담한 지 30분

## 하나님에 대한 진실은 다음과 같은 틀을 거치면서 달라질 수 있다.

| | | |
|---|---|---|
| 사랑과 돌보심 ➡ | | ➡ 증오와 무관심 |
| 선하심과 자비 ➡ | | ➡ 매정하고 용서가 없으심 |
| | 1. 무지 | |
| 조건 없는 은혜 ➡ | | ➡ 조건적 용납 |
| | 2. 거짓 선지자와 거짓 교사 | |
| 항상 함께하심 ➡ | 3. 불경건한 마음의 생각 | ➡ 필요할 때 함께하지 않음 |
| 좋은 은사를 주심 ➡ | | ➡ 기쁨을 앗아감 |
| | 4. 초기 성장 과정에서 맺은 | |
| 기르시고 인정하심 ➡ | 건강하지 못한 대인 관계 | ➡ 비판적이며 기뻐하지 않음 |
| 용납하심 ➡ | 5. 권위자, 특히 부모의 본 | ➡ 거절하심 |
| 의롭고 공평하심 ➡ | | ➡ 불의하고 불공평하심 |
| 변함없고 미쁘심 ➡ | | ➡ 변덕스럽고 신뢰할 수 없음 |

쯤 되었을 때, 내가 물었다. "당신은 예수님을 정말 사랑하시죠?"

"네, 물론이죠." 그는 대답했다.

"성령님도 사랑하시고요?"

"네, 사랑합니다."

"그렇지만 하나님 아버지는 사랑하시지 않습니다. 그렇지 않습니까?"

부인은 대답 대신 눈물만 흘렸다. 그는 이 땅의 아버지에 대한 이미지 때문에 하늘 아버지를 왜곡하고 있었다. 예수와 성령은 자신의 삶에 깊이 개입하는 분으로 인식하고 있었지만, 그의 마음속에서 하나님 아버지는 육신의 아버지처럼 어머니에게 언어로 학대당할 때에도 그저 소극적인 태도로 바라보며 돌보지 않는 분으로 생각하고 있었다. 그 부인은 신학적으로 왼쪽이 옳다는 것을 알고 있었지만 정서적으로는 오른쪽에 서 있었다. 나는 그에게 하나님의 속성을 설명한 A. W. 토저(Tozer)의 테이프를 건넸다. 그는 그 테이프를 세 번이나 들었지만, 아무런 영향도 받지 못했다. 그러나 그가 그리스도 안에서 갈등을 해결하고 자유를 찾고 난 뒤로는 성령이 그 부인의 영으로 그가 하나님 아버지의 자녀라는 것을 증명하셨다. 그 부인은 이제 정서적으로도 진리에 설 수 있게 되었다.

갈등을 겪고 있는 사람들은 흔히 **자기 자신**에 대해서도 잘못된 믿음을 품고 있다. 많은 사람이 그리스도 안에서 자신이 누구인지 알지 못한다. 또한 하나님의 자녀라는 것이 무슨 의미인지도 이해하지 못한다. 그 결과, 그들은 구원에 대해서도 의문을 품는다. 자신이 다른 사람들과 다르다고 생각하는 사람이 많다. 다른 사람들과 달리 자신은 그리스도인의 삶을 살지 못한다고 여기는 것이다. 어떤 사람들은 신경 쇠약을 두려워하며 근심으로 가득하다. 거의 대부분은 자신이 사랑받지 못하고, 아무 가치도 없으며, 거절당하고 있다고 생각한다. 그들은 자아상을 좋게 하기 위해 온갖 노력을 다하지만 아무런 효과가 없다. 문제의 근본이 영적인 것이 아닐까 의심하는 사람도 있지만, 어떻게 그 갈등을 풀어야 할지는 모르고 있다.

스테파니는 거식증에 시달리고 있었다. 그는 섭식 장애 센터에 입원해서 집중적인 상담을 받았지만 별 효과가 없었다. 내 학생 가운데 한 명이 스테파니의 거식증을 영적인 문제로 의심해서 그를 내게 데리고 왔다. 두 차례 상담을 받고 난 뒤 스테파니는 강박관념에서 해방되었다. 그는 섭식 장애 센터로 돌아가서 상담자에게 자신이 그리스도 안에서 자유를 찾았다는 사실을 알렸다. 그러나 상담자는 일시적으로 좋아진 것이라고 말했다. 만일 그렇다면, 스테파니는 여전히 거식증을 앓고 있어야 할 것이다. 그러나 그는 선교지에서 사역하며 지금도 그리스도 안에서 자유를 누리고 있다!

마지막으로 갈등을 겪고 있는 사람들은 **두 왕국에 대한 개념을 잘못 알고 있다.** 사람들은 자신이 동등하지만 서로 반대되는 두 세력 사이에 놓여 있다고 생각한다. 한 쪽에는 "악한 옛 사탄"이 있고, 다른 쪽에는 "선한 옛 하나님"이 계시며 그 중간에 "불쌍한 나 자신"이 끼어 있는 것이다. 물론 이 모습은 사실이 아니다. 그렇게 믿고 있는 사람들은 이미 패배한 것이다. 하나님은 편재하시고, 전능하시며, 전지하시다. 사탄은 패배한 적일 뿐이다. 우리는 그리스도 안에 있으며, 그분과 함께 하늘에 앉아 있다. 바로 이것이 진실이다.

## 3. 마귀가 아닌 사람들을 다루라

몇몇 사람에게는 사탄이 하나님보다 현실적이고, 실제적이며, 강력한 존재처럼 보인다. 이들은 보통 머릿속에서 반대 논쟁을 듣는다. 끊임없이 거짓말에 시달리거나, 상담 장소에서 뛰쳐나가라는 말을 듣거나, 손해나 곤란한 상황으로 위협을 느낀다.

하루는 나와 상담하고 있던 한 젊은 여성이 갑자기 문 쪽으로 뛰어갔다. "무슨 소리를 들었는지 말해 보세요." 내가 말했다.

"당신이 나를 해치려고 하고 있어요." 여인은 무서워하면서 대답했다.

그가 들은 것이 거짓말이라고 안심시켜 주자 여인은 천천히 자리로 돌아가 앉았다.

이러한 심적 방해는 드문 일이 아니다. 그래서 나는 늘 내담자에게 마음이 통제 본부라고 설명한다. 그들이 마음을 통제하는 능력을 잃지 않는다면, 우리는 상담하는 동안 통제력을 잃지 않을 것이다. 부정적이거나 비난하는 생각이 벽에 달린 스피커에서 들리든, 그들의 기억에서 비롯되든, 지옥에서 솟아나든 나는 신경 쓰지 않는다. 이러한 생각이 그들을 통제할 수 있는 유일한 길은 그들이 그 생각을 믿을 때다. 내담자가 지속적으로 마음을 통제하도록 돕기 위해서 나는 내담자에게 마음속에서 들리는 모든 소리를 내게 말해 달라고 요청한다. 나는 그들이 그런 속이는 생각을 빛 가운데로 가지고 나가길 바란다. 거짓이 노출되자마자 사탄의 힘은 분쇄되기 때문이다.

때때로 사람들은 두 가지 이유에서 우리에게 그 생각을 나누길 꺼려할지도 모른다. 첫째, 우리가 그들을 믿지 않는다고 감지하는 순간, 그들은 우리에게 이야기를 꺼내지 않을 것이다. 내담자가 목소리들을 듣고 있을 경우, 세속적인 상담자와 많은 기독교 상담자는 그 목소리를 귀신과 관련하여 생각하지 않을 것이다. 그 뒤에 무슨 일이 일어날지는 우리 모두 잘 알고 있다. 내담자는 정신 질환이라는 딱지를 달고 약물 치료를 처방받는다. 이 사실을 깨닫는다면, 문제를 지닌 사람들은 **그들에게** 일어난 일을 나눌지도 모르지만, **그들 안에서** 일어나고 있는 일은 좀처럼 나누지 않을 것이다. 둘째, 이 목소리들은 상당히 겁을 줄 수 있다. 내담자나 상담자, 내담자의 가족과 친구에게 피해를 입히겠다고 위협할 수도 있다.

그래서 당신은 상담하는 사람들의 눈을 신중하게 지켜봐야 한다. 그들이 멍하거나 게슴츠레한 눈빛을 보이거나 방을 둘러보기 시작한다면, 하던 일을 멈추고 마음속에서 무슨 일이 일어나고 있는지 알려 달라고 하라. 당신이 집중하지 않는다면 상담하는 동안 통제력을 잃을 수도 있다. 정말 힘겹게 싸우는 사람들을 보면 그들을 데리고 나가 함께 산책을 한다. 나는 자신에게 선택권이 있으며 그 의지를 실행할 수 있다는 사실을 그들이 알기를 바란다.

상당히 주관적인 사람들은 마음속에 생각이 들면 그것을 행동에 옮긴다. 그들은 마치 그들이 전혀 의지가 없다는 듯이 살아가는 것처럼 보인다. 나는 그들에게 "어떤 생각이 든다고 그것을 바로 행동으로 옮기지 마세요. 우선 제게 말해 주세요"라고 말한다. 내 제안이 몇몇 사람에게는 꽤 혁명적일 것이다. 상당히 주관적인 사람들은 도와주기가 가장 어렵다. 그들은 자기 생각에 전혀 책임이 없다고 여기기 때문이다.

상담하는 동안 통제력을 유지하기 위해 "그리스도 안에서 자유에 이르는 단계"는 특정한 기도와 선포로 시작한다. 당신이 돕고 있는 사람들이 하나님 안에서 믿음을 선포한다면, 사탄은 그들을 건드릴 수 없다. 사탄에게는 그들에 대한 아무런 권위가 없기 때문이다.

나는 상담하는 동안 내담자에게 절대로 손대지 않는다. 당신도 그렇게 하길 바란다. 이것은 나에게 쉽지 않은 일이다. 나는 선천적으로 포옹을 잘하는 사람이기 때문이다. 그러나 내담자가 완전히 자유를 얻을 때까지 우리 안에 있는 성령이 그들 안에 있는 마귀의 힘을 격퇴할 것이다. 대부분 귀신 들린 사람에게 아주 가까이 접근할 수는 없다. 나는 주의를 환기시키기 위하여 내담자인 여성에게 손을 댄 일이 있었는데, 나중에 이 여성은 그 당시 폭행을 당하는 것 같았다고 말했다.

나는 어떤 경우에도 물리적인 힘으로 내담자를 제지하려 하지 않는다. 우리의 무기는 육신에 속한 것이 아니기 때문이다(고후 10:3, 4). 내담자가 사무실을 뛰쳐나간다면, 그가 가도록 내버려둔다. 기다리면서 기도하고 있으면, 누구도 예외 없이 보통 5분 안에 다시 돌아온다. 나는 그들의 마음에 상처를 입히거나 그들을 통제하려고 하지 않을 것이다. 그들은 원하는 대로 떠날 수도 있고 머물 수도 있다.

사탄 숭배에 깊이 빠진 사람을 상담하는 경우, 거센 반항에 직면할 준비를 해야 한다. 2단계를 보면 사탄을 숭배해 온 사람들을 위한 특별 포기 선언이 있다. 그들이 하는 일은 하나같이 기독교와 반대된다. 사탄은 적그리스도이기 때문이다. 이러한 포기 선언으로 이끌려면 많은 시간이 걸릴 수도 있다. 영적 갈등을 해결하는 것은 단순히 악마 숭배 의식에서 행해지는 아동 학대 피해자에게 필요한 자유로 인도하는 단계가 아니다. 바울은 "우리는 하나님을 두려워하는 가운데서 거룩함을 온전히 이루어 육과 영의 온갖 더러운 것에서 자신을 깨끗하게 하자"(고후 7:1)고 말했다. 하나님에 대한 왜곡된 지식과 자신에 대한 인식을 새롭게 형성하는 데는 시간은 물론, 많은 사랑과 용납, 그리스도인 공동체의 이해와 도움이 필요하다. 바울은 고린도후서 4장 1-4절에서 이 사역을 잘 요약했다.

우리가 이 직분을 받아 궁휼하심을 입은 대로 낙심하지 아니하고 이에 숨은 부끄러움의 일을 버리고 속임으로 행하지 아니하며 하나님의 말씀을 혼잡하게 하지 아니하고 오직 진리를 나타냄으로 하나님 앞에서 각 사람의 양심에 대하여 스스로 추천하노라. 만일 우리의 복음이 가리었으면 망하는 자들에게 가리어진 것이라. 그중에 이 세상의 신이 믿지 아니하는 자들의 마음을 혼미하게 하여 그리스도의 영광의 복음의 광채가 비치지 못하게 함이니 그리스도는 하나님의 형상이니라.

## 4. 그들을 "그리스도 안에서 자유에 이르는 단계"로 인도하라

수년 전에는 하나님에게 복종하고 마귀를 대적하는 것이 그리 어렵지 않다고 믿었다. 나는 하나님이 어떤 사람은 영리하게, 또 어떤 사람은 그다지 영리하지 않게 창조하셨다고 **믿었다.** 그러면서 그분이 영리한 사람에게만 은혜를 베푼다고는 **믿지 않았다.** 스스로 영리하다고 생각하는 사람은 하나님이 창조하신 가장 단순한 피조물도 그 삶을 영위할 수 있도록 그리스도인 삶의 계획을 간단하게 만들어야 한다. 비록 우리는 감히 지나치게 단순화할 엄두도 내지 못하면서 말이다.

이렇게 한번 생각해 보자. 당신은 지금 미로에서 길을 잃어 절망에 빠져 있다. 당신은 미로학자가 당신에게 복잡한 미로를 하나하나 설명해 주고 미로에서 살아 나갈 수 있도록 대처법을 가르쳐 주길 바라는가? 역겨운 율법주의 설교가가 미로에서 길 잃은 당신을 보며 '바보'라고 부르길 바라는가? 아닐 것이다. 아마도 당신은 길과 진리, 생명을 알고 싶을 것이다. 하나님에게로 돌아가는 길은 그렇게 많지 않다! 죄를 범하는 길은 수백만 가지지만, 모든 죄의 해결책은 단 한 가지다. 당신은 수천 가지 다양한 방법으로 학대당했을 수 있지만, 당신을 위해서 당신은 가해자를 용서해야만 한다.

같은 식으로 우리를 자유케 하실 분은 오직 한 분, 그리스도뿐이다. "그리스도 안에서 자유에 이르는 단계" 자체는 우리를 자유케 하지 않는다. 이 단계는 올바르게 사용될 수도, 그릇되게 사용될 수도 있는 단순한 도구다. 우리를 자유케 하는 것은 우리가 회개와 믿음으로 그리스도께 반응할 때다. 이 단계의 주요 초점은 하나님과 우리의 관계다. 많은 사람이 저마다 단계를 경험할 수 있고, 경험한다. 이 과정은 사람마다 독특하다. 기도하는 사람은 도움이 필요한 사람이며, 그 사람이 자신을 도울 수 있는 유일한 분에게 기도하기 때문이다.

단계를 통해 다른 사람을 도울 때 포함되는 자유를 약속하는 부분에서 우리는 종종 기도 동역자를 세운다(여러 번 우리는 다른 사람을 훈련하려는 목적으로 이렇게 한다). 필요에 따라 나는 종종 혼자서 상담하는 사람들을 대하지만, 그때도 여전히 진리가 그들을 자유하게 한다. 그러나 내담자가 이성(異性)일 때는 항상 제3자를 참석시키려고 한다.

상담을 시작할 때 나는 모든 내담자에게 "단계" 복사물을 나눠 준다. 상담을 계속해 나가면서 나는 그들이 무엇을 하고 있으며 왜 하고 있는지를 설명한다. 한 번의 상담 과정에서 나는 모든 사람이 자유를 위한 일곱 단계를 밟게 하려고 노력한다. 어떤 사람은 일곱 단계 모두가 필요하지는 않을 것이다. 그러나 그들을 위해서 철저히 하고 싶다. 나는 모든 기도문과 신조를 큰 소리로 낭독시킨다. 바라기는 그들이 정신적 저항과 육체적 불편을 나눠 주길 바라면서 말이다. 그러한 것을 나눠 주면, 나는 내게 나눠 준 것에 고마움을 표한다. 한 번 이러한 것들을 인정하고 나면, 그 다음부터는 쉬워진다. 거의 대부분 저항하지 않는다. 저항이 있다면, 보통 첫 두 단계에서 나타난다.

용서하지 못하는 마음을 다루는 과정이 가장 중요하다. 내가 상담한 모든 사람이 용서해야 할 사람이 한 명 이상 있었다. 용서하지 못하는 마음은 사탄에게 교회로 침입하는 가장 큰 문을 만들어 준다. 누군가가 마음 깊이 용서하도록 도울 수 없다면, 우리는 그 사람이 과거에서 자유로워지는 것 역시 도울 수 없다. 누군가는 이렇게 말했다. "용서는 사로잡힌 자를 자유케 한다. 용서만이 우리가 사로잡힌 자라는 사실을 깨우쳐 준다."

자신이 용서해야 할 사람이 누구인지 알려 달라고 하나님에게 간구할 때, 하나님이 마음속에 이름이 떠오르게 하실 것이다. 때때로 이렇게 말하는 사람들을 본다. "글쎄요, 저는 아무도 생각나지 않는데요." 그러면 나는 이렇게 말한다. "지금 마음속에 떠오르는 이름을 나눠 주실래요?" 그러면 예외 없이 그들은 몇몇 사람의 이름을 말하고, 나는 그 이름을 적어 놓는다. 나와 대화를 나눈 사람들이 머릿속에 떠오른 이름 때문에 놀라는 일은 드물지 않다(그리고 용서하는 과정에서 그들이 잊고 지내던 아픈 기억을 다시금 떠올리는 일도 종종 있다).

나는 용서가 무엇이고, 어떻게 용서해야 하는지를 설명한다. 중요한 문제는 "단계"에서 강조한다. 그러고 나서 이름을 적은 목록을 그들에게 다시 건네주고, 그들 자신을 위해서 이름이 적힌 사람들을 기꺼이 용서하겠느냐고 묻는다. 다른 사람을 용서하는 일은 주로 그들과 하늘 아버지 사이의 문제다. 그들이 용서한 사람들과 화해하는 과정은 그 뒤에 따를 수도 있고 그렇지 않을 수도 있다.

4단계에서 6단계를 지나는 동안에는 저항이 그리 심하지 않다. 6단계에서는 늘 따로 성적인 죄를 다룬다. 성이 인간을 얽어매는 데 얼마나 큰 역할을 하는지 보면 매우 놀랍다(다른 사람을 더 적극적으로 돕고 싶다면, 「피할 길」을 읽어 보길 권한다. 성적인 멍에에서 벗어나도록 다른 사람을 어떻게 도울 수 있을지 잘 이해할 수 있을 것이다).

완전한 자유는 대부분 마지막 7단계의 마지막 선언과 기도문을 읽고 나서 일어난다. 다 끝내고 나면 나는 내담자에게 편안히 앉아 눈을 감으라고 한다. 그리고 이렇게 묻는다. "무슨 소리가 들리세요? 조용합니까?" 잠시 침묵이 흐른 후 대부분의 내담자는 안도의 미소를 지으며 "아무것도 안 들립니다. 이제야 마음이 고요해졌습니다"라고 대답한다. 2단계에서 신조를 읽을 때 아주 힘들어하던 내담자들에게는 종종 그것을 다시 읽으라고 한다. 그때에는 그들이 그 진리를 그렇게 쉽게 읽고 이해할 수 있다는 데 대해 믿을 수 없다는 반응을 보인다. 거울을 주고 보라고 할 정도로 내담자들의 얼굴도 아주 놀랍게 달라져 있다.

그리스도 안에서 자유에 이르는 것과 그 자유를 계속 유지하는 것은 서로 다른 문제다. 바울은 갈라디아서 5장 1절에서 이렇게 말했다. "그리스도께서 우리를 자유롭게 하려고 자유를 주셨으니 그러므로 굳건하게 서서 다시는 종의 멍에를 메지 말라." "단계"에는 몇 가지 후속 제안이 있다. 이 제안들이 그리스도 안에서 계속 자유를 유지하도록 도울 것이다. (「자유를 향한 발걸음」이라는 21일 묵상집을 활용할 수 있다. 모두가 이 책을 읽기를 권한다. 이 책에서는 사흘에 한 번씩 각 단계 가운데 한 단계를 반복한다. 이런 방법이 자유를 유지하도록 도와줄 것이다.)

## 자유를 찾기 위한 특별한 상황

때때로 어린아이들이 사탄의 공격 대상이 될 수 있느냐는 질문을 받는다. 물론 그럴 수 있다. 아이들이 염려된다면, 「우리 자녀가 받는 유혹」(*The Seduction of Our Children*)이나 「우리 자녀를 영적으로 보호하는 길」(*Spiritual Protection For Our Children*)을 읽어 보길 권한다. 후자에는 어린이용 "그리스도 안에서 자유에 이르는 단계"가 실려 있으며, 피트와 수 밴더 후크와 함께 저술한 책이다. 피트는 복음주의 자유 교회 목회자로 그와 수는 모든 것이 좋아 보였다. 그들의 자녀들이 갑자기 주요 영적 공격을 받기 전까지는 말이다. 아이들이 당한 공격을 해결할 방법을 찾다가 그들은 그들 자신은 물론 그들이 사역하는 교회의 다른 성도들을 자유케 할 수 있었다.

책 두 권을 더 소개한다. 한 권은 「그리스도 안에서 자유에 이르는 십 대」(*Leading Teens to Freedom in Christ*)로, 내 동료이자 부모와 청소년 사역자인 리치 밀러와 함께 쓴 책이다. 모든 연령이 활용할 수 있는 개인별 "단계"뿐만 아니라 교회와 결혼 생활에서 자유로워지는

"단계"를 알아보려면 「그리스도 안에서 자유에 이르는 단계로 사역하기」(*Ministering the Steps to Freedom in Christ*)가 유용할 것이다. 각 "단계"는 교회나 개인 사역에 활용할 수 있다.

나는 집에 악령이 나타난다는 전화를 몇 통 받기도 했다. 일반적으로 이런 영적 싸움은 사실상 지리적인 것이기보다는 개인적인 것이다. 그러나 때로는 악령들이 활동한 영향이 여전히 그 집에 남아 있어서 계속 문제가 발생하는 것일 수도 있다. 그런 집이나 땅을 소유할 것이라면, 그 소유지를 구입하기 전에 앞으로 계속될지 모르는 악령의 활동을 끊어 버리는 선포를 하고 주님에게 그 소유지를 바치라. 이렇게 하는 것은 하나님이 우리에게 맡기신 것에 대한 선한 청지기 정신을 드러내는 행위다.

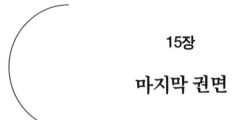

# 15장

# 마지막 권면

우리는 이미 이긴 싸움에 동참하는 것이다. 우리 이름은 어린양의 생명책에 기록되어 있기에 이미 승리를 거두었다. 그리스도 안에서 우리의 자유, 우리가 섬기고 있는 사람들의 자유는 이미 보장되었다. 우리는 그것을 고맙게 받고, 하나님이 우리에게 맡기신 것을 잘 관리하기만 하면 된다.

나는 예수 안에서 승리한 것에 대해 또 한 가지 이야기를 나누며 이 글을 마치려고 한다. 신디는 기독교 학교를 졸업하고, 멋진 그리스도인과 결혼했지만 문제가 이어지면서 온전한 부부관계를 맺지 못했다. 우선 신디의 생식기가 감염되었다. 깨끗이 낫기 전에 아빠에게 강간당한 어린 시절이 떠올라 시달리게 되었다. 열심히 상담을 받았지만 실제적인 승리를 경험할 수 없었다. 다른 학대의 경험들이 떠오르기 시작하면서 그의 감정은 완전히 바닥을 쳤다.

절망에 빠진 신디는 로스앤젤레스로 날아와 내 사무실 문간에 불쑥 나타났다. 나는 거의 저녁나절 내내 6시간 가까이 신디와 함께했다. 그리고 그는 다시 집으로 돌아갔다. 6주 후 나는 다음 편지를 받았다.

닐 박사님에게

몇 주 전 저를 친절하게 상담해 주셔서 고맙습니다. 하나님이 놀랍게도 저를 치유해 주셨음을 분명히 고백할 수 있답니다.

지금껏 저는 물리적, 감정적, 정신적 고통에 시달렸고, 극심한 내면의 갈등으로 괴로웠습니다. 끊임없이 두려웠고, 악몽이 되풀이되었으며, 내적인 음성들에 계속 시달렸고, 죽음의 공포에 사로잡히기도 했습니다. 그리스도를 영접하고, 그분에게 순종하며 살면서도 천국 문 앞에서 그리스도께서 저를 거부해 버리실 거라고 믿었습니다.

일 년 반 전, 제 인생이 완전히 조각나서 더는 지탱할 수 없다는 걸 알았습니다. 상담받을 곳을 찾았고, 하나님이 저를 도와 말씀을 가르쳐 줄 사람들을 만나게 해주셨습니다. 그리스도 안에서 하나님의 자녀인 제 신분을 주장하는 법을 익히면서 강건해졌습니다. 제가 어떤 싸움을 치렀는지 볼 수 있는 눈이 열렸지요.

그 후 작년 여름, 하나님은 과거에 제가 끔찍한 악마 숭배 의식에서 아동 학대를 당한 기억을 생각나게 하셨고, 영적 전투는 훨씬 격렬해졌습니다. 날마다 밤낮으로 몇 시간씩 하나님 말씀을 붙들고 기도하며 묵상하면서 원수와 정면으로 대결했습니다. 두 달간 거의 잠도 못 자고, 평안도 쉼도 누리지 못하면서 그리스도만이 저를 내면의 지옥에서 구출하실 수 있음을 확신했습니다.

박사님을 만나러 로스앤젤레스로 떠나기 전, 하나님이 시편 11편 7절, 미가 7장 7, 8절, 욥기 23장 10절 말씀으로 저를 격려하셨습니다. 우리가 상담하는 동안 하나님이 제 내면을 결정적으로 치유하셨습니다. 몇 시간 후, 과거의 끔찍한 기억이 되살아나서 저를 강간한 22명의 사람을 용서했고, 마침내 사탄의 결박에서 벗어났습니다. 저보다 앞서 가셔서 십자가에서 사탄을 무찌르신 하나님을 찬양합니다 (히 2:14, 15).

박사님, 저는 자유하고 생각이 맑아졌습니다. 정말 행복합니다! 이제는 행복한 그리스도인의 가면을 쓴 채 내면의 지옥에 숨어 들어가지 않아도 됩니다. 하나님이 제게 행하신 일이 무엇인지 이사야 51장 3절 말씀으로 보여 주셨습니다. "나 여호와가 시온의 모든 황폐한 곳들을 위로하여 그 사막을 에덴 같게, 그 광야를 여호와의 동산 같게 하였나니 그 가운데에 기뻐함과 즐거워함과 감사함과 창화하는 소리가 있으리라."

사랑을 담아, 신디 드림.

멍에를 깨뜨리신 분을 만났는가? 예수 그리스도께서 우리를 자유케 하실 것이다!

# 부록 / 개인 신상 자료

## 개인 신상

- 이름:                              전화번호:
- 주소:
- 출석 교회:
- 학력:
- 최종 학교:                        전공-
- 결혼 여부: (결혼 / 미혼 / 이혼)
- 직업 : 현재-                      과거-

## 가족사

종교

1. 당신이 알기로 부모, 조부모, 증조부모 중에 초자연적인 것이나 사이비 종교, 비기독교적인 관행에 참여한 사람이 있는가? 비기독교적인 영적 경험 목록(13장 264-267쪽)을 참조하여 어떤 것에 참여했는지 표시하라.

2. 부모의 기독교 경험(예를 들면, 그리스도인이었는지, 신앙을 고백하고 그리스도인으로서 생활했는지)을 간단히 설명하라.

## 부모 관계

1. 당신의 부모는 현재 결혼 생활을 유지하고 있는가, 아니면 이혼을 하였는가?

2. 12세까지 당신의 가정은 안정되고 조화를 이룬 가정이었는가?

3. 가정에서 아버지가 분명히 가장으로서의 위치를 지키고 있었는가? 아니면 반대로 어머니가 가정의 주도권을 잡고 이끌었는가?

4. 당신의 아버지는 어머니를 어떻게 대했는가?

5. 당신이 알기로 부모나 조부모 중 간음을 한 사람이 있는가?

건강

1. 가족 중에 중독 환자가 있는가?(알코올, 마약 등)

2. 정신 질환을 앓은 사람이 있는가?

3. 가족 중에 다음 질병을 가진 사람이 있는가?(표시하라)

   □ 결핵            □ 심장병

   □ 당뇨병          □ 암

   □ 궤양            □ 내분비질환

   □ 기타

4. 당신의 가족은 다음 사항에 얼마나 관심을 보이는가?

   · 체중 조절:

   · 운동:

   · 휴식:

5. 당신의 부모는 엄격한가? 아니면 관대한가?

## 건강 상태

신체적 건강

1. 당신의 식습관을 설명하라(군것질을 지나치게 많이 하는지, 식사 시간이 규칙적인지 불규칙적인지, 균형 잡힌 식사를 하는지 등).




2. 지나치게 좋아해서 조절하기 힘든 음식이 있는가?(단 것, 마약, 술, 특정 음식 등)




3. 현재 신체적 또는 심리적 이유로 복용하는 약이 있는가?




4. 수면에 문제가 있는가? 악몽에 자주 시달리거나 쉽게 잠들지 못하는가?

5. 현재 일상생활에서 정기적으로 휴식을 취하고 있는가?

6. 당신은 입양된 자녀인가?

7. 구타나 성적 희롱을 당한 적이 있는가?

정신적 건강

1. 다음 항목에서 과거에 시달렸거나 현재 시달리고 있는 것을 표시하라.

□ 백일몽                    □ 음란한 생각

□ 열등감                    □ 무력감

□ 걱정                      □ 의심

□ 환상                      □ 강박관념

□ 불안                      □ 불경스러운 생각

□ 강압적인 생각             □ 현기증

□ 두통

2. 당신은 자신이 아닌 다른 사람이 되기를 바라거나, 다른 사람인 것처럼 생각하면서 많은 시간을 보내고 있는가? 때로 자신이 다른 시대, 다른 장소, 다른 환경에서 살고 있다고 상상하는가?

3. 일주일에 몇 시간 정도 텔레비전을 시청하는가? 좋아하는 텔레비전 프로그램을 다섯 가지 써 보라.

4. 일주일에 몇 시간 정도 글을 읽는가? 주로 어떤 것을 읽는가?(신문, 잡지, 책, 기타)

5. 당신은 자신을 낙관주의자라고 생각하는가, 비관주의자라고 생각하는가? (다시 말해, 당신은 사람들과 인생에서 좋은 면과 나쁜 면 중 어느 쪽을 보는가?)

6. 자신이 "무너져 버릴지도 모른다"라고 생각해 본 적이 있는가? 현재 그럴 가능성에 대해 두려워하고 있는가? 구체적으로 설명하라.

7. 당신은 규칙적으로 성경을 읽는가? 언제 어디에서 얼마나 읽는가?

8. 당신은 기도할 때 정신적으로 어려움을 느끼는가? 구체적으로 설명하라.

9. 교회나 다른 기독교 집회에 참석할 때, 좋지 않은 생각이나 시기, 잡념에 시달린 적이 있는가? 구체적으로 설명하라.

10. 당신은 음악을 많이 듣는가? 어떤 종류의 음악을 가장 좋아하는가?

정서적 건강

1. 다음 항목에서 당신이 싸우고 있는 정서는 어느 것인가?(표시하라)

☐ 좌절감                    ☐ 죽음의 두려움

☐ 분노                      ☐ 자제력 상실에 대한 두려움

☐ 걱정                      ☐ 다칠지 모른다는 두려움

☐ 우울                      ☐ 사람에 대한 두려움

☐ 비통                      ☐ 실패에 대한 두려움

☐ 증오                      ☐ 사탄에 대한 두려움

☐ 무가치함

2. 위 감정 중 당신이 죄라고 느끼는 것은 어느 것인가? 그 이유는 무엇인가?

3. 긍정적인 것이든 부정적인 것이든, 당신이 느끼는 정서와 관련해서 다음 항목에서 당신을 가장 잘 표현한 것은 무엇인가?(표시하라)

☐ 쉽게 감정을 나타낸다.

☐ 부분적으로는 감정을 나타내지만 다 드러내지는 않는다.

☐ 감정을 느낀다는 사실은 인정하지만, 겉으로 표현하지 않는다.

☐ 감정을 억누르는 편이다.

□ 감정을 나타내지 않는 것이 최선이라고 생각한다.

□ 자신의 감정을 신뢰하지 않기 때문에 무시하는 편이다.

□ 감정을 조절하기가 매우 힘들기 때문에 의식적이든 무의식적이든 감정을 부정한다.

4. 당신의 감정을 솔직히 이야기할 수 있는 대상이 있는가? (예를 들면, 자기 자신과 인생, 다른 사람들에 대해 당신이 느끼는 것을 정확하게 말할 수 있는 사람이 있는가?)

5. 하나님 앞에 감정을 솔직히 표현하는 것은 얼마나 중요한가? 당신은 자신이 하나님 앞에 자기감정을 솔직히 표현한다고 생각하는가?

### 영적 상태

1. 만일 당신이 오늘 밤 죽는다면 어떤 곳으로 가게 될지 아는가?

2. 오늘 밤 당신이 죽어서 하나님 앞에 섰는데, 하나님이 "무슨 이유로 내가 너를 천국에 들여야 하느냐?"고 물으신다면 당신은 어떻게 대답하겠는가?

3. 요한일서 5장 11, 12절은 "하나님이 우리에게 영생을 주신 것과 이 생명이 그의 아들 안에 있는 그것이니라. 아들이 있는 자에게는 생명이 있고 하나님의 아들이 없는 자에게는 생명이 없느니라"고 하였다.

(1) 당신은 하나님의 아들을 마음에 모시고 있는가?

(2) 당신은 언제 예수 그리스도를 영접했는가?(요 1:12)

(3) 당신이 예수를 영접했다는 것을 어떻게 아는가?

4. 당신은 자신이 구원받았는지 의심하고 있는가?

5. 당신은 현재 다른 그리스도인들과 좋은 교제를 나누고 있는가? 그렇다면, 언제 어디에서 그런 시간을 갖는가?

6. 당신은 성경을 가르치는 지역 교회에 소속되어 있는가? 시간과 재능, 물질을 드려서 꾸준히 봉사하고 있는가? 아니라면, 그 이유는 무엇인가?

# 주

1 일리노이주 디어필드에 있는 트리니티 신학대학원에서 가르쳤던 폴 히버트 (Paul Hiebert) 박사와의 대화.

2 Neil T. Anderson, *Living Free in Christ* (Ventura, California: Regal Books, 1993), 「그리스도 안에서 자유함을 얻었습니다」, 은성.

3 F. F. Bruce, *Commentary on the Book of Acts* (Grand Rapids, Michigan: Eerdmans, 1954), 114쪽.

4 Ernst Haenchen, *The Acts of the Apostles* (Philadelphia: Westminster Press, 1971), 237쪽.

5 Luther, *Table Talk*, IV, 5097, Father Louis Coulange [필명 Joseph Turmell], *The Life of the Devil* (London: Alfred A. Knopf, 1929), 147-148쪽에서 인용.

6 Coulange[Turmell], 150쪽 이하를 참고하라.

7 David Powlison, *Power Encounters: Reclaiming Spiritual Warfare* (Grand Rapids, Michigan: Baker, 1995), 135쪽, 「성경이 말하는 영적 전쟁」, 생명의 말씀사.

8 Thomas Brooks, *Precious Remedies Against Satan's Devices* (Carlisle, Pennsylvania: Banner of Truth, 1984), 「사단의 책략 물리치기」, 엘맨.

9 Jessi Penn-Lewis, *War on the Saints*, 9th ed. (New York: Thomas E. Lowe, Ltd., 1973), 「성도들의 영적 전쟁」, 벧엘서원.

10 Theodore H. Epp, *Praying with Authority* (Lincoln, NE: Back to the Bible Broadcast, 1965), 98쪽.

11 C. Fred Dickason, *Demon Possession and the Christian* (Chicago: Moody Press, 1987), 255쪽.

12 C. S. Lewis, *The Screwtape Letters* (Old Tappan, NJ: Fleming H. Revell, 1987). 「스크루테이프의 편지」(홍성사).

13 Michael Scanlan, T.O.R., and Randall J. Cirner, *Deliverance from Evil Spirits* (Ann Arbor, MI: Servant Books, 1980), 16쪽에서 인용.

14 Everett Ferguson, *Demonology of the Early Christian World*, Symposium Series, Vol. 12 (New York: Edwin Mellen Press, 1984), 118쪽에서 인용.

15  Neil T. Anderson and Steve Russo, *The Seduction of Our Children* (Eugene, Oregon: Harvest House, 1991), 34, 39쪽.

16  Martin Wells Knapp, *Impressions* (Wheaton, IL: Tyndale House Publishing, Inc., 1984), 14, 15쪽에서 인용.

17  Merrill F. Unger, *What Demons Can Do to Saints* (Chicago: Moody Press, 1977), 51쪽, 「성도를 향한 귀신들의 도전」, 요단.

18  위의 책.

# 이제 자유입니다

| 초판 발행 | 1994년 2월 5일 |
| 2판 1쇄 | 2019년 4월 30일 |
| 3판 1쇄 | 2024년 2월 5일 |
| 지은이 | 닐 앤더슨 |
| 옮긴이 | 유화자 |
| 발행인 | 손창남 |
| 발행처 | (주)죠이북스(등록 2022. 12. 27. 제2022-000070호) |
| 주소 | 02576 서울시 동대문구 왕산로19바길 33, 1층 |
| 전화 | (02) 925-0451 (대표 전화) |
| | (02) 929-3655 (영업팀) |
| 팩스 | (02) 923-3016 |
| 인쇄소 | 송현문화 |
| 판권소유 | ⓒ(주)죠이북스 |
| ISBN | 979-11-984942-6-9  04230 |
| | 979-11-984942-4-5  04230  (세트) |